战略性新兴领域"十四五"高等教育系列教材

数字化网络化智能技术
——工业互联网平台与工业APP

主　编　林　锋　洪连环
副主编　王发麟　左红艳　王子琨
参　编　汪佳良　鲁宇明　刘志文　戴　骏　郭瑞超

机械工业出版社

工业互联网作为新型工业化的战略性基础设施，是第四次工业革命的重要基石，其出现是工业乃至人类社会发展的必然结果。本书从工业互联网的起源、概念等角度切入，对工业互联网基础、技术、平台和应用等方面进行了深入分析，汇集了众多典型的工业互联网平台与应用实践案例，并设计了相关基础实验，帮助读者理解工业互联网的概念，了解工业互联网当前的发展趋势，重点掌握工业互联网平台重要技术与基本使用方法，且能够进行基础的工业 APP 开发。

本书可作为应用型本科院校智能制造、工业互联网、物联网工程相关专业的教材，也可作为高校研究生、政府工作人员、企业技术人员理解和学习工业互联网平台与工业 APP 的参考书。

图书在版编目（CIP）数据

数字化网络化智能技术：工业互联网平台与工业APP /
林锋，洪连环主编. -- 北京：机械工业出版社，2024.
12. -- (战略性新兴领域"十四五"高等教育系列教材).
ISBN 978-7-111-76536-3

Ⅰ. F403-39

中国国家版本馆 CIP 数据核字第 20242JY717 号

机械工业出版社（北京市百万庄大街22号　邮政编码100037）
策划编辑：余　皞　　　责任编辑：余　皞　舒　宜
责任校对：李　婷　丁梦卓　　封面设计：严娅萍
责任印制：任维东
北京中兴印刷有限公司印刷
2024年12月第1版第1次印刷
184mm×260mm・15.25印张・367千字
标准书号：ISBN 978-7-111-76536-3
定价：49.80元

电话服务　　　　　　　　　　网络服务
客服电话：010-88361066　　　机　工　官　网：www.cmpbook.com
　　　　　010-88379833　　　机　工　官　博：weibo.com/cmp1952
　　　　　010-68326294　　　金　书　网：www.golden-book.com
封底无防伪标均为盗版　　　　机工教育服务网：www.cmpedu.com

前 言

随着互联网等新一代信息通信技术的飞速发展，人类社会的生活方式正发生着极大的变化，并通过技术创新和模式创新持续影响着实体经济领域，为传统制造业的转型升级带来了巨大机遇。工业互联网作为新一代信息技术与工业系统深度融合的产物，已成为推动智能制造发展的关键基础设施。工业互联网与传统互联网在功能和定位上存在显著差异，工业互联网基于物联网技术，能够全面、深入地感知和监控制造过程中的物理细节，实现信息的实时采集和监控；基于互联网技术打破信息孤岛，实现信息资源的跨领域协同与开放共享；基于大数据技术对海量数据进行深度分析和挖掘，提取有价值的信息，为决策提供有力支持。工业互联网集成了云计算、大数据、移动互联网、物联网、人工智能、区块链等众多新兴技术，是连接工业全系统、全产业链、全价值链，支撑工业智能化发展的关键基础设施。

工业互联网作为推动智能制造、寻求国家经济新增长点的关键力量，已成为国际社会的共同选择。从美国的"先进制造业战略计划"到德国的"工业4.0"，再到日本的"互联工业"、英国的"高价值制造战略"，以及法国的"未来工业"，全球主要的经济大国和制造业强国都在积极布局，积极推动制造业的转型升级，以应对新一轮科技革命和产业变革的蓬勃兴起。我国政府高度重视工业互联网的发展，自2018年以来，工业互联网已连续七年被写入政府工作报告。经过不懈努力，我国工业互联网发展取得了显著成效，网络支撑能力显著提升，低时延、广覆盖、高可靠的工业互联网网络体系正加速构建，为智能制造提供了坚实的网络基础；平台带动效应不断增强，智能化生产、网络化协同、个性化定制、服务化延伸、数字化管理等新模式不断涌现，极大地推动了制造业的转型升级；安全保障体系加快构筑，国家、省、企业三级联动的工业互联网安全监测平台逐步建立，为工业互联网的安全稳定运行提供了有力保障。

本书的编写团队由从事工业互联网平台、物联网芯片、建模仿真、工业控制和数字孪生等教学与研究的高校教师组成。基于编者长期的教学研究与社会实践经验，本书围绕工业互联网平台与工业APP的核心内容，系统全面地阐述了工业互联网的基础理论、关键技术、实践案例及基础实验，旨在为读者提供全面、系统、深入的工业互联网学习材料，为深入学习工业互联网平台与工业APP奠定坚实的基础。

本书共8章，旨在系统介绍工业互联网平台与工业APP的基础理论、关键技术、实践应用及未来展望。第1章从工业互联网的起源讲起，明确工业互联网的概念，并深入探讨其与智能制造之间的紧密联系，为读者构建工业互联网的宏观认识。第2章详细介绍工业互联网的体系架构、标准体系及标识解析等基础知识，为读者提供工业互联网的框架性理解。第3章从工业互联网基础技术、使能技术和安全技术三个方面入手,分别介绍工业智能感知技术、工业网络连接技术、工业大数据技术、云计算技术、建模仿真技术及工业互联网安全技术,深入分析这些技术在工业互联网中的应用与影响。第4章明确工业互联网平台的定义、特征、定位、作用和价值,详细解读工业互联网平台的功能架构,介绍国内外典型的工业互联网平台及其应用案例,并设计了工业互联网平台系统操作实验,帮助读者深入理解平台操作。第5章首先明确边缘计算的定义与特点,进而分析边缘计算与工业互联网平台、云计算、区块链、智能制造之间的关系,介绍边缘计算的关键技术,通过离散制造业和流程行业的实践案例展示其应用,并设计了数据采集与可视化实验,使读者能够直观感受边缘计算的应用效果。第6章聚焦工业互联网平台层的重要技术,包括工业数据管理与分析、工业数据建模和数字孪生等,旨在帮助读者理解工业互联网平台层的技术支撑,并设计了数据处理与集成实验,加深读者对技术实践的理解。第7章首先明确工业APP的定义、分类、典型特征和价值,然后分析工业APP与消费APP、工业软件、工业互联网平台之间的关系,详细介绍了工业APP开发的基本流程、层次、技术路径、技术架构和关键技术,并通过产品信息追溯APP的开发实验,让读者亲身体验工业APP的开发过程。第8章总结工业互联网平台和工业APP的应用模式,并对工业互联网的未来发展趋势进行展望,引导读者进行前瞻性的思考。

  本书的编写过程自大纲的初步确立,到内容的深入细化,再到多轮次的精心修改,均得到了多方专家与机构的悉心指导与鼎力支持。在此,特向中国机械工业教育协会智能制造工程专业委员会、机械工业出版社、上海犀浦智能系统有限公司,以及同济大学陈明教授和陈云教授表达最诚挚的谢意。特别要提及的是,在本书的实验设计环节,上海犀浦智能系统有限公司提供了全方位的支持,使本书能够构建出贴近实际应用场景的实验案例,为读者提供更为直观、深入的学习体验。此外,由于工业互联网的交叉性、广泛性和新颖性等特点,本书的编写参考了大量文献,这些文献凝聚了众多学者和从业者的智慧与心血。在此对上述涉及人员一并表示衷心的感谢。

  本书力求全面、系统、深入地介绍工业互联网平台与工业APP的基础理论、关键技术及实践应用。然而,工业互联网作为一个新兴且快速发展的领域,其概念新颖、涉及学科领域广泛、技术体系前瞻性强,且产业体系具有显著的外延性和融合性,本书编者的水平和学识有限,书中难免存在不足和疏漏之处,恳切希望各位读者在阅读过程中能够提出宝贵的意见和建议,帮助不断完善和提高本书的质量。

编 者

目 录

大纲

前言

第1章　工业互联网概述 ··· 1

1.1　工业互联网的起源 ·· 1
 1.1.1　工业互联网的诞生 ··· 1
 1.1.2　国外工业互联网的发展 ··· 2
 1.1.3　国内工业互联网的发展 ··· 4

1.2　工业互联网的概念 ·· 5
 1.2.1　工业互联网的定义与特征 ·· 5
 1.2.2　工业互联网的内涵与意义 ·· 6

1.3　工业互联网与智能制造 ·· 8
 1.3.1　智能制造概述 ·· 8
 1.3.2　工业互联网与智能制造的关系 ·· 9

习题 ·· 10

第2章　工业互联网基础 ··· 11

2.1　工业互联网的体系架构 ··· 11
 2.1.1　工业互联网体系架构1.0 ·· 11
 2.1.2　工业互联网体系架构2.0 ·· 12

2.2　工业互联网标准体系 ·· 22
 2.2.1　工业互联网标准体系结构 ·· 22
 2.2.2　工业互联网标准体系框架 ·· 23
 2.2.3　工业互联网标准体系建设内容 ·· 23

2.3　工业互联网标识解析 ·· 32
 2.3.1　标识解析体系 ··· 32
 2.3.2　功能架构 ·· 34
 2.3.3　标识解析应用 ··· 37

习题 ·· 42

第3章 工业互联网技术 43

3.1 工业互联网基础技术 43
- 3.1.1 工业智能感知 43
- 3.1.2 工业网络连接 48

3.2 工业互联网使能技术 60
- 3.2.1 工业大数据 60
- 3.2.2 云计算 65
- 3.2.3 建模仿真 69
- 3.2.4 人工智能 73

3.3 工业互联网安全技术 76
- 3.3.1 工业互联网安全辨析 76
- 3.3.2 工业互联网安全风险 78
- 3.3.3 工业互联网安全框架 82

习题 85

第4章 工业互联网平台基础 86

4.1 工业互联网平台概述 86
- 4.1.1 工业互联网平台的定义与特征 86
- 4.1.2 工业互联网平台的定位与作用 87
- 4.1.3 工业互联网平台的价值 88

4.2 工业互联网平台功能架构 92
- 4.2.1 总体功能架构 92
- 4.2.2 边缘层 93
- 4.2.3 基础设施层 95
- 4.2.4 平台层 96
- 4.2.5 应用层 98

4.3 国内外工业互联网平台 100
- 4.3.1 国外典型工业互联网平台 100
- 4.3.2 国内典型工业互联网平台 103

4.4 实验：工业互联网平台系统操作 109

习题 117

第5章 边缘计算 118

5.1 边缘计算概述 118
- 5.1.1 边缘计算的定义与特点 118
- 5.1.2 边缘计算与工业互联网平台 120
- 5.1.3 边缘计算与云计算 121

  5.1.4 边缘计算与区块链 122
  5.1.5 边缘计算与智能制造 125
 5.2 **边缘计算关键技术** 126
  5.2.1 计算任务卸载 126
  5.2.2 边缘缓存 127
  5.2.3 边缘数据管理与分析 130
  5.2.4 边缘人工智能 132
  5.2.5 云边协同 134
 5.3 **边缘计算应用** 138
  5.3.1 在离散制造业中的应用 138
  5.3.2 在流程行业中的应用 142
 5.4 **实验：数据采集与可视化** 145
 习题 149

第6章 平台层的重要技术 150

 6.1 **工业数据管理与分析** 150
  6.1.1 数据预处理 150
  6.1.2 时序数据 153
  6.1.3 数据处理 155
  6.1.4 数据可视化 156
  6.1.5 工业机器学习与智能认知 158
 6.2 **工业数据建模** 159
  6.2.1 信息模型 159
  6.2.2 机理和数据模型 162
  6.2.3 人工智能大模型 165
  6.2.4 业务模型 168
 6.3 **数字孪生** 169
  6.3.1 数字孪生的定义与内涵 169
  6.3.2 工业数字孪生功能架构 171
  6.3.3 数字孪生技术 172
 6.4 **实验：数据处理与集成** 176
 习题 180

第7章 工业APP 181

 7.1 **工业APP概述** 181
  7.1.1 工业APP的定义与分类 181
  7.1.2 工业APP的典型特征 183
  7.1.3 工业APP辨析 184

7.1.4 工业APP的价值 188
7.2 工业APP开发 190
    7.2.1 工业APP开发的基本流程 190
    7.2.2 工业APP开发层次、技术路径与技术架构 192
    7.2.3 工业APP开发关键技术 194
7.3 实验：产品信息追溯APP的开发 201
习题 206

第8章 工业互联网应用与展望 207

8.1 工业互联网平台应用模式 207
    8.1.1 智能化制造 208
    8.1.2 网络协同化 210
    8.1.3 个性化定制 212
    8.1.4 服务化延伸 214
    8.1.5 产融结合 215
8.2 工业APP应用模式 216
    8.2.1 面向高附加值产品 217
    8.2.2 面向高重复度连续工业改善"1%" 220
    8.2.3 依托工业软件平台和领域APP的知识驱动 223
    8.2.4 特定领域深耕 226
8.3 工业互联网展望 228
习题 232

参考文献 233

知识图谱

第 1 章

工业互联网概述

PPT 课件

视频课程

学习目标

① 了解工业互联网的发展历程和趋势。
② 了解工业互联网的定义与特征。
③ 理解工业互联网的内涵与意义。
④ 了解工业互联网在工业转型升级中的作用。
⑤ 认识工业互联网与智能制造间的关系。

工业互联网的出现是工业乃至人类社会发展的必然需求,其萌芽于信息化时代的第三次浪潮之中,随着互联网、物联网、大数据、人工智能等新一代信息技术的创新发展而成长,在各个国家的战略中,呈现出共性的内涵与不同的侧重。

1.1 工业互联网的起源

1.1.1 工业互联网的诞生

美国、德国、日本等发达国家在内需饱和、国际竞争日益激烈的情况下,采取了全球化战略,将附加值较低的加工、组装等环节转移到成本较低的发展中国家,将高附加值的研发、关键零部件生产及品牌营销等环节保留在国内,重点发展以金融业为代表的非实体经济。然而,金融危机的爆发让各国认识到了产业空心化的风险,开始重视实体经济对稳定就业、增加税收等方面的重要作用,逐渐形成了以实体经济为基础的共识。同时,金融危机也促使各国重新思考制造业与服务业之间的关系。随着制造业服务化进程的加速,美国、德国、西班牙等国家的服务业在国内生产总值(Gross Domestic Product,GDP)中所占比重普遍超过70%;美国、德国等支撑制造业的生产性服务业占服务业的70%,仍然以创造物质财富为主体功能,这种良性的制造业和服务业互动关系成为金融危机后美国、德国等国家平稳复苏的关键所在。

视频课程

金融危机过后,全球迎来了新一轮产业变革,制造业重新成为全球经济发展的焦点。各主要发达国家纷纷出台重大举措,推动制造业转型升级。这些国家的新型制造战略核心在于构建新的生产方式和发展模式，重新塑造本国制造业的竞争优势。与此同时，数字经济的兴起席卷全球，推动着传统产业的加速变革。特别是以互联网为代表的信息通信技术的发展，极大地改变了人们的生活方式，塑造了新的产业格局。

以互联网为基础的物联网、云计算、大数据等新一代信息技术，正在与制造技术、新能源和新材料等工业技术深度融合，促进传统产业的快速变革。在新需求和技术的推动下，互联网与工业日益交融，云计算、物联网和大数据等信息技术与制造技术及工业知识的集成创新正在不断加速发展。以互联网为代表的信息通信技术，通过技术和模式的创新，持续渗透到实体经济领域，引领着新的技术经济范式的到来，一系列新的产品、服务生产体系和产业随之出现，为传统产业的改革创造了巨大机遇。云计算为制造企业提供了更灵活、更经济、更可靠的数据存储和软件运行环境，而物联网则有助于制造企业有效地收集各种不同类型的设备、产线和生产现场数据。同时，人工智能的应用增强了制造企业的数据分析能力，实现了智能化的管理和控制，这些都成为推动制造企业数字化转型的新基础。信息技术与制造技术的融合不仅推动了信息经济、知识经济和分享经济等新经济模式向工业领域的迅速渗透，还培育了增长的新动能。

2012 年，美国通用电气公司（General Electric Company，GE）作为传统工业设备制造商，面对经营成本不断上升、运营回报率持续承压的局面，提出了工业互联网的概念。该公司希望通过引领工业设备市场和行业的发展，倡导发展工业互联网，在帮助客户提升营运效率和实现业务模式创新的同时，将自身转型为一家专注于提供分析和预测服务的软件公司。

1.1.2　国外工业互联网的发展

随着各国纷纷实施国家制造业发展战略并推动骨干企业的应用实践，工业互联网迎来了快速发展的时机。由于各国的产业基础、技术优势和战略重点存在差异，因此工业互联网的发展路径呈现出多样化的特点。

1. 美国工业互联网的发展

在美国政府和骨干企业的积极推动下，美国在工业互联网的发展中扮演着主导角色。从 2006 年开始，美国相继出台了一系列法案，以支持工业互联网关键技术的研发，并提供政策和专项资金支持，旨在确保美国在先进制造业领域的未来竞争力。2011 年，美国启动了"先进制造伙伴计划"，重点支持软件工具和软件应用平台的发展。2012 年，美国进一步提出了"先进制造业国家战略计划"，鼓励发展高新技术平台、先进制造工艺、数据基础设施等工业互联网基础技术。2013 年，美国发布了《国家制造业创新网络：初步设计》，并投资 10 亿美元成立了美国制造业创新网络（National Network for Manufacturing Innovation，NNMI），以集中力量推动数字化制造等先进制造业的创新发展。近年来，美国持续加大对工业互联网核心技术的资金投入力度，支持了"网络与信息技术研发计划"和 CPS 项目。同时，美国国防部一直在积极推动核心自主工业软件的发展，并将这些软件引入民用市场。2018 年，美国国防部高级研究计划署（DARPA）启动了"电子复兴计划"（ERI），计划在 5 年内投入 15 亿美元，用于灵活设计和开发芯片，其中工业设计软件获得了同级项目中金额最多的扶持。

在骨干企业实践方面，2014 年，GE 与 AT&T、思科、IBM、英特尔等信息领军企业携手合作，共同创立了"工业互联网联盟"（Industrial Internet Consortium，IIC）。该联盟旨在促进跨界融合，推动工业互联网技术及应用的发展，吸引了全球范围内的骨干企业和组织加入，涵盖了电信服务、通信设备、工业制造、数据分析和芯片等多个与工业互联网密切相关的行业和技术领域。在工业互联网标准制定、测试验证、国际合作及推广应用方面，发挥了重要作用。2015年，GE公司推动软件和信息技术职能整合，成立了GE数字集团（GE Digital），将Predix平台向全球制造业开放，开启了工业互联网新阶段。与此同时，微软利用其信息技术优势，推出了Azure IoT平台，为多个行业提供远程设备监控、预测性维护、工厂联网与可视化服务。英特尔将云计算、大数据和人工智能技术与芯片技术相结合，推出了与设备终端边缘计算相关的芯片和处理器。思科则利用其通信行业的技术优势，支持企业从各种工业以太网和现场总线中获取实时生产数据，为企业的产品制造过程提供管理支持和运行服务。

2. 德国"工业4.0"的发展

作为传统工业强国，德国政府实施了"工业4.0"战略，旨在利用互联网提升制造业的信息化水平，实现生产供应链、制造、销售过程的数字化、智能化，以提高德国工业的竞争力，赢得新一轮工业革命中的先机。2012年，德国信息技术、电信和新媒体协会（BITKOM）、德国机械设备制造业联合会（VDMA）和德国电子电气行业协会（ZVEI）共同发布了《保障德国制造业的未来：关于实施"工业4.0"战略的建议》。2013年，在汉诺威工业博览会上，德国正式发布了《实施"工业4.0"战略建议书》，将其视为强化国家产业发展的战略选择。该建议书指出，将物联网和服务应用到制造业正在引发第四次工业革命（工业4.0）。这与GE公司提出的工业互联网革命目标相似，即新一代信息技术与工业应用结合。2016年，德国发布了《数字战略2025》，其中包括加强"工业4.0"的十大重点步骤。2019年，为更好地应对国际竞争，德国发布了《国家工业战略2030》，计划持续支持关键工业部门，提供更优惠的能源和税收政策，以增强德国工业的全球竞争力。

在骨干企业实践方面，2016年，西门子在汉诺威工业展上推出了MindSphere工业互联网平台，与GE公司并驾齐驱，成为全球工业互联网领域的引领者。西门子旗下的安贝格（Amberg）电子制造工厂成为实践"工业4.0"智能制造的数字工厂典范。在西门子提出的"公司愿景2020+"战略中，"数字化工业"是其未来三大运营方向之一。与此同时，以奔驰、宝马为代表的汽车行业，以博世为代表的电子元器件行业，也涌现出许多"工业4.0"的典型范例。一些知名的工业软件服务商，如SAP，也对工业互联网的前景充满信心，积极开发以工业互联网为场景的数字工厂和数据增值服务，以此加强其在工业互联网技术和市场上的竞争力。

3. 其他国家工业互联网相关的发展

除了美国和德国，工业互联网领域的竞争者不断涌现。英国制定了《英国工业2050战略》，旨在通过新技术应用推动企业再工业化，并特别关注利用信息通信网络改变企业管理方式，以更快速地响应市场需求。日本通过物联网推进联盟（ITAC）、工业价值链促进会（IVI）等多个产业组织，汇集了众多知名制造业企业，与IIC、"工业4.0"平台等组织合作，意图在工业互联网领域后发先至。韩国将机器人、人工智能、自动驾驶和3D打印确立为智能制造产业发展的主攻方向。印度的印孚瑟斯、塔塔等几大软件企业与美国、德国、日本等多国制造企业进行广泛合作，并积极参与IIC等国际组织的工作。法国、新加坡、巴西等国的企业和产业组织也积极参与全球工业互联网的竞争与合作。

1.1.3 国内工业互联网的发展

我国作为制造大国，拥有最全的制造业门类，并正朝着数字化、网络化、智能化的方向迅速发展。同时，我国也是互联网大国，在用户规模、应用创新、生态构建等方面积累了丰富的技术经验。当前，我国的工业经济正处于关键的转型期，逐渐从过去的数量和规模扩张阶段转向质量和效益提升阶段。面对发达国家制造业的高端垄断及发展中国家中低端产业分流的双重挤压，我国工业亟须加快创新发展步伐。这意味着工业经济必须由规模和成本优势向质量和效益优势转变，以推动新旧动能的接续转换，快速提升我国制造业的核心竞争力，夺取未来发展的主动权。

2016年，在工业和信息化部的领导下，中国信息通信研究院联合其他企业共同成立了工业互联网产业联盟（Alliance of Industrial Internet，AII）。2017年，国务院发布了《关于深化"互联网+先进制造业"发展工业互联网的指导意见》（以下简称《指导意见》），系统地阐述了工业互联网的实质，并为我国工业互联网的全局发展指出了明确方向。《指导意见》明确了"遵循规律，创新驱动""市场主导，政府引导""开放发展，安全可靠""系统谋划，统筹推进"的基本原则。此外，《指导意见》还确立了三个阶段的发展目标：到2025年，我国将基本形成具备国际竞争力的基础设施和产业体系；到2035年，建成国际领先的工业互联网网络基础设施和平台，形成国际先进的技术与产业体系，工业互联网全面深度应用并在优势行业形成创新引领能力，安全保障能力全面提升，重点领域实现国际领先；到21世纪中叶，工业互联网网络基础设施全面支撑经济社会发展，工业互联网创新能力、技术产业体系以及融合应用等全面达到国际先进水平，综合实力进入世界前列。

在"十三五"期间，在党中央国务院统筹部署下，通过充分发挥市场主导作用，更好发挥政府作用，我国工业互联网发展驶入了快车道。一方面，网络、平台、安全三大体系全面推进。网络基础设施建设加速，网络性能和速率显著提高。中国电信、华为等工业企业与信息通信企业积极探索利用5G等新一代信息技术改造企业内网。标识解析体系取得积极进展，建成了北京、上海、广州、重庆、武汉等五大国家顶级节点，多个行业二级节点初步建立，标识注册量过亿。平台和科技创新供给能力逐步增强，具有行业、区域影响力的工业互联网平台取得重大进展，工业设备、工业APP等数量显著增加。安全保障水平稳步提升，中国移动、奇安信等公司持续推动工业互联网安全技术创新，确保数据安全和实时监管预警。另一方面，工业互联网在制造业各个领域的集成应用不断深化。目前，工业互联网已在航空、石化、钢铁、家电、服装、机械等多个行业得到广泛应用，网络协同制造、管理决策优化、大规模个性化定制、远程运维服务等新模式、新业态不断涌现，行业价值空间也在不断拓展，提质增效降本效果显著。

"十四五"时期是我国全面建成小康社会、实现第一个百年奋斗目标之后，乘势而上开启全面建设社会主义现代化国家新征程、向第二个百年奋斗目标进军的第一个五年。在政策和市场的双重推动下，全球工业互联网正处于快速发展的阶段。工业互联网的技术特点、演进规律、应用方向和发展格局逐步清晰，成为推动制造业转型升级的加速引擎，也是数字经济时代的基础设施核心，对我国经济高质量发展至关重要。随着新一代信息技术的加速应用，工业互联网正在实现更广泛、更深入、更高水平的融合发展。从概念普及到实际应用，从通用能力建设到传统产业深耕，融合、赋能、开放、生态将成为工业互联网未来发展的主旋律。

在工业互联网实践方面，国内一批在各自行业领域中具有领先优势的企业积极进行了工业互联网的探索和尝试。中国航天科工集团基于李伯虎院士的"云制造"理念，开始了工业互联网平台的实践，基于集团专有云平台推出了 INDICS 工业互联网平台。三一重工凭借在装备制造和远程运维领域的经验，推出了 ROOTCLOUD 根云平台，重点面向设备健康管理，提供设备全生命周期的全面管理服务。经过几年的发展，其服务范围已从工程机械行业扩展至农业机械、保险、租赁、纺织、新能源、食品加工等多个行业。海尔公司推出的 COSMOPlat 平台引入了用户全流程参与体验，发展了用户参与产品设计的客户定制商业模式，并建设了开放互联的平台生态，覆盖农业、纺织服装、能源、模具等多个行业子平台，为企业提供商务和信息服务。东方国信充分利用自身在大数据领域的深耕优势，运营钢铁大数据，实现了高炉数字化改造，成为工业互联网推动传统工业转型升级的典型案例。

我国的工业互联网与我国经济社会发展现状相结合，呈现出自身特有的发展特色和战略重点。尽管我国拥有多样化的工业门类和庞大的制造业总量，产业链体系相对完整，但工业企业的信息化水平却参差不齐，难以同时实现数字化、网络化和智能化的高水平发展。然而，我国互联网应用基础雄厚，平台经济与美国旗鼓相当，因此我国的工业互联网发展走向是"两化深度融合"，从改造型向自主型发展的道路，其内涵不仅包括利用工业设施物联网和大数据实现生产环节的数字化、网络化和智能化（德国"工业 4.0"描述的智能工厂），提高制造效率和产品质量，实现面向客户的产品个性化定制，还包括利用互联网信息技术与工业融合创新，搭建网络云平台，跨企业整合产业资源，构建产业生态圈，实现"云制造"。相较于其他国家，我国具备跨企业整合各类产业资源的组织优势，有利于形成工业互联网的共享环境和生态体系，尤其是能够根据不同信息化阶段的企业特点，提供多层次的工业互联网服务。因此，我国工业互联网的内涵更加丰富，不仅可以通过重塑生产过程和价值体系推动制造业的产业升级，还能够为产品制造的服务化发展创造网络环境。同时，借助云平台，中小制造企业能够分享工业互联网政策和技术红利，丰富产业资源信息，参与核心企业产业链协同和价值链重塑过程。

1.2 工业互联网的概念

1.2.1 工业互联网的定义与特征

1. 工业互联网的定义

工业互联网是互联网和新一代信息技术与工业系统全方位深度融合所形成的产业和应用生态，是工业智能化发展的关键综合信息基础设施。它的本质是以机器、原材料、控制系统、信息系统、产品及人之间的网络互联为基础，通过对工业数据的全面深度感知、实时传输交换、快速计算处理和高级建模分析，实现智能控制、运营优化和生产组织方式变革。

2. 工业互联网的典型特征

工业互联网的典型特征可通过其技术特性及由其技术特性衍生而来的创新应用进行描述。

（1）基于互联互通的综合集成

互联互通包括人与人、人与设备、设备与设备、设备与产品、产品与用户、用户与厂家、用户与用户、厂家与厂家，以及虚拟与现实的互联，即将传统资源转化为数字化资源。在此基础上，通过传统的纵向集成、现代的横向集成，以及互联网的端到端集成等方式，实现资源的综合集成，打破资源间的壁垒，使这些数字化资源实现高效地流动。

（2）海量工业数据的挖掘与运用

在工业互联网时代，企业的竞争力不再仅取决于设备和技术的水平。借助传感器采集数据，通过网络信息平台进行处理，将经过分析的数据反馈到原有设备上并更好地加以管理，甚至创造新的商业模式，将成为企业新的核心能力。

（3）跨行业通用基础设施

工业互联网可以作为新型工业"操作系统"，支撑跨行业、跨领域、以信息物理融合为主要特征的各类数字化应用。对企业而言，数据只有在与特定场景的应用结合后，才能产生新的价值。因此，基于海量数据的工业应用创新和深度业务协同成为企业最关注的工业互联网价值。

（4）商业模式和管理的创新

传统企业的企业家主要关注财务绩效或投资回报率，因此，如何让工业互联网技术在短期内为企业带来直接可量化的效益，成为传统企业家采用这一新技术的主要动力，也是促使更多人接受工业互联网的关键。在此基础上，企业会逐步考虑用工业互联网技术重塑原有的商业模式，甚至创造全新的商业模式，并相应创新管理模式，以颠覆原有的市场格局。这种情况使更多通过跨界的方式进入原有行业的颠覆者出现，是中国特色的工业化与信息化深度融合的"互联网+"的发展模式。商业模式的创新具有其自身的演进路径，不仅赋予产品新的功能、创造新的模式，还将在整个价值链上引发巨大的变革，甚至可能带来平台级、系统级的颠覆。

（5）制造业态更新和新生态形成

互联网已不仅是一种技术和基础设施，更是时代的特征，"互联网+一切"（All in Internet）或"一切+互联网"（All on Internet）是时代的大潮。各种因素的综合作用使业态的更新成为必然，也使新生态的形成成为可能。互联网技术能够消除资源之间的"数字藩篱"，从而促成共享经济新生态的逐步形成。对于制造企业而言，以生产性服务业、科技服务业等为典型的服务化制造业已成为业态更新的重要方向。越来越多的制造企业已经从传统的制造"产品"转变为提供"产品+服务"的模式。

1.2.2 工业互联网的内涵与意义

1. 工业互联网的内涵

工业互联网的内涵可以从构成要素、核心技术和产业应用三个角度进行阐述。

（1）构成要素角度

从构成要素的角度看，工业互联网基于信息通信网络，实现机器、数据和人的融合。

在工业生产中，各种机器、设备组和设施通过传感器、嵌入式控制器和应用系统与网络连接，形成基于"云-网-端"的新型复杂体系架构。随着生产历程的推进，数据在体系架构内源源不断地产生和流动，通过对数据采集、传输、分析处理和运用，逐步实现数据的商业化应用、数据价值创造与向数据资产的转换。

（2）核心技术角度

从核心技术的角度看，工业互联网除了需要必要的信息通信网络、云计算等基础设施外，贯穿其始终的是工业大数据的综合运用。这些数据从最初的杂乱无章逐步转化为最具价值的决策和操作控制信息，经历了产生、收集、传输、分析、融合管理、决策、执行等多个阶段，需要集成应用各类相关的技术和软、硬件，完成感知识别、远距离与近距离通信、数据挖掘、分布式处理、智能算法、系统集成、平台应用等一系列任务。简而言之，工业互联网技术是用于获取、处理、应用企业组织和系统中的工业过程数据，并实现数据价值的系统集成技术。

（3）产业应用角度

从产业应用的角度看，工业互联网构建了庞大复杂的产品生产制造和服务生态系统，为企业提供了全面的感知、移动的应用、云端的资源和大数据分析。这使得各类制造要素和资源能够进行信息交互和数据集成，从而释放数据的潜在价值。这有效推动了企业在技术研发、开发制造、组织管理、生产经营等方面展开全方位的创新，实现产业间的融合与产业生态的协同发展。这一生态系统为企业智能制造的发展铺平了道路，建立了先进的组织形态，同时为社会化大规模协同生产搭建了深度互联的信息网络，还为其他行业的智能应用提供了可以支撑多类信息服务的基础平台。

2. 工业互联网的意义

工业互联网作为全新的工业生态、关键基础设施和新型应用模式，通过人、机、物的全面互联，实现全要素、全产业链、全价值链的全面连接，正在全球范围内不断颠覆传统的制造模式、生产组织方式和产业形态，推动传统产业加快转型升级，以及新兴产业的加速发展壮大。

（1）工业互联网是实体经济数字化转型的关键支撑

工业互联网通过与工业、能源、交通、农业等实体经济各领域的融合，为实体经济提供网络连接和计算处理平台等新型通用基础设施支撑；促进了各类资源要素的优化和产业链的协同，帮助各实体行业创新研发模式、优化生产流程；正推动传统工业制造体系和服务体系再造，带动共享经济、平台经济、大数据分析等以更快速度，在更大范围、更深层次拓展，加速实体经济数字化转型进程。

（2）工业互联网是实现第四次工业革命的重要基石

工业互联网为第四次工业革命提供了具体实现途径和推进抓手，通过人、机、物的全面互联，以及全要素、全产业链、全价值链的全面连接，对各类数据进行采集、传输、分析，并形成智能反馈，正在推动形成全新的生产制造和服务体系，优化资源要素配置效率，充分发挥制造装备、工艺和材料的潜能，提高企业生产效率，创造差异化的产品并提供增值服务，加速推进第四次工业革命。

（3）工业互联网对我国经济发展有着重要意义

通过部署工业互联网，企业能够减少用工量，促进制造资源配置和使用效率的提升，降低生产运营成本,增强竞争力。加快工业互联网应用的推广,有助于推动工业生产制造服务体系的智能化升级、产业链延伸和价值链拓展,进而带动产业向高端迈进。工业互联网的蓬勃发展为网络化协同、规模化定制、服务化延伸等新模式新业态的涌现提供了动力,推动先进制造业和现代服务业的深度融合,促进一、二、三产业,大中小企业开放融通发展。这不仅能提升我国制造企业全球产业生态能力,还能打造新的增长点。

1.3 工业互联网与智能制造

1.3.1 智能制造概述

视频课程

制造业作为我国的支柱产业,长期保持着良好的发展态势。然而,随着我国人口红利逐渐消失和人工成本上升,传统制造业依靠人力发展的模式逐渐显露局限性。与此同时,以工业机器人等智能装备为代表的技术革新,正为传统的装备制造和物流等相关行业的生产方式带来产业变革。

1. 智能制造内涵

智能制造的内涵一般包含智能制造技术和智能制造系统,具体涉及以下6个方面。

1)智能制造的范畴不仅局限于产品的加工生产阶段,而是面向产品的全生命周期,产品是智能制造的目标对象。

2)智能制造以物联网、大数据、云计算等新一代信息技术为基础,是在泛在感知条件下实现的信息化制造。

3)智能制造的载体是制造系统。制造系统涵盖了从微观到宏观的多个层次,如制造装备、制造单元、制造车间、制造企业,以及企业生态系统等。制造系统的组成包括产品制造资源(机器、生产线、人力等)、各种过程活动(设计、制造、管理、服务等),以及运行与管理模式。智能制造系统的层次关系如图1-1所示。

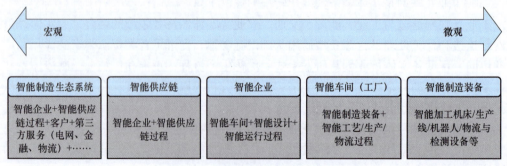

图1-1 智能制造系统的层次关系

4)智能制造技术的应用针对的是制造系统的关键环节或过程,而不一定是全部。

5)"智能"的制造系统必须具备一定的自主感知、学习、分析、决策、通信和协调控制能力,这是其与自动化制造系统和数字化制造系统的根本区别。

6)打造"智能"的制造系统,是为了实现某些优化目标。这些优化目标包括提升用户体验友好性、增强设备运行的可靠性、提高设计和制造效率、优化产品质量、缩短产品制造周期、拓展价值链的空间等。

2. 智能制造的特征

智能制造在实际应用中具有以下6个特征。

（1）自组织能力

智能制造中的各组成单元能够根据工作任务的需要，灵活集结成一种超柔性的更优结构，并以更加优化的方式运行。这种柔性不仅体现在运行方式上，还体现在结构组成上。例如，在完成当前任务后，该结构能够自动解散，以便在下一个任务中重新组合成新的结构。

（2）自律能力

智能制造具备搜集和理解环境信息和自身信息，并进行分析、判断、规划自身行为的能力。智能制造系统能够监测周围环境和自身的作业状况，并进行信息处理。根据处理结果，系统能够自动调整控制策略，采用最佳的运行方案，从而使整个制造系统具备抗干扰、自适应和容错等能力。

（3）自学习和自维护能力

智能制造以原有的专家知识为基础，在实践中不断学习，完善系统知识库，并剔除其中不适用的知识，使知识库趋于合理化。同时，智能制造还具备对系统故障自我诊断、排除和修复的能力，从而能够实现自我优化并适应各种复杂环境。

（4）制造环境智能集成

智能制造在强调各子系统智能化的同时，更注重整个制造环境的智能集成，这是其与面向制造过程中特定应用"智能化孤岛"的根本区别。智能制造将各个子系统集成为一个整体，实现系统整体的智能化。

（5）人机一体化

人机一体化突出了人在制造环境中的核心地位，同时在智能机器的配合下，更好地发挥了人的潜能，使人机之间表现出一种平等共事、相互"理解"、相互协作的关系，使两者在不同的层次上各显其能，相辅相成。

（6）虚拟与物理融合

智能制造系统融合了两个世界：一个是由机器实体和人构成的物理世界；另一个是由数字模型、状态信息和控制信息构成的虚拟世界。一方面，在实际生产之前，产品的设计和工艺可以在虚拟世界中进行验证；另一方面，在生产与使用过程中，物理世界的状态可以在虚拟环境中实时、动态、逼真地呈现。

1.3.2 工业互联网与智能制造的关系

1. 工业互联网是实现智能制造的基础

工业互联网和智能制造虽然各有侧重点，前者侧重于工业服务，后者侧重于工业制造，但它们的本质都是为了实现智能制造与智能服务。工业互联网相较于智能制造，更加注重软件、网络和大数据的应用，目标是通过促进物理系统和数字系统的融合，实现通信、控制和计算的融合。

工业互联网与制造业的融合将带来以下4个层面的智能升级。

1）实现商业模式的创新，支撑企业开发智能互联产品，并基于物联网提供智能服务。

2）实现生产模式的创新，助力企业实现机器到机器（Machine to Machine，M2M）之间畅通无阻、随时随地通信。

3）实现企业运营模式的创新，帮助企业实现企业内部信息的集成和企业间供应链的集成。

4）实现智能决策，协助企业整合异构数据并进行实时分析。

智能制造的最终实现主要依靠两个基础：工业制造技术和工业互联网。工业互联网是支撑智能制造的关键综合信息基础设施，是充分发挥工业装备、工艺和材料潜能，提高生产效率、优化资源配置效率、创造差异化产品和实现服务增值的关键。

2. 智能制造是工业互联网的关键应用

智能制造是工业互联网的关键应用，是工业制造转型升级的重要模式。

（1）智能制造应用工业互联网实现工业要素的自组织

通过工业互联网将无处不在的传感器、嵌入式终端系统、智能控制系统通信设施等集成互联，使人与人、人与机器、机器与机器及服务与服务之间能够智能互联。智能制造实现了关键制造环节与工厂的设备、系统和数据的集成优化，以及制造流程与业务数字化管控的智能化制造模式。因此，工业互联网成为支撑智能制造，实现工业要素互联互通和自组织的核心技术。

（2）智能制造应用工业互联网建立平台应用生态

为了构建能够实现工厂内设备、关键制造流程、制造系统和过程数据的集成优化及业务数字化管控的智能制造系统，需要解决两个关键问题：一是实现工厂内各类设备、产线等制造单元的网络化互联；二是在智能制造系统中，实现对工业互联网平台上集成的制造资源与能力服务的动态调用。从系统层面来看，工业互联网在智能制造系统中扮演了"机器+平台+应用"的系统架构与平台生态。

（3）智能制造应用工业互联网实现工厂内部智能化运行

智能制造、协同制造及智慧云制造都是工业互联网的重要应用模式，是"两化融合"的延伸，也是"互联网+制造业"的具体实践。它们都依赖于信息技术构建网络或平台，并且旨在利用互联网技术推动和实现制造业的转型升级。

习题

1. 简要描述工业互联网诞生的原因。
2. 根据自己的理解，对比分析各国工业互联网发展的侧重点。
3. 阐述工业互联网的定义与内涵。
4. 工业互联网的意义是什么？
5. 简述工业互联网与智能制造的关系。

科学家科学史
"两弹一星"功勋科学家：最长的一天

第 2 章

工业互联网基础

PPT 课件

> **学习目标**
>
> ① 掌握工业互联网体系架构 2.0。
> ② 理解工业互联网标准体系结构。
> ③ 了解工业互联网标准体系各类标准。
> ④ 了解工业互联网标识解析的概念。
> ⑤ 理解工业互联网标识解析流程。
> ⑥ 了解工业互联网标识解析的典型应用。

2.1 工业互联网的体系架构

工业互联网的体系架构是指导企业开展工业互联网技术创新、应用推广和生态建设的关键。工业互联网总体架构的设计和制定可以指导相关技术研发、标准研制、试验验证、系统集成和应用推广等工作。

2.1.1 工业互联网体系架构1.0

为推进工业互联网的发展,工业互联网产业联盟于 2016 年 9 月发布了《工业互联网体系架构(版本 1.0)》。该举措旨在推动产业界在认知上达成共识,为开展工业互联网的实践提供参考依据。

1. 工业互联网三大体系

工业互联网的核心是基于全面互联而形成数据驱动的智能,网络、数据、安全是工业和互联网两个视角的共性基础与支撑。因此,工业互联网体系架构 1.0 提出工业互联网网络、数据、安全三大体系,如图 2-1 所示。

(1)网络体系

网络体系是支撑工业系统互联和工业数据传输交换的基础,包括网络互联体系、标识解析体系和应用支撑体系,表现为通过泛在互联的网络基础设施、健全适用的标识解析体系、集中通用的应用支撑体系,实现信息数据在生产系统各个单元之间,以及生产系统与商业系统各个主体之间的无缝传递，从而构建新型的机器通信、设备有线与无线连接方式，支撑实时感知和协同交互的生产模式。

（2）数据体系

数据体系是工业智能化的核心驱动，包括产业数据采集交换，数据集成处理，产业建模、仿真与分析，车间、工厂、企业运营决策优化和生产反馈控制等功能模块，表现为通过海量数据的采集交换、异构数据的集成处理、机器数据的边缘计算、经验模型的固化迭代、基于云的大数据计算分析，实现对生产现场状况、协作企业信息、市场用户需求的精确计算和复杂分析，进而形成企业运营的管理决策及机器运转的控制指令，驱动从机器设备、运营管理到商业活动的智能和优化。

（3）安全体系

安全体系是网络与数据在工业中应用的安全保障，包括设备安全、网络安全、控制安全、数据安全、应用安全和综合安全管理，表现为通过涵盖整个工业系统的

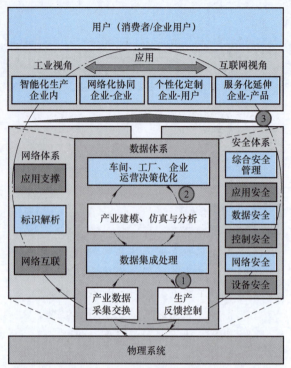

图 2-1　工业互联网体系架构 1.0

安全管理体系，避免网络设施和系统软件受到内部和外部攻击，降低企业数据被未经授权访问的风险，确保数据传输与存储的安全性，实现对工业生产系统和商业系统的全方位保护。

2. 工业互联网三大闭环

基于工业互联网的网络、数据与安全三大体系，工业互联网重点构建面向工业智能化发展的三大优化闭环，如图 2-1 中的①、②、③所示。

（1）面向生产运营优化的闭环

基于信息系统数据、制造执行系统数据、控制系统数据的集成处理和大数据建模分析，实现生产运营管理的动态优化调整，形成各种场景下的智能生产模式。

（2）面向机器设备运行优化的闭环

基于对机器操作数据和生产环境数据的实时感知和边缘计算，实现机器设备的动态优化调整，构建智能机器和柔性产线。

（3）面向企业协同、用户交互与产品服务优化的闭环

基于供应链数据、用户需求数据、产品服务数据的综合集成与分析，实现企业资源组织和商业活动的创新，进而形成智能化生产、网络化协同、个性化定制、服务化延伸等四大应用模式。

2.1.2　工业互联网体系架构2.0

1. 工业互联网体系架构演进分析

2019 年，工业互联网产业联盟在工业互联网体系架构 1.0 的基础上深入开展研究，结

合新技术的演进和产业发展，编制了《工业互联网体系架构（版本 2.0）》。此版本面向数字化转型时代的需求，融合了工业互联网最新的理念、价值、技术、功能、范式和流程，形成了指导产业、企业等多层面推进工作的一套综合性体系框架。

相较于工业互联网体系架构 1.0 而言，工业互联网体系架构 2.0 具有如下特点：

（1）聚焦工业场景

针对规模化工业需求，对功能架构进行升级和完善。通过典型工业场景开展网络、平台、安全等方面的应用试点工作，以标杆示范强化应用推广，推进体系化应用探索与落地。

（2）突出工业应用

结合企业个性化需求，构建工业互联网核心能力。以企业数字化转型需求为引领，针对各行业的研发设计、工艺改进、能耗优化、运营管理等业务需求，构建各类数字化工业应用及解决方案，帮助企业实现提质、降本、增效。同时，引入大量第三方工业应用并对已有工业应用进行定制化改造，以适配特定工业应用场景或满足用户个性化需求。

（3）注重落地实施

为企业按需部署工业互联网平台提供更加详细的实施路径。重点明确工业互联网核心功能在制造系统各层级的功能分布、系统设计与部署方式，通过建设"网络、标识、平台、安全"四大实施系统，指导企业实现工业互联网的落地应用。

2. 工业互联网体系架构 2.0 总体框架

工业互联网体系架构 2.0 总体框架如图 2-2 所示，它从业务视图、功能架构和实施框架 3 个角度进一步定义了工业互联网的参考架构，形成以商业目标和业务需求为牵引，进而明确系统功能定义与实施部署方式的设计思路，3 个角度层层深入、自上向下形成逐层映射，其目标在于从工业互联网促进产业发展的作用和路径出发，指引企业明确数字化转型的商业目标与业务需求。

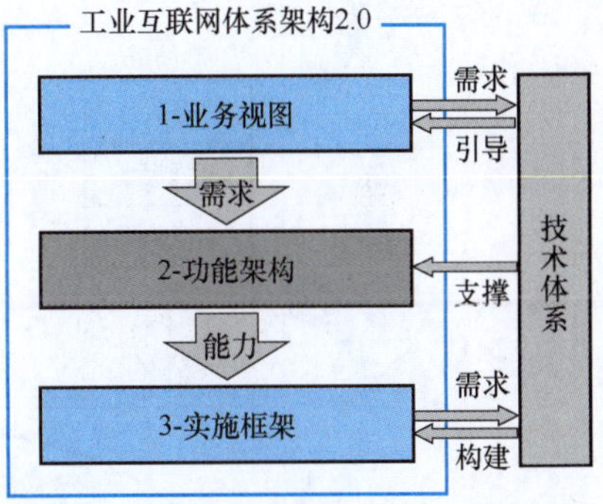

图 2-2　工业互联网体系架构 2.0 总体框架

3. 工业互联网业务视图

业务视图确定了工业互联网驱动的产业数字化转型的整体目标和方向，并阐述了企业应用工业互联网以构建数字化竞争力的愿景、路径和举措。这在企业内部将进一步细化为若干具体业务领域的数字化转型策略，以及企业实现这些策略所需的一系列关键能力。业务视图的主要作用是指导企业在商业层面明确工业互联网的定位和作用，并提出业务需求和数字化能力需求，这些需求将成为后续功能架构设计的重要参考。工业互联网业务视图如图 2-3 所示。

（1）产业层

产业层主要阐述了工业互联网在推动产业发展方面的主要目标、实现路径和支撑基础。工业数字技术的"新产业"、数字化转型的"新模式"、数字化创新的"新业态"（见图 2-4）共同构成了产业高质量发展的新动能，这也是工业互联网价值创造的关键路径。

（2）商业层

商业层主要明确了企业应用工业互联网构建数字化转型竞争力的愿景、战略方向和战术目标（见图 2-5）。商业层主要面向 CEO 等企业高层决策者，用以明确在企业战略层面如何通过工业互联网来保持和强化企业的长期竞争优势。从愿景来看，在数字化发展趋势下，企业应加快依托工业互联网构建数字化转型的竞争优势，形成以数据为核心驱动的新型生产运营方式、资源组织方式与商业模式，以支撑企业不断成长壮大。为实现上述愿景，企业可通过工业互联网，从提升价值、创新模式和降低成本三大战略方向努力。这些战略方向可进一步分解和细化为商业模式、市场需求、产品质量、生产效率、运营管理、资源调配和交付速度等具体战术目标，从而形成工业互联网赋能企业的具体途径。

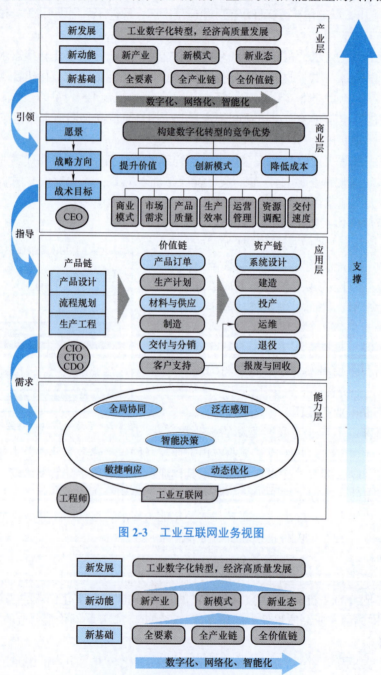

图 2-3　工业互联网业务视图

图 2-4　工业互联网业务视图产业层架构

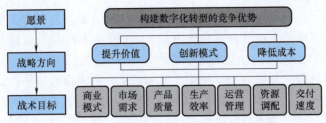

图 2-5　工业互联网业务视图商业层架构

(3) 应用层

应用层主要明确了工业互联网赋能于企业业务转型的重点领域和具体场景。应用层主要面向企业的 CIO、CTO、CDO 等信息化主管及核心业务管理人员，旨在帮助他们确定工业互联网在企业各项生产经营业务中的作用和应用模式。在工业企业中，产品链、价值链、资产链是最为关键的三个业务链条（包括三者所交汇的生产环节）（见图 2-6）。工业互联网赋能于三大链条的创新优化变革，推动企业业务层面数字化发展。

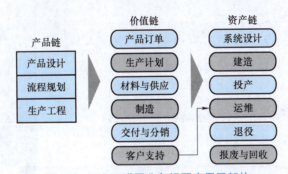

图 2-6　工业互联网业务视图应用层架构

(4) 能力层

能力层详述了企业通过工业互联网实现业务发展目标所需构建的核心数字化能力，主要面向工程师等技术人员，帮助他们定义企业所需的关键能力并实践应用。根据工业互联网的发展愿景、推进方向和业务需求，企业在数字化转型过程中需要建立泛在感知、智能决策、敏捷响应、全局协同和动态优化五类核心能力（见图 2-7）。这些能力将支持企业在各种场景下的具体应用实践。

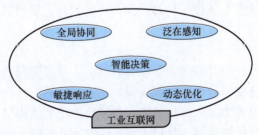

图 2-7　工业互联网业务视图能力层架构

4. 工业互联网功能架构

功能架构明确了企业支撑业务实现所需的核心功能、基本原理和关键要素。功能架构首先提出了以数据驱动的工业互联网功能原理总体视图，形成物理实体与数字空间的全面连接、精准映射与协同优化，并明确这一机理作用于从设备到产业等各层级，覆盖制造、医疗等多行业领域的智能分析与决策优化，进而细化分解为网络、平台、安全三大体系的子功能视图，描述构建三大体系所需的功能要素与关系（见图 2-8）。功能架构的主要目的在于指导企业构建工业互联网的支撑能力与核心功能，并为后续工业互联网实施框架的制定提供参考。

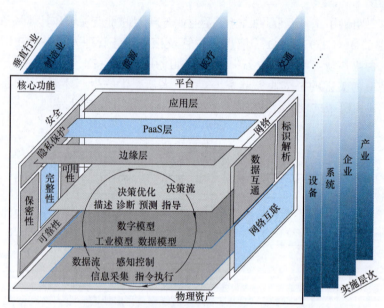

图 2-8 工业互联网功能原理总体视图

在工业互联网的数据功能实现中，数字孪生已经成为关键支撑，通过资产的数据采集、集成、分析和优化来满足业务需求，实现物理世界资产对象与数字空间业务应用的虚实映射，从而支撑各类业务应用的开发与实现。工业互联网的数据功能原理如图 2-9 所示。

（1）网络功能视图

网络体系由网络互联、数据互通和标识解析三部分组成。网络互联实现要素之间的数据传输，数据互通实现要素之间传输信息的相互理解，标识解析实现要素的标记、管理和定位，如图 2-10 所示。

（2）平台功能视图

为实现数据优化闭环，驱动制造业智能化转型，工业互联网需要具备海量工业数据与各类工业模型管理、工业建模分析与智能决策、工业应用敏捷开发与创新、工业资源集聚与优化配置等一系列关键能力，这些传统工业数字化应用无法提供的功能正是工业互联网平台的核心。按照功能层级划分，工业互联网平台包括边缘层、PaaS 层和应用层三个关键功能组成部分，如图 2-11 所示。

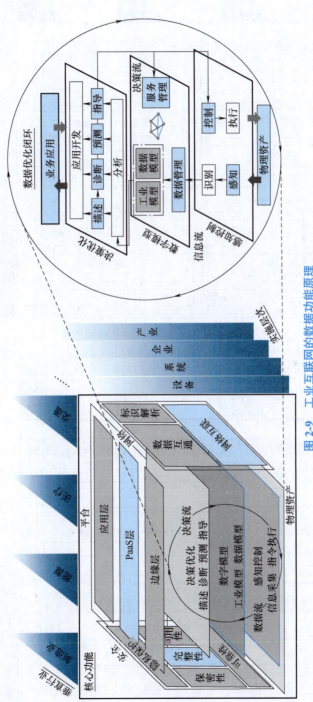

图 2-9 工业互联网的数据功能原理

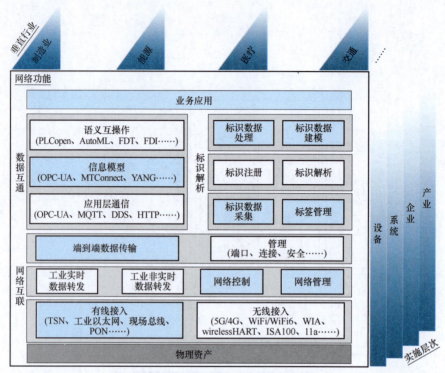

图 2-10　工业互联网功能视图网络体系框架

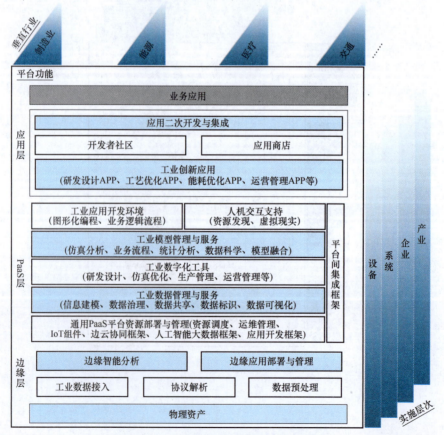

图 2-11　工业互联网功能视图平台体系框架

(3) 安全功能视图

为了应对工业互联网面临的网络攻击等新型风险，确保其健康有序发展，工业互联网安全功能框架充分考虑了信息安全、功能安全和物理安全，聚焦于工业互联网安全所具备的主要特征，包括可靠性、保密性、完整性、可用性、隐私和数据保护，如图 2-12 所示。

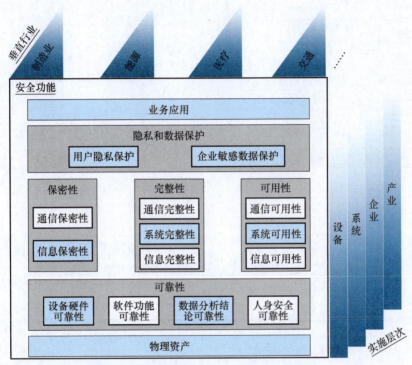

图 2-12　工业互联网功能视图安全体系框架

5. 工业互联网实施框架

实施框架描述了在企业中落地实施各项功能的层级结构、软件和硬件系统及部署方式。实施框架结合当前制造系统与未来发展趋势，提出了由设备层、边缘层、企业层和产业层四个层级组成的实施框架层级划分。同时，实施框架明确了各层级的网络、标识、平台和安全的系统架构、部署方式，以及不同系统之间的关系。工业互联网实施框架总体视图如图 2-13 所示。实施框架主要用于为企业提供具体的工业互联网落地方案，并进一步指导企业技术选型和系统搭建。

(1) 网络实施框架

工业互联网网络建设的目标是搭建全要素、全系统、全产业链互联互通的新型基础设施。从实施架构来看，在设备层和边缘层构建生产控制网络，在企业层建立企业与园区网络，在产业层则建设国家骨干网络，从而全面构建信息互操作体系（见图 2-14）。

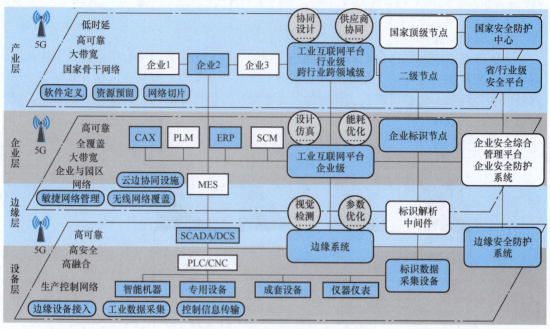

图 2-13 工业互联网实施框架总体视图

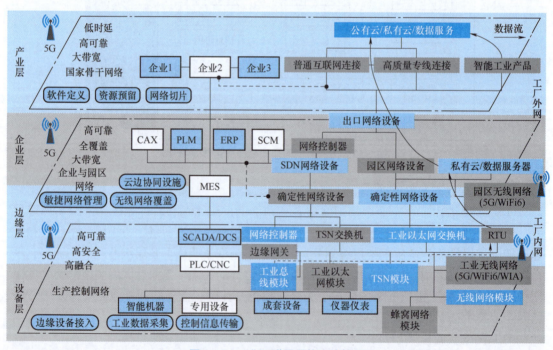

图 2-14 工业互联网网络实施框架

(2) 标识实施框架

工业互联网标识实施贯穿设备层、边缘层、企业层和产业层四个层面，形成了以设备层和边缘层为基础，以企业层和产业层节点建设为核心的实施框架（见图 2-15）。

第2章 工业互联网基础

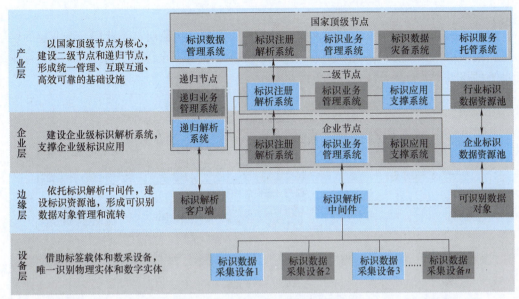

图 2-15 工业互联网标识实施框架

（3）平台实施框架

工业互联网平台部署实施的总体目标是打造制造业数字化、网络化、智能化发展的载体和枢纽。它的实施架构贯穿设备层、边缘层、企业层和产业层四个层级，通过实现工业数据采集、开展边缘智能分析、构建企业平台和打造产业平台，形成交互协同的多层次、体系化建设方案（见图 2-16）。

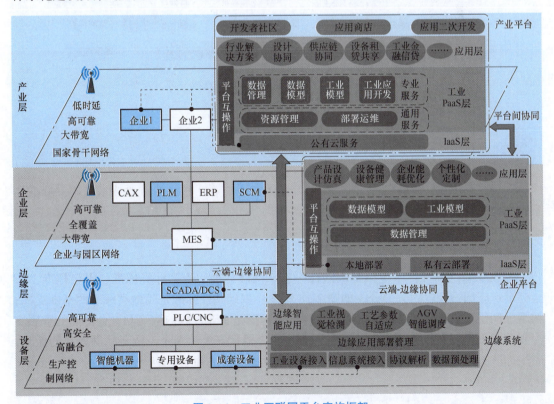

图 2-16 工业互联网平台实施框架

（4）安全实施框架

安全实施框架体现了工业互联网安全功能在设备层、边缘层、企业层、产业层的层层递进，包括边缘安全防护系统、企业安全防护系统、企业安全综合管理平台、省/行业级安全平台和国家级安全平台（见图2-17）。

图2-17　工业互联网安全实施框架

2.2　工业互联网标准体系

"工业互联网，标准先行"。标准化工作是实现工业互联网的重要技术基础，标准体系被视为工业互联网的法则。

2.2.1　工业互联网标准体系结构

工业互联网标准体系包括基础共性标准、网络标准、边缘计算标准、平台标准、安全标准、应用标准等六大部分，如图2-18所示。基础共性标准是其他类标准的基础支撑；网络标准是工业互联网体系的基础；边缘计算标准是工业互联网网络和平台协同的重要支撑和关键枢纽；平台标准是工业互联网体系的中枢；安全标准是工业互联网体系的保障；应用标准面向行业的具体需求，是对其他部分标准的落地和细化。

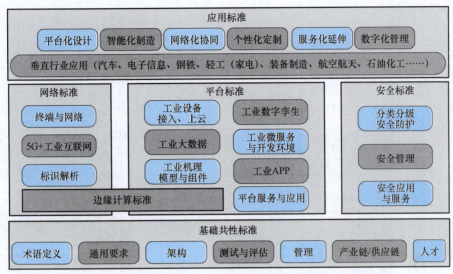

图 2-18 工业互联网标准体系结构

2.2.2 工业互联网标准体系框架

工业互联网标准体系框架包括基础共性标准、网络标准、边缘计算标准、平台标准、安全标准、应用标准等六大类，如图 2-19 所示。

2.2.3 工业互联网标准体系建设内容

1. 基础共性标准

基础共性标准包括术语定义、通用要求、架构、测试与评估、管理、产业链/供应链、人才等标准，见表 2-1。

表 2-1 基础共性标准

基础共性标准	规范内容
术语定义标准	主要规范工业互联网相关概念，为其他各部分标准的制定提供支撑，包括工业互联网场景、技术、业务等主要概念的定义、分类及相近概念之间的关系等
通用要求标准	主要规范工业互联网的通用能力要求，包括业务、功能、性能、安全、可靠性和管理等
架构标准	主要规范工业互联网体系架构及各部分参考架构，用于明确和界定工业互联网的对象、边界、各部分的层级关系和内在联系等
测试与评估标准	主要规范工业互联网技术、设备/产品和系统的测试要求，以及工业互联网、5G+工业互联网的应用领域（含工业园区、工业企业等）和应用项目的成熟度要求，包括测试方法、评估指标、评估方法、验收方法、度量、计价等
管理标准	主要规范工业互联网项目/工程建设及运行相关责任主体和关键要素的管理要求，包括工业互联网项目/工程建设、运行、维护、服务、交易、资源分配、绩效、组织流程等方面标准
产业链/供应链标准	主要包括基于工业互联网的产业链协作平台上下游企业供需对接、产业链上下游协同运作、产业链协作平台等标准，以及供应链数据共享、供应链风险管理、供应链性能评估、供应商管理、供应链安全、供应链预警平台等标准
人才标准	主要包括工业互联网从业人员能力要求、能力培养和能力评价等标准。工业互联网从业人员能力要求包括综合能力、专业知识、技术技能、工程实践能力等，工业互联网人才能力培养包括培养形式、内容、教材、学时等，工业互联网人才能力评价包括评价内容和方法等

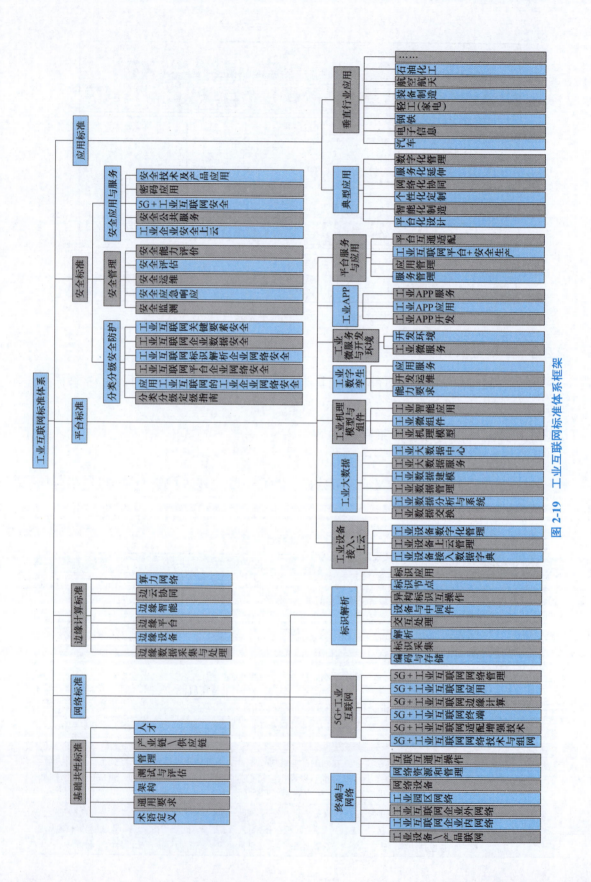

图 2-19 工业互联网标准体系框架

2. 网络标准

（1）终端与网络标准

终端与网络标准包括工业设备/产品联网、工业互联网企业内网络、工业互联网企业外网络、工业园区网络、网络设备、网络资源和管理、互联互通互操作等标准，见表2-2。

表 2-2　终端与网络标准

终端与网络标准	规范内容
工业设备/产品联网标准	主要规范哑设备网络互联能力改造，工业设备/产品联网所涉及的功能、接口、参数配置、数据交换、时钟同步、定位、设备协同、远程控制管理等要求
工业互联网企业内网络标准	主要规范工业设备/产品、控制系统、信息系统之间网络互联要求，包括现场总线、工业以太网、工业光网络、时间敏感网络（TSN）、确定性网络、软件定义网络（SDN）、工业无线、异构网络互联、哑设备网络互联能力改造、IT/OT融合组网等关键网络技术标准
工业互联网企业外网络标准	主要规范连接生产资源、商业资源以及用户、产品的公共网络（互联网、虚拟专用网络等）和专网要求，包括基于灵活以太网技术（FlexE）、光传送网、软件定义网络（SDN）、分段路由IPv6协议（SRv6）、移动通信网络、云网融合等关键网络技术标准
工业园区网络标准	主要规范工业园区网络相关要求，包括网络架构、功能和性能、组网技术、运营维护等技术标准
网络设备标准	主要规范工业互联网内使用的网络设备功能、性能、接口等关键技术要求，包括工业网关、工业交换机、工业路由器、工业光网络设备、工业无线访问等标准
网络资源和管理标准	主要规范工业互联网涉及的地址、无线电频率等资源使用技术要求，以及网络运行管理要求，包括工业互联网IPv6地址规划、应用、实施、管理等标准，用于工业环境的无线电发射设备等标准，以及工业互联网企业内网络管理、工业互联网企业外网络管理、工业园区网络管理等标准
互联互通互操作标准	主要规范跨网络、跨域的网络互联（如工业互联网交换中心等）的技术与管理要求，多源异构数据互通（如接口、协议、信息模型等）的架构和技术要求，跨设备、跨系统的互操作（如协议交互等）规范和指南

（2）5G+工业互联网标准

5G+工业互联网标准包括5G+工业互联网网络技术与组网、5G+工业互联网适配增强技术、5G+工业互联网终端、5G+工业互联网边缘计算、5G+工业互联网应用、5G+工业互联网网络管理等标准，见表2-3。

表 2-3　5G+工业互联网标准

5G+工业互联网标准	规范内容
5G+工业互联网网络技术与组网标准	主要规范5G与工业互联网融合的关键技术与网络架构，包括面向工业需求的可定制核心网、工业小基站、5G-局域网（5G-LAN）、非公众网络（NPN），以及面向工业企业的专网架构等标准
5G+工业互联网适配增强技术标准	主要规范5G面向工业互联网需求的增强型技术要求，包括5G上行增强、高精度时间同步、高精度室内定位、与其他网络协议对接等标准

(续)

5G+工业互联网标准	规范内容
5G+工业互联网终端标准	主要规范面向不同行业和场景的融合终端技术要求，包括工业5G通信模组、工业5G通信终端，如仪器仪表传感器、自动导引车（AGV）、监控设备、增强显示/虚拟现实（AR/VR）设备等
5G+工业互联网边缘计算标准	主要规范5G多接入边缘计算（MEC）设施的相关要求，包括面向工业场景的部署架构、基础设施（网络、算力、存储等）、平台、接口等标准
5G+工业互联网应用标准	主要规范面向不同行业的5G与工业互联网融合应用场景和技术要求等，包括采矿、钢铁、石化、建材、电力、装备制造、轻工、电子等行业的融合应用标准
5G+工业互联网网络管理标准	主要规范5G融合基础网络管理、5G多接入边缘计算管理、5G切片网络管理等要求

（3）标识解析标准

标识解析标准包括编码与存储、标识采集、解析、交互处理、设备与中间件、异构标识互操作、标识节点、标识应用等标准，见表2-4。

表2-4 标识解析标准

标识解析标准	规范内容
编码与存储标准	主要规范工业互联网的编码方案，包括编码规则、注册操作规程等，以及标识编码在被动标识载体（如条码、二维码、射频识别标签等）、主动标识载体（如通用集成电路卡、通信模组、芯片等）及其他标识载体上的存储方式等
标识采集标准	主要规范工业互联网各类标识采集实体间的通信协议及接口要求等
解析标准	主要规范工业互联网标识解析的分层模型、实现流程、解析查询数据报文格式、响应数据报文格式和通信协议、解析安全等
交互处理标准	主要规范标识数据建模方法和交互服务机制，包括数据模型、语义化描述、产品信息元数据、交互协议与接口、数据共享与服务、数据安全等标准
设备与中间件标准	主要规范工业互联网标识采集设备、解析服务设备、数据交互中间件等所涉及的功能、性能、接口、协议、同步等
异构标识互操作标准	主要规范不同工业互联网标识解析服务之间的互操作，包括实现方式、交互协议、数据互认等标准
标识节点标准	主要规范工业互联网标识解析节点（如根节点、国家顶级节点、二级节点、企业节点、递归节点，以及与区块链技术结合的节点等）的系统能力、互通接口、运营与管理、分布式存储与管理等
标识应用标准	主要规范基于特定技术（如主动标识载体、区块链等）、特定场景（如产品溯源、仓储物流、供应链金融等）的标识应用技术

3. 边缘计算标准

边缘计算标准包括边缘数据采集与处理、边缘设备、边缘平台、边缘智能、边云协同、算力网络等标准，见表2-5。

表 2-5　边缘计算标准

边缘计算标准	规范内容
边缘数据采集与处理标准	主要规范各类设备/产品的数据采集技术要求，包括协议解析、数据转换、数据边缘处理、数据存储、数据与应用接口、相关应用指南等标准
边缘设备标准	主要规范边缘计算设备的功能、性能、接口等技术要求，包括边缘服务器/一体机、边缘网关、边缘控制器、边缘计算仪表等标准
边缘平台标准	主要规范边缘云、边缘计算平台等技术要求，包括计算、存储、网络资源管理、设备管理、应用管理、运维管理等标准
边缘智能标准	主要规范实现边缘计算智能化处理能力技术，包括虚拟化和资源抽象技术、边缘端的智能算法接口、边缘设备智能化控制和管理模型接口、实时数据库管理接口、实时操作系统、分布式计算任务调度策略和技术、开放的边缘智能服务等标准
边云协同标准	主要规范边云协同架构等技术要求，包括资源协同、应用协同、服务协同、数据协同等接口、协议等标准
算力网络标准	主要规范算力网络架构等技术要求，包括算力溯源、算力度量、算力可信等标准

4. 平台标准

平台标准包括工业设备接入、上云，工业大数据，工业机理模型与组件，工业数字孪生，工业微服务与开发环境，工业 APP，平台服务与应用等标准。

（1）工业设备接入、上云标准

工业设备接入、上云标准包括工业设备接入数据字典标准、工业设备上云管理标准、工业设备数字化管理标准等，见表 2-6。

表 2-6　工业设备接入、上云标准

工业设备接入、上云标准	规范内容
工业设备接入数据字典标准	主要规范不同行业工业设备数据的结构化描述，包括对工业设备元数据分类、元数据模型构建及工业设备数据描述方法、格式的统一，实现设备、系统、平台间数据的互理解与互操作
工业设备上云管理标准	主要规范工业互联网平台对工业设备上云的相关要求，包括工业设备上云的通用管理要求、基础能力要求、应用场景、实施指南、效果评价等标准
工业设备数字化管理标准	主要规范基于工业互联网平台的工业设备数字化管理要求，包括基于工业互联网平台的工业设备运行监控、智能调度、预测性维护、质量全过程管控等标准

（2）工业大数据标准

工业大数据标准包括工业数据交换、工业数据分析与系统、工业数据管理、工业数据建模、工业大数据服务、工业大数据中心等标准，见表 2-7。

表 2-7　工业大数据标准

工业大数据标准	规范内容
工业数据交换标准	主要规范工业互联网平台内不同系统之间数据交换体系架构、互操作、性能等要求
工业数据分析与系统标准	主要规范工业互联网数据分析的流程及方法，包括一般数据分析流程及典型场景下数据分析使用的工具、大数据系统等标准

(续)

工业大数据标准	规范内容
工业数据管理标准	主要规范工业互联网数据的存储结构、数据字典、元数据、数据质量、数据生命周期管理、数据治理与管理能力成熟度等要求
工业数据建模标准	主要规范物理实体（在制品、设备、产线、产品等）在网络空间中的映像及相互关系，包括静态属性数据描述、运行状态等动态数据描述，以及物理实体之间相互作用及激励关系的规则描述等标准
工业大数据服务标准	主要规范工业互联网平台运用大数据能力对外提供的服务，包括大数据存储服务、大数据分析服务、大数据可视化服务、数据建模及数据开放、数据共享等标准
工业大数据中心标准	主要规范工业大数据中心的功能架构、基础设施、分中心、资源管理、平台运维、用户授权、数据安全监测、数据汇聚、数据交换共享、数据应用、数据服务、数据互联互通等要求

（3）工业机理模型与组件标准

工业机理模型与组件标准包括工业机理模型、工业微组件、工业智能应用等标准，见表 2-8。

表 2-8　工业机理模型与组件标准

工业机理模型与组件标准	规范内容
工业机理模型标准	主要规范工业机理模型开发、管理、应用等相关要求，包括工业机理模型开发指南、应用实施、模型分类、模型推荐、模型适配等标准
工业微组件标准	主要规范工业微组件的开发、管理、应用等相关要求，包括工业微组件参考架构、开发指南、应用实施、组件分类等标准
工业智能应用标准	主要规范工业智能应用的技术、管理、评价等相关要求，包括工业知识库、工业视觉、知识图谱、深度学习、人机交互应用、工业智能场景、功能和性能评估等标准

（4）工业数字孪生标准

工业数字孪生标准包括能力要求、开发运维、应用服务等标准，见表 2-9。

表 2-9　工业数字孪生标准

工业数字孪生标准	规范内容
能力要求标准	主要规范工业数字孪生架构、技术和系统等相关要求，包括工业数字孪生参考架构、开发引擎与管理系统功能要求，数字孪生体在速度、精度、尺度、广度、安全性、可靠性、稳定性等方面的性能要求，以及数字化支撑技术、数字主线、数字孪生建模等标准
开发运维标准	主要规范工业数字孪生开发、构建和运维等相关要求，包括产品、设备、产线、工厂等的工业数字孪生开发流程、开发方法、建设指南、管理运维、数据交互与接口等标准
应用服务标准	主要规范工业数字孪生的应用、服务和评价等相关要求，包括产品、设备、产线、工厂等的工业数字孪生应用场景、数字化仿真、应用实施、服务模式、应用成熟度、管理规范等标准

（5）工业微服务与开发环境标准

工业微服务与开发环境标准包括工业微服务与开发环境等标准，见表 2-10。

表 2-10 工业微服务与开发环境标准

工业微服务与开发环境标准	规范内容
工业微服务标准	主要规范工业互联网平台微服务功能与接入运行要求，包括架构原则、管理功能、治理功能、应用接入、架构性能等标准
开发环境标准	主要规范工业互联网平台的应用开发对接和运行管理技术要求，包括应用开发规范、应用开发接口、服务发布、服务管理、开发和运行资源管理、开源技术等标准

（6）工业 APP 标准

工业 APP 标准包括工业 APP 开发、工业 APP 应用、工业 APP 服务等标准，见表 2-11。

表 2-11 工业 APP 标准

工业 APP 标准	规范内容
工业 APP 开发标准	主要规范工业 APP 的参考架构、分类分级、开发方法和过程、开发环境和工具、开发语言和建模语言、接口与集成、组件封装等相关要求
工业 APP 应用标准	主要规范工业 APP 的应用需求、业务模型、应用模式（包括独立应用模式和组配化应用模式）、应用评价等相关要求
工业 APP 服务标准	主要规范工业 APP 的知识产权、实施与运维、服务能力、质量保证、流通服务、安全防护、应用商店等相关要求

（7）平台服务与应用标准

平台服务与应用标准包括服务管理、应用管理、工业互联网平台+安全生产、平台互通适配等标准，见表 2-12。

表 2-12 平台服务与应用标准

平台服务与应用标准	规范内容
服务管理标准	主要规范工业互联网平台的选型、服务、评价等要求，包括体系架构、选型指南、监测分析、解决方案、区域协同、服务商评价、质量管理要求、度量计价等标准
应用管理标准	主要规范工业互联网平台的应用、管理、评价等要求，包括应用实施、应用评价，以及基于工业互联网平台的平台化设计、智能化制造、网络化协同、个性化定制、服务化延伸、数字化管理等应用模式标准
工业互联网平台+安全生产标准	主要规范基于工业互联网平台的安全生产新型基础设施、新型管控能力和新型应用模式，包括数字化管理、网络化协同和智能化管控等工业互联网+安全生产典型融合应用实施方法标准，以及面向矿山、钢铁、石化、化工、石油、建材等重点行业开展工业互联网+安全生产建设规划、特定技术改造、应用解决方案、管控、数据应用等应用标准
平台互通适配标准	主要规范不同工业互联网平台之间的数据流转、业务衔接与迁移，包括互通、共享、转换、迁移、集成的数据接口和应用接口、数据及服务流转要求等标准

5. 安全标准

安全标准包括分类分级安全防护、安全管理、安全应用与服务等标准。

(1)分类分级安全防护标准

分类分级安全防护标准包括分类分级定级指南、应用工业互联网的工业企业网络安全、工业互联网平台企业网络安全、工业互联网标识解析企业网络安全、工业互联网企业数据安全、工业互联网关键要素安全等标准,见表2-13。

表2-13 分类分级安全防护标准

分类分级安全防护标准	规范内容
分类分级定级指南标准	主要规范工业互联网企业及关键要素的分类分级要求,包括工业互联网企业分类分级方法、平台及标识解析系统的定级备案要求等标准
应用工业互联网的工业企业网络安全标准	主要规范应用工业互联网的工业企业的不同级别的安全防护技术要求及其他要求,包括企业在工业互联网相关业务应用过程中应遵循的安全管理及技术要求
工业互联网平台企业网络安全标准	主要规范工业互联网平台企业不同级别的安全防护技术要求及其他要求,包括企业建设与运营工业互联网平台过程中应遵循的安全管理及技术要求
工业互联网标识解析企业网络安全标准	主要规范工业互联网标识解析企业不同级别的安全防护技术要求及其他要求,包括企业提供工业互联网标识注册服务、解析服务过程中应遵循的安全管理及技术要求
工业互联网企业数据安全标准	主要规范工业互联网企业在工业互联网这一新模式新业态下产生或使用的数据的安全防护技术要求及其他要求,包括数据分类与分级、全生命周期安全防护等安全管理及技术要求
工业互联网关键要素安全标准	主要规范工业互联网中涉及的关键要素在设计、开发、建设及运行过程中的安全防护技术要求及其他要求,包括设备与控制安全(边缘设备、工业现场设备、数控系统等)、网络及标识解析安全(工厂内外网络、工业园区网络、标识载体及终端、标识节点及架构等)、平台与应用安全(边缘平台、云基础设施、应用开发环境、工业APP等)标准

(2)安全管理标准

安全管理标准包括安全监测、安全应急响应、安全运维、安全评估、安全能力评价等标准,见表2-14。

表2-14 安全管理标准

安全管理标准	规范内容
安全监测标准	主要规范工业互联网安全监测技术要求,包括应用工业互联网工业企业、标识解析企业、平台企业的安全监测技术要求或接口规范等标准
安全应急响应标准	主要规范工业互联网安全应急响应技术要求,包括工业互联网安全应急演练、应急预案等标准
安全运维标准	主要规范工业互联网安全运维过程中的安全管理要求,包括工业互联网安全审计、灾难恢复等标准
安全评估标准	主要规范工业互联网安全评估流程及方法、测试评估技术要求、评估指标体系等要求,包括工业互联网设备、控制系统、平台、标识解析系统、工业APP等安全评估标准
安全能力评价标准	主要规范工业互联网企业、关键标识解析节点、平台及数据等安全能力参考框架、评价模型与指标体系等

(3)安全应用与服务标准

安全应用与服务标准包括工业企业安全上云、安全公共服务、5G+工业互联网安全、密码应用、安全技术及产品应用等标准,见表2-15。

表2-15 安全应用与服务标准

安全应用与服务标准	规范内容
工业企业安全上云标准	主要规范工业企业接入工业互联网平台过程中的安全技术要求及其他要求,包括工业设备、系统、产品、数据等安全上云标准
安全公共服务标准	主要规范工业互联网安全公共服务提供方的技术要求及其他要求,包括威胁信息共享、安全众测、安全能力微服务化等标准
5G+工业互联网安全标准	主要规范5G与工业互联网融合应用过程中的安全技术要求及其他要求,包括5G+工业互联网网络技术与组网、5G+工业互联网适配增强技术、5G+工业互联网终端、5G+工业互联网边缘计算、5G+工业互联网应用、5G+工业互联网网络管理等安全标准
密码应用标准	主要规范工业互联网应用密码过程中的技术要求及其他要求,包括设备、控制系统、标识解析系统、平台等密码应用标准
安全技术及产品应用标准	主要包括边界防护、安全分析、检测与响应、安全审计与运维、内生安全等产品技术标准及人工智能、可信计算、隐私计算等新兴技术应用的安全标准

6. 应用标准

应用标准包括典型应用和垂直行业应用等标准。

(1)典型应用标准

典型应用标准包括平台化设计、智能化制造、个性化定制、网络化协同、服务化延伸、数字化管理等应用标准,见表2-16。

表2-16 典型应用标准

典型应用标准	规范内容
平台化设计应用标准	主要面向产品设计、仿真验证、工艺设计、样品制造等场景,制定通用业务应用标准
智能化制造应用标准	主要面向工业企业的生产制造环节,制定通用业务应用标准
个性化定制应用标准	主要面向个性化、差异化客户需求等场景,制定通用业务应用标准
网络化协同应用标准	主要面向协同设计、协同制造、供应链协同等场景,制定通用业务应用标准
服务化延伸应用标准	主要面向产品远程运维、预测性维护、基于大数据的增值服务等场景,制定通用业务应用标准
数字化管理应用标准	主要面向企业内部管控可视化、市场变化及时响应、资源动态配置优化等各管理环节,制定通用业务应用标准

(2)垂直行业应用标准

依据基础共性标准、网络标准、边缘计算标准、平台标准、安全标准和典型应用标准,面向汽车、电子信息、钢铁、轻工(家电)、装备制造、航空航天、石油化工等重点行业/领域的工业互联网应用，制定行业应用导则、特定技术要求和管理规范。

2.3 工业互联网标识解析

工业互联网标识作为机器、产品等物理资源和算法、工艺等虚拟资源唯一的"身份证"编码，承载了这些物理与虚拟资源编码背后的数据，是工业互联网实现人与人、人与物、人与机器数据互联的重要基因。工业互联网标识应用以网络为基础、平台为中枢、数据为要素、安全为保障，通过与区块链、大数据、人工智能等技术的深度融合，重塑企业形态、产业链与价值链。

2.3.1 标识解析体系

1. 标识解析体系概念

标识解析体系是工业互联网的"中枢神经"，是实现工业全要素、各环节信息互通的枢纽，是确保工业互联网安全稳定运行的核心基础设施。工业互联网标识解析体系主要由标识技术和解析技术两部分组成。

（1）标识技术

标识技术编码赋予每个物件（如产品、零部件、设备等）唯一的"身份证"，记录了物件的所有相关信息。目前，国内外主流的编码技术体系包括 Handle、OID、Ecode 和 EPC 等。Handle 由美国研发，主要应用于产品溯源和数字图书馆资料检索；OID 由国际标准组织提出，应用于医疗卫生和信息安全领域；Ecode 是我国自主研制，主要应用于农产品质量溯源；EPC 则是由国际物品编码协会（GSI）组织制定的，主要应用于物品流通领域。

（2）解析技术

产品经历生产、加工、物流、销售等多个环节，每个环节都留下了相应的标识信息，而这些环节由不同的管理主体管理。通过对产品标识进行解析，可以获取存储其关联信息的服务器地址，从而实现对每个环节信息的准确、高效获取。目前，国内外主流的解析系统包括 Handle、OID、Ecode 和 EPC 等，用于对实物对象（如产品或设备等）进行信息解析。

2. 工业互联网标识解析体系结构

我国的工业互联网标识解析体系结构采用分层、分级的部署模式，由国际根节点、国家顶级节点、二级节点、企业节点、递归解析节点要素组成，如图 2-20 所示。

（1）国际根节点

国际根节点是某一种标识体系管理的最高层级服务节点，其服务范围不限于特定国家或地区，而是面向全球提供公共的根区数据管理和根解析服务。

（2）国家顶级节点

国家顶级节点是一个国家或地区内部顶级的标识解析服务节点，能够为全国范围提供顶级标识编码注册和标识解析服务，以及标识备案、标识认证等管理功能。国家顶级节点需要与各种标识体系的国际根节点保持连接，同时与国内各种二级及以下其他标识解析服务节点连通。

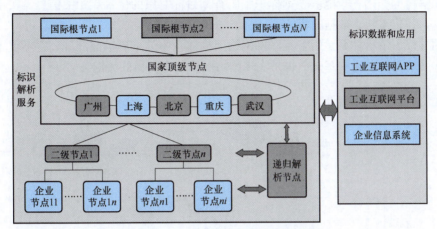

图 2-20　工业互联网标识解析体系结构

(3) 二级节点

二级节点是指面向特定行业或多个行业提供标识服务的公共节点。二级节点既要向上与国家顶级节点对接，又要向下为工业企业分配标识编码及提供标识注册、标识解析、标识数据服务等，同时满足安全性、稳定性和扩展性等方面的要求。

(4) 企业节点

企业节点是指企业内部的标识解析服务节点，能够面向特定企业提供标识编码注册和标识解析服务。企业节点可以独立部署，也可以作为企业信息系统的组成要素。

(5) 递归解析节点

递归解析节点是标识解析体系的关键性入口设施，能够通过缓存等技术手段提升整体服务性能。

此外，标识解析服务的查询触发可以来自企业信息系统、工业互联网平台、工业互联网APP等多种不同形式。

目前，国家顶级节点已在广州、上海、北京、重庆、武汉五座城市部署，各节点之间的数据互为备份，以提供就近解析服务，确保标识解析效率；二级节点和企业节点主要分布在我国东部、中部等工业发展程度相对较高的省市。

3. 工业互联网标识解析流程

工业互联网的标识编码类似于互联网域名，通过为每个产品、部件和机器赋予一个独特的"身份证"，实现对整个网络资源的灵活区分和信息管理。

工业互联网的标识解析类似于互联网域名解析，通过产品标识查询存储产品信息的服务器地址，或者直接查询产品信息以及相关服务。工业互联网的标识解析基本流程如图 2-21 所示。

1) 标识解析发起方是指用户向标识解析节点发出标识解析请求。

2) 标识解析节点接收请求后，将与标识相关联的对象地址发送给用户。

3) 用户根据解析节点提供的地址，向数据服务器发起寻址请求。

4) 数据服务器根据用户的寻址请求，将相应地址上标识所对应的信息对象（内容）反馈给用户。

标识解析的作用在于能够根据标识编码查询目标对象的位置或相关信息，实现连接上下游企业，并按需共享数据的目的。

因此，标识解析体系是工业互联网网络架构体系中的重要组成部分。它不仅是实现工业互联网网络互联互通的基础，也是实现网络数据共享共用的关键。

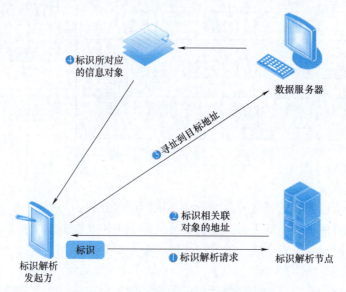

图 2-21　工业互联网的标识解析基本流程

2.3.2　功能架构

工业互联网标识解析体系中的标识对象包括机器、产品、算法、工艺等，应当对其进行唯一编码的分配和赋码。通过标识注册和解析服务，可以查询网络位置，实现通信寻址，并获取对象的相关信息，提供标识数据的管理和应用服务。工业互联网标识解析体系的功能架构分为 4 层，自下而上分别为标识编码层、标识解析层、标识数据层和标识应用层，如图 2-22 所示。

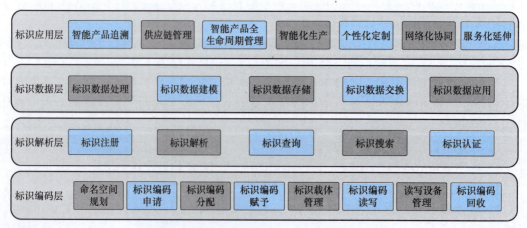

图 2-22　工业互联网标识解析体系的功能架构

标识编码层：定义了工业制造中各类对象进行数字化表示的技术手段和相关管理规范，为每个对象分配唯一的身份 ID，包括命名空间规划、标识编码申请、标识编码分配、标识编码赋予、标识载体管理、标识编码读写、读写设备管理、标识编码回收。

标识解析层：定义了根据标识编码查询对象网络位置或相关信息的服务，实现标识对象精确、安全地寻址、定位和查询，包括标识注册、标识解析、标识查询、标识搜索和标识认证。

标识数据层：定义了标识数据的识读、处理，以及在单元（组织、企业、工厂）内部和单元之间的信息传递和交互机制，包括标识数据处理、标识数据建模、标识数据存储、标识数据交换、标识数据应用。

标识应用层：定义了标识服务的具体应用场景，包括智能产品追溯、供应链管理、智能产品全生命周期管理、智能化生产、个性化定制、网络化协同和服务化延伸等，例如面向产品全生命周期，在生产领域协同供应链管理，在流通领域提供追溯服务，以及面向产业链价值链协同的个性化定制、网络化协同和服务化延伸。

1. 标识编码

工业互联网标识编码技术是工业互联网标识解析体系研究的重点之一。通过标识编码，工业互联网为物理实体或虚拟资源赋予唯一标识，这些标识可被人类和机器解读，从而将其解析为信息，实现人、机器、物等资源之间的连接。

标识编码是标识解析体系的核心基础资源，应当建立符合我国工业互联网发展的规范化标识编码规则和管理体系。当前，工业互联网处于多标识体系共存的发展阶段，主流的公有标识编码方案通常具备统一的逻辑结构，即最多包括前缀字段、后缀字段和可选的安全字段三个部分。将各类编码纳入工业互联网标识解析体系，建立兼容并存的标识编码规范，可以基于标识解析各级节点，提供各类标识的解析寻址服务。

工业互联网标识编码规则用于规范不同行业对象的标识分类、编码规则、编码结构，指导二级节点和企业节点建立自身的对象标识编码体系。通常，工业互联网标识编码规则包括两部分：标识前缀用于唯一标识企业主体，标识后缀用于唯一识别标识对象，如图 2-23 所示。

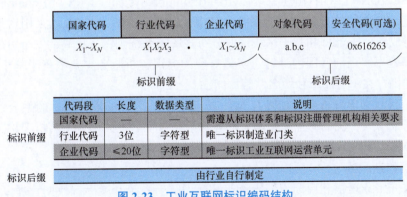

图 2-23 工业互联网标识编码结构

2. 标识载体

标识技术的载体一般可分为主动标识载体和被动标识载体两种。

（1）主动标识载体

主动标识载体一般是指工业标识符嵌入在工业终端设备内部，具备网络连接功能，可主动向标识解析服务器发送请求，并支持远程"增删改查"工业标识符相关信息，具备数据加密传输、接入认证等可信功能。在移动场景中，基于移动终端实现主动标识编码的相关部件，主要包括通用集成电路卡（UICC）、无线通信模组、处理芯片；在固定场景中，基于固定终端实现主动标识编码的相关部件，主要包括通信模组和处理芯片。

主动标识载体的主要特征如下。

1）嵌入在工业设备内部，难以被盗取或误安装。

2）具备网络连接功能，可主动向标识解析服务器发送请求，并支持被其承载的标识及其相关信息的远程增删改查。

3）除了承载工业标识符，还具有安全区域存储必要的证书、算法和密钥，能够提供工业标识符及其相关数据的加密传输，能够支持接入认证等可信相关功能。

（2）被动标识载体

被动标识载体一般是指工业标识符附着在工业终端设备或者产品表面，承载着工业互联网标识编码，采用标识读写器才能向标识解析服务器发起标识解析请求。常见的被动标识载体有一维条形码、二维条形码、RFID标签和NFC标签等。

被动标识载体的主要特征如下。

1）一般附着在工业设备/耗材表面，标识信息易被读取、复制、盗用和误用。

2）网络连接能力受限，需要借助读写器向标识解析服务器发起标识解析请求。

3）安全性相对较弱，缺乏证书、算法和密钥等所需的必要安全能力（如安全存储区）。

4）成本低，适用于承载低价值、数量大的工业单品标识。

3. 标识解析系统

标识解析是根据标识编码查询目标对象网络位置或相关信息的过程，标识解析系统包括分层模型、通信协议、数据格式、安全机制。

标识解析系统主要包括域名系统（Domain Name System，DNS）、对象名系统（Object Name System，ONS）、OID解析系统（OID Resolution System，ORS）、Handle标识解析系统，以及基于区块链的分布式解析系统。其中，DNS、ONS和ORS均采用树形结构，解析技术相对成熟；Handle和基于区块链的分布式解析系统则具备更高的安全可靠性和更优的网络管理效率。当前，国内外针对实体对象的标识解析服务主要依赖于基于DNS的网络架构，但仍存在单点故障和域名欺骗等问题。

工业互联网标识解析需要加强与5G、人工智能、区块链等新技术的融合，构建满足复杂工业场景下人、机、物全面互联、平等共治、自主可控的融合型解析架构，并制定相应的通信协议、安全认证等技术规范。

4. 标识数据服务

标识数据服务是指利用标识编码资源和标识解析系统开展标识数据管理以及跨企业、跨行业、跨地区和跨国家的数据共享服务。不同行业和领域中的标识对象具有不同的用途，导致数据具有各异的性质、类型、表达形式和内容，使其难以处理、关联、整合和描述。标识数据服务技术通过构建统一的语义和语法数据模型，有效整合各种异构资源，实现数据的互联互通。全球各大制造强国都在进行数据管理的研究，其中德国工业 4.0 工作组提出的资产管理壳尤为突出。资产管理壳以管理壳头部标识为索引，通过定义统一的数据描述规则，实现企业间异构数据的高效交换。

标识数据服务技术主要包括数据传输接口技术、数据建模技术和数据语义化技术。数据传输接口技术通过规范数据接口格式、接口服务、传输协议和传输安全，实现多源数据采集和多平台下的数据连接。数据建模技术通过构建统一、多行业、多系统的并行协作层级模型，解决数据管理分散的问题，实现资源的汇聚与共享。数据语义化技术借助数据描述框架和人工智能等数据分析技术，完成异构数据的处理、转换、映射等，规范数据的格式和属性描述，促进数据的相互理解。

2.3.3 标识解析应用

目前，工业互联网应用模式主要可以归纳为智能化制造、网络化协同、个性化定制、服务化延伸等业务场景，标识解析在各类场景中均可发挥重要作用。

1. 智能化制造

智能化制造中的标识应用是在生产、加工、运输、检测产品等环节中，通过扫描原材料、在制品、产品的标识编码，自动获取相关信息，从而实现更加高效、灵活、智能、精准的参数配置设备操控、工艺关联、问题分析等应用。

📘 **典型应用**

（1）项目背景

北汽福田作为主机厂和整车制造厂，需要从多种类的零部件供应商采购整车制造所需的零部件。然而，由于各个零部件供应商使用的是私有标识，且物流链条较长，常常导致私有标识在物流过程中被覆盖、丢失或损毁。此外，当零部件进入北汽福田主机厂和整车制造厂后，由于标识不统一，采集零部件信息时常出现采集错误、一物多码或一码多物等问题，导致串货率高、无法追溯零部件质量等问题。

（2）实施方案

北汽福田基于标识解析构建一件一码精益化管理平台。各供应商从该平台获取编码，然后将其打刻或打印至零部件本体上。在生产过程中，采用实时采集的方式，及时获取装配零部件信息的同时，进行订单一致性校验和产品一致性校验，以及时规避零部件错装和漏装等问题。这一系统可以追溯质量问题到具体的安装工位和供应商，实现质量指标分析的真实性，为供应商绩效评价提供真实有效的参考数据（见图 2-24）。

（3）应用成效

误判率降低：零部件本体永久标识，减少售后服务误判。

订单一致性提升：采用先采集再装配的方式，建立精准的装机档案，修正 BOM 数据，订单一致性提升至 100%。

配件物流过程管理优化：提高配件订购准确率；将物流过程管理细化至单件，减少了物流管理过程中的丢失，降低了物料损耗。

客户满意度提升：服务准确性提高，减少了客户等待时间，预计客户满意度将提高 20%。

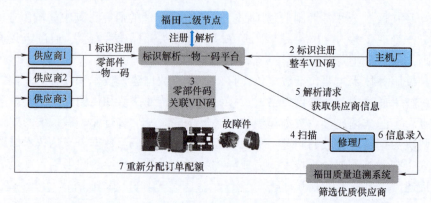

图 2-24　北汽福田案例

2. 网络化协同

网络化协同中的标识应用，主要应用于产品的工艺设计、生产加工和供应链等环节。通过与标识解析体系建立信息关联，企业能够实时共享设计图样、工艺参数、产能库存和物流运力等信息，从而实现设计与（外部）生产的联动、制造能力的在线共享及供应链的精准管理；并提供多样的创新应用模式。

典型应用

（1）项目背景

传统的冷链产品追溯体系采用数据中心化管理，各环节的产品数据及过程数据通过各接口服务进行链条化的数据传递。然而，由于各节点对接服务器的标准化不统一，编码规范及传输协议也不一致，导致跨企业节点对接困难、耗时长、成本高。

（2）实施方案

海尔卡奥斯冷链防疫系统针对传统体系的问题，建立冷链追溯标识解析体系。在海外进口商装货运输环节，通过扫码将包含产品信息的订单标识、运输车辆、驾驶员、装货人等信息与集装箱标识进行关联。海关对报关单进行核验后，扫码将报关单号与集装箱关联后放行。产品运输到国内加工环节后，扫码卸货确认，结束集装箱运输环节。随后，将加工后的小包装产品赋予新标识，并在属性信息中引用集装箱标识，之后的环节均对此新标识扫码查询。一旦发现被污染的产品，即可快速追溯污染来源，追踪产品流转环节，精准定位同批次产品，提前采取管控措施。同时结合产品检验检疫信息，为政府监管提供决策依据，提升消费者信心，促进冷链市场有序发展，维护国民经济稳定运行（见图 2-25）。

（3）应用成效

每个节点系统对接时间由 20 天缩短为 7 天，系统对接成本降低 60%。

利用标识解析技术实现一物一码，全球唯一赋码，从原有的批次追溯模式转变为最小单位追溯，颗粒度由批次细化到最小包装。

通过交叉追溯，原本需要数天甚至数周才能追溯整批次去向的情况，现在在数小时内即可完成反馈，追溯响应时效指数级提升。

第2章 工业互联网基础

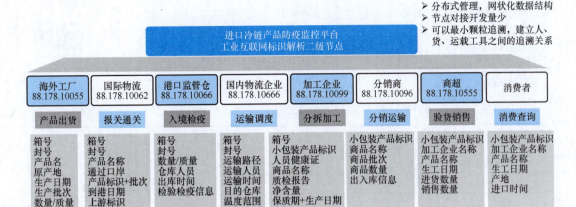

图 2-25 海尔卡奥斯案例

3. 个性化定制

个性化定制中的标识应用，是在产品设计、生产加工、运输安装等环节，通过扫描订单标识获取个性化需求，按需动态匹配参数、资源和操作，将用户需求快速转化为生产排单从而提升生产柔性，实现产销动态平衡，有效减小库存压力，提升产品价值，增加用户黏性。

典型应用

（1）项目背景

以前，华信瑞德为终端门店和消费者提供虚拟编码，但这些编码多为企业私有，编码管理混乱、不统一，导致数据更新维护复杂，营销系统需要打通企业门店管理系统、渠道管理系统等接口，存在多系统、多接口开发，投入人力、时间成本高等问题。

（2）实施方案

通过采用标识解析技术，华信瑞德建立了食品行业标识解析智能营销平台，实现了终端门店和销售渠道的数字化和在线化。该平台为每家门店赋予了唯一身份标识，并将门店信息注册至标识解析体系中，配合门店端小程序应用，实现门店在线领取营销返利。业务员巡店将门店与平台绑定后，终端门店进货到店，店主使用微信小程序扫描箱渠道专用码即可领取渠道返利红包。通过渠道促销系统结合标识解析，能够帮助终端门店店主每进一箱货就能获得一箱货的返利，返利红包实时到店主账户，刺激门店多进货。例如，××酒业公司应用此平台通过渠道促销系统能够实现精准渠道返利，掌握实时终端动销状况，防止渠道恶意窜货，收集准确的终端门店数据，为终端门店提供更及时更周到的服务，也为后续更多渠道数字化营销活动打下坚实的基础（见图 2-26）。

（3）应用成效

2020 年 5 月 7 日—2020 年 6 月 11 日，××酒业公司在约一个月的时间内，成功使约 90% 的终端门店实现了上线工作。在工业互联网标识应用启用前，平均动销天数均值为 123 天，而在工业互联网标识应用启用后，平均动销天数降至 47 天，动销速度提升了 3 倍。

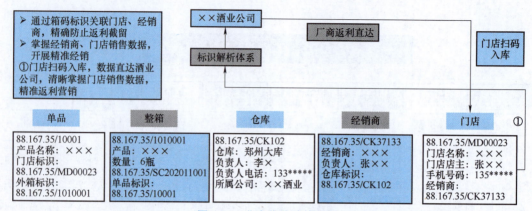

图 2-26　北京华信瑞德案例

2019 年 5 月 6 日—2020 年 11 月 30 日的标识采集数据显示，企业的营业收入复合增长率超过 30%，较工业互联网标识应用之前提升了 200%。

4. 服务化延伸

服务化延伸中的标识应用涉及生产、物流和维修等环节。通过扫描产品的标识编码，可自动获取上下游企业关于原材料、在制品和产品的相关信息。结合数据治理，实现产品追溯、预测性维护及备品备件管理等标识应用。

典型应用

（1）项目背景

在过去，整车组装厂及原材料供应商的 ERP、MES、WMS 等各种系统的协议和数据规范各不相同，导致产品信息分散在不同的系统中，产品追溯效率极低，产品质量问题长期积累，尤其是问题定位非常困难。

（2）实施方案

使用忽米沄析标识解析二级节点平台，对摩托车发动机进行赋码，使用标识解析关联产品的基本信息、生产装配信息、工艺控制信息、质量管理信息、物流存储信息等数据，易于管理。在售后环节，摩托车主机厂通过扫描发动机上的标识码，不仅可以快速获取所购产品的基本信息，还能够通过售后互动服务实现产品的故障快速报修和意见反馈，从而提升客户对产品的满意度。其中基于标识解析的质量追溯应用帮助企业快速定位产品问题点，锁定问题范围，确保问题产品不遗漏、不外流、不扩散，提高质量分析效率并节约人工成本（见图 2-27）。

（3）应用成效

通过标识解析进行产品质量追溯大数据分析，精准定位问题环节，有针对性地改善产品质量，使得产品质量的精度提升了 40%。

标识解析解决了重庆××发动机制造有限公司与供应商之间因信息不对称、物料标识不统一导致生产效率低下等问题，降低了追溯与质量分析环节的人力成本超过 15%。

通过标识解析形成全生命周期管理大数据分析系统，有效提升了经销商及客户对产品质量追溯的满意度超过 15%。

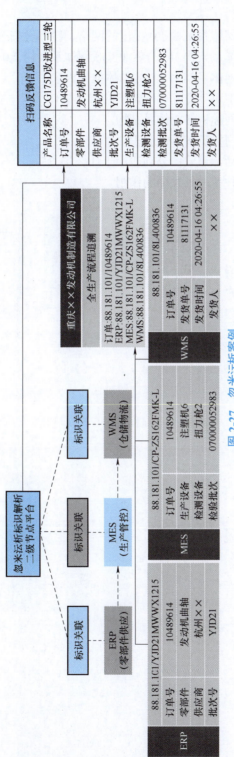

图 2-27 忽米泛析案例

习题

1. 简要描述工业互联网体系架构 1.0 提出的网络、数据、安全三大体系。
2. 试分析工业互联网体系架构 1.0 与工业互联网体系架构 2.0 间的关系。
3. 简要描述工业互联网体系架构 2.0 的总体框架内容。
4. 工业互联网标准体系对工业互联网发展的意义是什么?
5. 简要描述工业互联网标识解析体系结构。
6. 简要描述工业互联网标识解析的流程。
7. 主动标识载体和被动标识载体分别适用于什么场景?
8. 总结标识解析在各种业务场景中的作用。

科学家科学史
"两弹一星"功勋
科学家:王大珩

第 3 章

工业互联网技术

PPT 课件

> **学习目标**
> ① 了解工业智能感知与工业网络连接技术。
> ② 了解工业大数据、云计算和建模仿真技术。
> ③ 了解工业互联网安全风险及其防护的技术手段。
> ④ 理解各项技术在工业互联网中所起到的作用。

工业互联网的核心在于通过更大范围、更深层次的连接实现对工业系统的全面感知,并通过对获取的海量工业数据进行建模分析,从而实现智能化决策。在这一过程中,工业智能感知和工业网络连接是工业互联网的基础技术,工业大数据、云计算、建模仿真是工业互联网的使能技术,工业互联网安全技术是工业互联网安全的保障。

3.1 工业互联网基础技术

3.1.1 工业智能感知

感知是工业互联网数字化转型的前提条件,支持物理世界和网络空间的连接。通过广泛部署感知终端与数据采集设施,全面感知人、机、物、环境四类对象蕴含的资产属性、状态及行为等特征的数据,实现全要素、全产业链、全价值链信息的全面深度实时监测,提升工业泛在感知能力。工业互联网的"触手"是位于感知识别层的大量信息生成设备。现有的感知方法较多,既包括传感器,也包括最近几年蓬勃发展的新型感知手段,如射频识别(Radio Frequency Identification,RFID)、视觉感知、激光雷达等。

1. 工业智能感知系统的组成要素

(1)感知对象

工业智能感知主要涉及四类对象,人、机、物、环境。以"人"为感知对象,着眼于工业互联网广泛的互联互通需求,这里作为感知对象的人,应包含全生产系统、全产业链、全生命周期中的所有人,如生产者、消费者等。以"机"为感知对象,即各类与工业生产有关的设备的感知,从产业链流程上来看包括生产设备、仓储设备、运输设备等,从设备种类上来看包括传感器仪器仪表、工控系统等。以"物"为感知对象,对物的感知涵盖范围特别广泛,包括供应链最关心的生产原料,以及作为工业互联网信息重要组成部分的产品和生产废料等。以"环境"为感知对象,感知技术最早的感知对象之一就是环境,在工业互联网中,生产环境、仓储环境、生存与生活环境以及环境污染与排放等都是环境感知的重要任务。

(2) 感知目的

工业智能感知的目的是通过感知技术获取工业系统运转所需的各类数据和信息。当感知技术面向不同对象和场景时,与此对应的感知目的将非常丰富和多样化。以生产者为感知对象时,感知目的包括监测生产者生产状态、生命体征行为动作、位置轨迹等,相应地使工业系统支持个性化、人性化工作环境配置,生产者安全保障,生产过程中的人机交互,生产者管理与调度等。以消费者为感知对象时,感知目的包括感知消费者的行为动作、心理状态或情绪、生命体征、位置轨迹等,相应地使工业系统支持产品的个性化功能定制、用户满意度反馈、用户安全保障、用户与产品的智能交互、用户画像生成等。以各类设备为感知对象时,感知目的包括监测设备运转状态(例如运转是否正常、采集运行指标)、监测设备能效、评估设备健康度等。通过上述感知,使工业系统支持提高生产自动化水平、设备预测性维修保养、故障诊断、产线状态监控、生产计划制订和优化(智能排产)、节能方案制订等。以生产原料为感知对象时,感知目的包括检测生产原料的性状,监测库存、运输、供应状态,相应地使工业系统支持生产原料质量监测、供应链管理等。以产品为感知对象时,感知目的包括产品物流状态跟踪、产品使用状态跟踪,感知范围从生产环节延伸覆盖到产品的全生命周期,因此全面感知是工业智能感知的重要任务,是构建产品"数字孪生"的必要途径,也是产品售后持续服务的基础。以生产废料为感知对象时,感知目的包括感知废料的储存状态、监控转运过程、监测其处理流程,为废物回收利用和污染管控提供信息依据。以环境为感知对象时,主要的感知目的包括生产安全保障、节能减排方案制订和过程监督、产品使用环境评估、仓储库存环境监测等。

(3) 感知方法

工业智能感知的方法比较多,目前仍然以嵌入式传感器等传统感知技术为主,而在工业互联网中,RFID、视觉感知、激光雷达等新型感知技术的使用会越来越多,占据更加重要的位置。RFID通过无线射频方式进行非接触双向数据通信,从而达到识别目标和数据交换的目的。视觉感知是通过以摄像头为代表的视觉传感器,采集图像或视频等数据并加以分析处理、面向特定应用需求提取有关数据和信息的感知方法。激光雷达是一种在红外到紫外光谱段工作的雷达系统,其原理和构造与激光测距仪相似。它的作用是精确测量目标的位置(距离和角度)、运动状态(速度、振动和姿态)和形状,探测、识别、分辨和跟踪目标。

2. 工业智能感知的关键技术

(1) 传感器技术

传感器是一种能将物理世界的变量转换成一定规律变化的电信号的检测装置。传感器扩展了人感知周围环境的能力,是现代生活中人类获取信息的重要手段,无线传感器节点就是一个很具有代表性的例子。它和通常人们所说的传感器有很大的区别,因为无线传感器除了有传感器部件,还能与微处理器和无线通信芯片集成为一体。因此无线传感节点不但能从外界获取信息,还能对信息进行分析和传输。

无线传感网是由大量微型、低成本、低功耗的传感器节点组成的多跳无线网络。无线传感网的应用很广,最主要的应用是环境监测,尤其是可以满足长时间、大范围的监测需求。它还可以根据用户需要和网络带宽实现自动、动态、准时采集、传送数据。随着节点软硬件技术的发展,节点的价格更加低廉,节点的部署更加广泛,计算能力也更强、更智能,成为实现边缘计算的节点。而物联网的兴起也带给传感网新的发展契机。一方面,传感器将朝着低价格、微体积的方向发展;另一方面,传感器将和智能手机、医疗设备等结合,朝着智能化、人性化的方向发展。

(2)射频识别技术

射频识别(RFID)是一种无线通信技术,可以通过无线电信号识别特定目标并读写相关数据,而无须识别系统与特定目标之间建立的机械或者光学接触。RFID源于雷达技术,所以其工作原理和雷达极为相似。首先阅读器通过天线发出电磁波;标签接收到信号后发射内部存储的标识信息;阅读器再通过天线接收并识别标签发回的信息;最后,阅读器将识别结果发送给主机。RFID组成如图3-1所示。

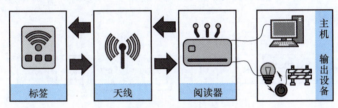

图3-1 RFID组成

1)阅读器。阅读器(Reader)是RFID系统最重要也是最复杂的一个组件。其工作模式一般是主动向标签询问标识信息,所以有时又被称为询问器(Interrogator)。阅读器一方面通过标准网口、RS232串口或通用串行总线(Universal Serial Bus,USB)接口同主机相连,另一方面通过天线同RFID标签通信。有时为了方便,阅读器、天线及智能终端设备会集成在一起,形成可移动的手持式阅读器。

2)天线。天线同阅读器相连,用于在标签和阅读器之间传递射频信号。其按照极化方式分为圆极化天线和线极化天线。圆极化天线发出的电场类似于一个圆,无论收信天线的极化方向如何,都能感应出信号。线极化天线发出的电场是一条直线,一般与天线的走向一致,收信天线的极化方向与线极化天线方向偏离越多,感应到的信号就越小。因此,线极化天线对天线的方向要求较高,优点则是传播能量更大,传播距离更远。

3)标签。RFID标签(Tag)由耦合元件、芯片及微型天线组成。每个标签内部都存有唯一的电子编码,附着在物体上,用来标识目标对象。标签进入RFID阅读器扫描场后,接收到阅读器发出的射频信号,再凭借感应电流获得的能量发送出存储在芯片中的电子编码(被动式标签),或者主动发送某一频率的信号(主动式标签)。

4)通信频率。RFID频率是一个很重要的参数指标,它决定了工作原理、通信距离、设备成本、天线形状和应用领域等各种因素。RFID典型的工作频率有125kHz、133kHz、13.56MHz、27.12MHz、433MHz、860~960MHz、2.45GHz、5.8GHz等。按照工作频率的不同,RFID系统集中在低频、高频和特高频三个区域,如图3-2所示。

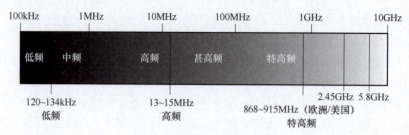

图 3-2　RFID 频率分布图

5）数据存储和消息传输。不同频段、不同协议的标签存储数据的方式会有所不同。以符合特高频（Ultra High Frequency，UHF）第二代空中接口协议的高频（860~960MHz）RFID 标签为例，标签的数据存储从逻辑上分为四个不同的存储区：保留（Reserved Memory）区、产品电子代码（Electronic Product Code，EPC）区、标签识别号（Tag Identifier，TID）区和用户（User Memory）区。

阅读器和标签通信的常见指令包括选择（Select）、查询（Query）、重复查询（QueryRep）、调节查询（QueryAdjust）等。以最常见的 Query 指令为例，它的 RFID 消息格式如图 3-3 所示。

图 3-3　查询指令的 RFID 消息格式

RFID 的应用：RFID 对物体的唯一识别特性可以广泛地应用在工业生产中对"人""机"和"物"的识别、定位和管理中，且它在物流、安防、仓储、生产和销售等各个环节的应用也不断增加。在"人"方面，通过给生产人员分发 RFID 电子标签，电子标签携带员工的身份标识号（Identity Document，ID）和相关信息，可以对员工进行考勤管理、作业点轨迹跟踪和生产安全管控等。在"机"上，通过对生产工具安装 RFID 电子标签，可以实现工具管理的智能化，减少管理人员的工作强度，大幅度提高工具的使用率，减少物品的遗失状况，从而降低公司经营成本。在"料"上，通过对生产物料、半成品和产品安装 RFID 电子标签，可以实现物料管理的智能化，极大降低物料管理的难度，提升物料规划效率，降低库存成本，提升生产效能。

（3）视觉感知

在智能工厂中，生产线的智能化升级一直是最为重要的部分之一。在批量化的生产作业过程中，引入视觉技术，可以对生产线上的产品、配件、半成品等进行检测，以保证在每一个流程中的作业质量，提升生产线的作业效率，保障进入下一个环节的产品的良品率。

随着计算机视觉算法技术和高清工业摄像头制造技术的快速发展，计算机视觉检测在工业制造上的应用也在快速发展和普及，目前流水线检测相关的应用系统主要有四大类：一是检测物品数或遗漏的物品，如计算纸箱里的瓶子的数量是否达标；二是检测异物、瑕疵及缺陷，如检测片材上的针孔及异物；三是尺寸测量，如检测连接器针脚的共面性；四是定位，如检测液晶显示器（Liquid Crystal Display，LCD）玻璃基板的位置。

视觉检测的核心是图像处理（见图3-4），经典的图像处理流程主要包括以下四个步骤。

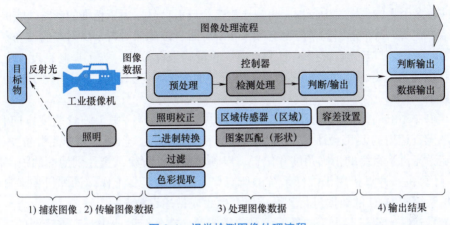

图3-4　视觉检测图像处理流程

1) 捕获图像：在合适的反射光条件下按下工业摄像机快门，捕获图像。工业摄像机是工业视觉系统中的一个关键组件，主要应用电荷耦合器件（Charge Couple Device，CCD）或互补金属氧化物半导体（Complementary Metal Oxide Semiconductor，CMOS）等技术捕获运动物体的图像。

2) 传输图像数据：从工业摄像机将图像数据传输到控制器。

3) 处理图像数据：原始的图像数据会经过预处理以增强数据特征，紧接着通过检测处理来完成测量任务（如测量瑕疵或者尺寸），并给出对应的测量结果。

4) 输出结果：测量结果会进一步输出到下一级处理单元进行分析或者连接到相关的控制系统上。

（4）激光雷达

激光雷达用激光照射目标并用传感器测量反射率来测量距离，并使用激光返回时间和波长的差异来制作目标的数字3D模型。激光雷达使用紫外线、可见光或近红外光对物体成像。它可以成像的材料比较广泛，包括非金属物体、岩石、雨水、化合物、气溶胶、云，甚至单个分子。窄激光束可以以非常高的分辨率绘制物体的物理特征。例如，一架携带激光雷达的飞机可以以30cm或更高的分辨率绘制地形。激光雷达通常用于制作高分辨率地图，其应用范围包括测地学、测绘学、地理学、地质学、地貌学、林业、大气物理学、激光制导、机载激光扫描测绘和激光测高等。该技术还可以用于一些自动驾驶汽车的控制和导航。

激光雷达通常采用两种探测策略，即非相干探测和相干探测。非相干探测主要测量反射光的能量变化。相干探测主要测量多普勒频移或反射光的相位变化等。相比之下，相干探测更为灵敏，但需要依赖更复杂的收发器。

激光雷达系统主要由以下几个部件组成。

1) 激光收发和扫描部件：激光源用于产生脉冲能量。近红外波长的激光通常被用于大多数地面激光雷达应用。由于蓝绿色波长的激光在水中的衰减较小，通常用于水深地图绘制。激光雷达系统中使用的激光能量低，对人眼而言较为安全。激光接收器检测从目标物体反射回来的激光脉冲，并借助旋转的反射镜面实现对环境的扫描。

2）定时器件：计时电子设备用于记录激光脉冲离开和返回扫描仪的确切时间。发出的每个脉冲在多个物体表面发生反射，可以产生多个反射信号。由于精准的计时才能保证精准的测量结果，所以每个返回的信号都必须被精确计时，以确保对每个反射点的准确测量。

3）定位系统：定位系统用于记录扫描仪的精确坐标位置。为了提高精度，大多数激光雷达系统使用固定的地面坐标参考系。来自地面坐标参考系的数据可以用于校正传感器收集的数据。

4）IMU：IMU 包含加速度计、陀螺仪和磁力计传感器，用于测量速度方向和重力。以机载激光雷达内的 IMU 为例，它不断记录飞机俯仰角度、倾斜角度和侧滑角度等数据，用于确定激光雷达系统的精确角度和位置，以确保正确计算机载雷达到地面的距离。

5）计算机：计算机用于确保系统的所有单个组件均正常工作。计算机将来自激光系统、定位系统和 IMU 的数据进行整合，以产生激光雷达点数据。

激光雷达技术经过几十年的发展已经比较成熟，在各行各业中都有着广泛的应用。近年来，激光雷达在工业领域的发展十分迅速，一方面应用于生产过程中的机械臂和自动导引车（Automated Guided Vehicle，AGV）等机器人中，另一方面又被集成进智能汽车等先进工业制成品中。

3.1.2 工业网络连接

为实现工业互联网的全要素网络互联、全流程数据互通与跨领域系统互融，工业网络需具备多类型数据高质量传输、多通信制式相互开放、多网络架构深度融合、多业务流程灵活管理的能力。随着工业信息数字化水平不断提升、数据业务类型不断增加、系统复杂性不断加深，传统互联网的通信模型与网络连接技术难以满足工业互联网的网络连接需求。为此，工业互联网产业联盟提出了工业互联网网络连接框架，该连接框架包括网络互联和数据互通两个层次，可以促进系统间的互联互通，从孤立的系统/网络中解锁数据。工业互联网网络连接框架如图 3-5 所示。

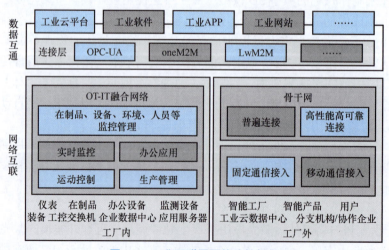

图 3-5　工业互联网网络连接框架

工业互联网的网络可分为工厂内网络和工厂外网络。工厂内网络是指在工厂或园区内部,满足工厂内部生产、办公、管理、安防等连接需求的网络,它用于生产要素之间的互联及企业 IT 管理系统之间的连接。工厂外网络是指以支持工业全生命周期各项活动为目的,满足工厂数据、工业应用、工厂业务需要与云平台或其他网络进行互联的网络,用于连接企业上下游、企业多分支机构、企业与云应用/云业务、企业与智能产品、企业与用户之间的网络。

网络贯穿工业生产的整个流程,根据传输介质的不同,工厂内网和工厂外网又可分为有线网络和无线网络。

1. 有线网络

有线网络通信通常使用线缆作为数据传输的载体,其最显著的特点是需要物理线缆连接各个对象。尽管这可能会给实施带来一定的不便,但其最大的优点是稳定可靠。因此,在无线网络通信日益普及的今天,有线网络通信仍然是工业现场通信环节中不可或缺的一种方式。

(1) 有线传输介质

在有线网络通信系统中,常用的有线传输介质包括双绞线、同轴电缆和光纤线缆等。双绞线是通过将两根线缆绞合在一起制成的,这种方式不仅可以减少自身串扰,还可以有效降低其他电缆信号对该线缆的干扰,如图 3-6 所示。同轴电缆一般由外层绝缘层、外层导体、内层绝缘层和内层导体组成,相较于双绞线,同轴电缆的抗干扰性更强,信号传输距离更远,如图 3-7 所示。光纤线缆内部传输的是光信号,纤芯通常由石英玻璃制成,光纤通信的传输距离更远,且不受电磁信号干扰,具有更强的抗干扰能力,如图 3-8 所示。

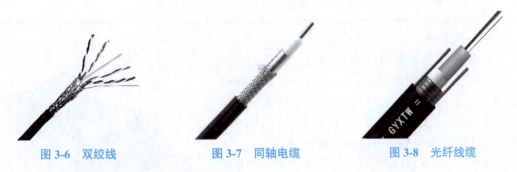

图 3-6 双绞线　　　　图 3-7 同轴电缆　　　　图 3-8 光纤线缆

(2) 串行接口标准

在有线网络通信系统中,数据通信的方式可分为串行通信和并行通信两种。串行通信是逐位传输数据位,而并行通信则是同时传输一组数据位。简单地说,串行通信就像是一条车道上逐个车辆接续通行,而并行通信则像是多条车道上同时通行。由于串行通信具有高可靠性,因此在工业现场通信中通常采用这种通信方式。常见的串行通信接口标准包括 RS-232 和 RS-485 等。

RS-232 接口标准:RS-232 是目前在 PC 与工业仪器通信中使用最为广泛的一种串行接口。它采用不平衡传输方式,最高速率为 20kbit/s。RS-232 接口通常有 9 个接口管脚,因此也被称为 DB-9 接口,常用的 RS-232 接口连接器如图 3-9 所示。

RS-485 接口标准：RS-485 是由电信行业协会和电子工业联盟定义，其数据传输采用逐位传输方式，能够支持多点数据通信。通常采用两线制接线方式，形成总线型拓扑结构。在这种结构中，串行总线通过公共通信线逐位传输数据，根据传输信息的不同类型，将导线分类组成传输线束。典型的计算机总线型通信结构如图 3-10 所示。RS-485 的总线型拓扑结构可以在同一总线上挂接最多 32 个节点，最长传输距离可达 1200m，具有较强的抗干扰能力。

由于工业现场设备的种类繁多，当配置 RS-232 的设备需要与配置 RS-485 的设备通信时，通常会采用信号转换器进行通信协议的转换，常用的有 RS-232-RS-485 转换器，如图 3-11 所示。

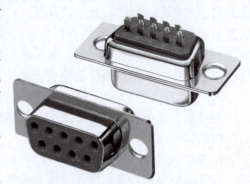

图 3-9　RS-232 接口连接器

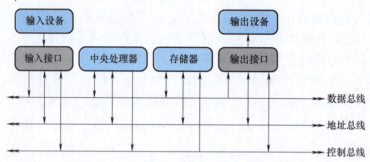

图 3-10　典型的计算机总线型通信结构

（3）以太网

根据 OSI 参考模型的划分原则，狭义的以太网仅涵盖物理层和数据链路层。然而，在日常概念中，以太网的范围扩展至物理层、数据链路层（IEEE 802.3）、网络层（IP）、传输层（TCP/UDP）及应用层（包括 SMTP、HTTP、DNS 等协议）。

物理层主要负责描述以太网的物理电气和机械特性。可采用的介质包括同轴电缆、双绞线和光纤等。数据包以 10~100Mbit/s 的速率在互联设备之间传输。数据链路层遵循 IEEE 802.3 标准提供介质访问方法，并采用 CSMA/CD 机制来控制每个节点对介质的访问。网络层采用 IP 协议，定义了数据分组从发送端到接收端的传输方式。传输层采用 TCP 和 UDP 协议分别处理面向连接的服务和无连接服务。应用层协议作为应用进程操作网络的接口，直接面向用户，为用户的各种服务提供有效数据。

图 3-11　RS-232-RS-485 转换器

2. 无线网络

无线网络通信是指利用无线电通信技术传输数据的网络，它将电磁波作为数据的传输媒介。与有线网络通信相比,无线通信技术不受工业环境的限制,具有较强的适应环境变化的能力,并且故障诊断相对容易。与传统的有线网络相比,无线网络的运维支持远程诊断,部署更加便捷;具有较强的扩展性,无须布线;灵活性高,不受工业环境和地理位置等限制,且在使用环境发生变化时,只需灵活调整节点和参数,就能适应新环境的要求。然而,无线网络通信也存在一些问题。例如,在工业现场,容易受到各种无线电磁波干扰,传输速率和可靠性相较有线传输技术有一定差距。

(1) 无线传输介质

无线网络利用无线电进行信息传输。无线电是一种电磁波,在所有自由空间(包括空气和真空)中传播。无线电技术利用导体中电流强度的变化产生无线电波,然后将信息调制到这些无线电波中。承载信息的电磁波通过空间传输,并最终到达无线电终端设备。

无线通信的核心资源是频谱。若无规划地使用无线电频率,会导致频谱干扰。同时,现代无线电频率的可用范围有限,不得随意占用,必须经过详细的规划和配置。国际电信联盟(International Telecommunication Union,ITU)负责全球频率资源的分配。在分配和使用频率时,需考虑电磁波在各频段的传播特性、不同业务的特性和共用要求,以及技术水平等因素。根据频率的不同,无线电频率可分为多个波段。波段划分见表 3-1。

表 3-1 波段划分

名称	符号	频率	波段	波长	传播特性	主要用途
甚低频	VLF	3~30kHz	甚长波	100~10km	空间波为主	导航、声呐
低频	LF	30~300kHz	长波	10~1km	地波为主	导航、授时
中频	MF	0.3~3MHz	中波	1km~100m	地波与天波	调幅广播
高频	HF	3~30MHz	短波	100~10m	天波与地波	调幅广播、通信
甚高频	VHF	30~300MHz	米波	10~1m	空间波	调频广播、广播电视、移动通信
超高频	UHF	0.3~3GHz	分米波	1~0.1m	空间波	广播电视、移动通信、卫星定位导航、无线局域网
特高频	SHF	3~30GHz	厘米波	10~1cm	空间波	卫星广播、卫星电视、通信、雷达、无线局域网
极高频	EHF	30~300GHz	毫米波	10~1mm	空间波	通信、雷达、射电天文
光频	—	1~50THz	光波	300~0.006μm	空间波	光纤通信

(2) 蜂窝无线通信技术

第一代移动通信系统(1G)的主要特征是模拟式蜂窝网,代表性系统包括北美的先进移动电话服务(Advanced Mobile Phone Service,AMPS)和欧洲的全接入网通信系统(Total Access Communication System,TACS)。它的主要技术是模拟调频和频分多址(Frequency Division Multiple Access,FDMA),使用频段为 800MHz/900MHz。语音信号采用模拟调制,每隔 30kHz/25kHz 提供一个模拟用户信道。它的主要缺点为频谱利用率低、业务种类有限、只能提供单一的模拟语音业务、无法支持数据业务、通信保密性差、设备成本高且体积大等。

第二代移动通信系统（2G）是数字式蜂窝移动通信系统，它的主要业务包括数字式语音业务和电路交换的数据业务。其中，欧洲的全球移动通信系统（Global System for Mobile Communications，GSM）最具代表性。GSM 系统采用时分多址（Time Division Multiple Access，TDMA）技术，通过按时序组成信号的结构实现。相较于 1G，2G 采用数字通信方式，具有通信质量高、频谱利用率提高、保密性能优秀，以及提供多种业务和漫游功能等优点。

第三代移动通信系统（3G）的主要特征是多媒体业务。ITU 批准的 3G 主流技术标准包括欧洲和日本提出的宽带分多址（Wideband CDMA，WCDMA）、美国提出的 CDMA2000 以及中国提出的时分同步码分多址（Time Division Synchronous CDMA，TD-SCDMA）。与前两代技术相比，3G 的传输速率和质量大幅提高，传输速率比 GSM 移动通信高出数十倍甚至数百倍，更为重要的是，3G 实现了无线通信与互联网的融合，全面支持移动多媒体业务，包括网页浏览、邮件收发、视频会议、电子商务等多种信息服务。

第四代移动通信系统（4G）的主要特征是宽带高速数据传输，具有代表性的系统有 TDD-LTE 和 FDD-LTE。4G 融合了 3G 和无线局域网（WLAN）技术，以满足无线高速通信业务的需求，实现了快速传输数据，包括高质量的音频、视频和图像等多媒体数据。同时，用户数量和通信质量方面都有了很大的改善。此外，相较于 2G 和 3G 技术，4G 在无线频率的利用上更为有效。

随着频谱资源的日益短缺，对频谱的高效利用显得尤为重要。表 3-2 列举了蜂窝无线通信技术的演进和对比情况。

表 3-2　蜂窝无线通信技术对比

通信技术	1G	2G	3G	4G
典型频段	800/900MHz	890/900/1800MHz	1940~1955MHz 2130~2145MHz	1755~2635MHz （LTE 频段）
调制方式	FM	GMSK	QPSK	QAM/MPSK
多址技术	FDMA	TDMA/CDMA	CDMA	CDMA/TDMA
传输速率	2.4kbit/s	150kbit/s	2Mbit/s	100Mbit/s
提供服务	模拟语音业务	数字语音传输	数据、语音同传	快速传输数据、音视频

（3）长距离、低功耗无线通信技术

长距离无线通信是指通过无线电波传输数据，这种通信方式常用于克服通信双方空间距离较远，或者在物理位置不便敷设线路的情况下进行通信。

1）NB-IoT。窄带物联网（Narrow Band Internet of Things，NB-IoT）是一种低功耗、远距离无线通信技术。它由电信运营商提供付费频段服务，具备覆盖范围广、连接容量大、功耗低、模块成本低等特点。在低速工业互联网应用领域中，NB-IoT 被广泛应用于公共事业、医疗健康、智慧城市、消费者、农业环境、物流仓储、智能楼宇及制造行业等八大典型行业。

2）eMTC。增强型机器通信（enhanced Machine Type Communication，eMTC）是一种基于长期演进（Long Term Evolution，LTE）技术的物联网通信技术。它对LTE协议进行了裁剪和优化，以更好地适应物与物之间的通信需求，从而降低成本。该技术支持1.4MHz的射频和基带带宽，使用户设备能够直接接入现有的LTE网络，并支持最大1Mbit/s的上下行峰值速率，以满足各种物联网应用的需求。

3）LoRa。LoRa是一种基于扩频技术的低功耗、远距离无线通信技术，主要应用于物联网领域的电池供电的无线局域网和广域网设备。首先，LoRa利用Sub-GHz频段，使得实现低功耗和远距离通信变得更加容易，因此可通过电池或其他能量收集方式供电；其次，其较低的数据速率有助于延长电池寿命并增加网络容量；最后，LoRa信号具有较强的穿透力，能够在建筑物等障碍物环境中传输。由于具备上述技术特点，LoRa非常适合于低成本、大规模的物联网部署。

4）SigFox。与其他LPWAN技术相比，SigFox是速率最低（仅为100bit/s）的技术，且每个终端每天只能传输140条消息，每条消息的最大容量为12B。SigFox的最大优势在于极低的功耗，这使其特别适用于水表、电表、路灯控制等低功耗、低数据需求的应用场景。

长距离、低功耗无线通信技术对比见表3-3。

表3-3 长距离、低功耗无线通信技术对比

通信技术	NB-IoT	eMTC	LoRa	SigFox
通信模式	蜂窝	蜂窝	点对点	蜂窝
通信距离	0~20km	0~20km	1~20km	0~50km
传输速率	<100kbit/s	1Mbit/s	0.3~50kbit/s	100bit/s
频段	<1GHz（运营商频段）	LTE频段	150MHz~1GHz	900MHz
成本	低	低	低	低

(4) 短距离无线通信技术

短距离无线通信是指通信双方通过无线电波传输数据，并且传输距离在较近的范围。

1）Wi-Fi。无线宽带（Wi-Fi）是一种近距离无线通信技术，其技术标准为IEEE 802.11，能够在百米范围内支持设备互联接入。它为用户提供了访问电子邮件、Web和流式媒体的互联网技术。在工业互联网领域，Wi-Fi为用户提供了一种无线的宽带互联网访问方式，被称为"热点"。Wi-Fi的工作频段分为2.4GHz和5GHz。尽管几乎所有智能手机、平板计算机和便携式计算机等智能终端都支持Wi-Fi上网，但在某些工业互联网应用和设备中，Wi-Fi可能并非最佳选择。原因在于Wi-Fi具有高能耗和适用于短距离下传输大量数据的特点，而在大型工厂等场景中需要低功耗、低速率、长时间供电以保障大量小型传感器或设备正常工作，因此Wi-Fi可能并非最佳选择。

2）Bluetooth。蓝牙（Bluetooth，BLE）是一种无线电技术，支持设备间的近距离通信，能够实现移动电话、PDA、无线耳机、车载音响、便携式计算机等设备之间的无线信息交换，简化了移动通信终端设备之间，以及设备与Internet网络之间的通信方式，提高

了数据传输的速度和效率。目前，蓝牙技术已经发展到第5代，支持低功耗模式，传输速度最高可达24Mbit/s，有效工作距离可达300m，允许无须配对接受信标的数据，同时支持室内定位导航功能和物联网产业的蓝牙Mesh组网功能等。蓝牙技术已经广泛应用于工业互联网的各个领域，包括智能门锁、智能手环、车辆胎压监测和工业自动化控制等产品应用。

3）ZigBee。紫蜂（ZigBee）是一种短距离、低速率且低功耗的无线通信技术，其标准协议底层采用IEEE 802.15.4标准规范的媒体访问层与物理层。ZigBee的主要特点有低速、低耗电、低成本及支持大量网络节点、支持多种网络拓扑等，在网络部署方面复杂度低、快速、可靠、安全。ZigBee通信技术可以支持数千个微型传感器之间相互协调实现通信，它以接力方式通过无线电波将数据从一个传感器传到另一个传感器，其通信效率非常高。因此，ZigBee技术正在物联网行业中成长为一个主流技术，并在工业、农业、智能家居等领域得到大规模的应用。

4）UWB。超宽带（UWB）是一种无载波通信技术，其利用纳秒级的非正弦波窄脉冲来传输数据，通常适用于短距离通信，传输距离一般在10m以内。其工作频段范围为3.1~10.6GHz，最小工作频宽为500MHz，传输速率可达到几百Mbit/s以上。UWB技术的主要特点包括传输速率高、发射功率低、功耗小及保密性较强。然而，需要注意的是，由于UWB占用的带宽较大，因此可能对现有其他无线通信系统产生干扰。

5）NFC。近场通信（NFC）是一种近距离高频无线通信技术，其工作频率为13.56MHz，源自于13.56MHz的RFID技术。NFC采用振幅键控（ASK）调制方式，其数据传输速率一般有106kbit/s、212kbit/s和424kbit/s三种。它的主要优势包括近距离通信、高带宽和低能耗，同时与非接触智能卡技术相兼容，因此在门禁、公交、手机支付等领域具有广泛的应用前景。

短距离无线通信技术对比见表3-4。

表3-4 短距离无线通信技术对比

通信技术	Wi-Fi	Bluetooth	ZigBee	UWB	NFC
通信距离	0~100m	300m	10~75m	0~10m	0~10cm
传输速率	54Mbit/s	24Mbit/s	10~250kbit/s	53.3~480Mbit/s	106kbit/s、212kbit/s、424kbit/s
安全性	低	高	中	高	高
频段	2.4GHz	2.4GHz	2.4GHz、868MHz（欧洲）、915MHz（美国）	3.1~10.6GHz	13.56MHz
成本	高	低	极低	高	低

3. 工厂内网络

工厂内网络主要承载着管理控制类、数据采集类和信息交互类业务，各类业务对网络的性能要求各不相同。例如，承载控制类业务要求网络具备低时延（端到端时延毫秒级，时延抖动微秒级）、高可靠（数据传输成功率达到 99.999%）、高同步精度（百纳秒级）的能力；数据采集类业务则需要网络具备高密度接入（百万连接/平方公里）、部分要求低耗（使用超过 10 年以上）、抗干扰和满足现场安全性等方面的能力；信息交互类业务则需要较高的传输速率（语音图像要求在百兆带宽、视频类要在千兆带宽）。

由于工厂内网络所连接的工厂要素具有多样性，因此边缘接入网络呈现为类型多样化。根据业务需求的不同，这些网络可以是工业控制网络、办公网络、监控网络、定位网络等；根据实时性需求，可以是实时网络或非实时网络；根据传输介质的不同，可以是有线网络或无线网络；根据采用的通信技术，可以是现场总线、工业以太网、通用以太网、无线局域网、蜂窝网络等。

当前，工厂内网络呈现"两层三级"的结构，如图 3-12 所示。其中，"两层"指的是存在"IT 网络"和"OT 网络"两层技术异构的网络；而"三级"则是根据目前工厂管理层级的划分，网络也被分为"现场级""车间级"和"工厂级/企业级"三个层次，每个层次之间的网络配置和管理策略相互独立。

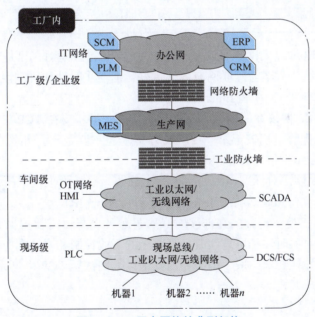

图 3-12　工厂内网络的典型架构

（1）工业现场总线

工业现场总线又称为现场网络，是工业自动化领域中的底层数据通信网络，用于实现工业现场各种传感器、执行器、操作终端和控制器之间的通信，以及多个控制器之间通信的网络化。与以太网为代表的民用网络相比，工业现场总线具备高度实时性、安全性和可靠性等优势，适合工业应用使用。据不完全统计，目前国际上存在着四十余种不同的现场总线通信协议，每种总线都有其应用的领域。例如，MODBUS、PROFIBUS-DP、CAN 等适用于离散加工制造业；FF、PROFIBUS-PA、WorldFIP 等更适用于石油、化工等过程控制工业。然而，这些划分并非绝对，各种现场总线都在尝试拓展其应用领域，彼此渗透。

工业现场总线的主要缺点是传输速率低和标准性差。

（2）工业以太网

随着以太网技术的不断成熟，软硬件成本持续下降，而且其高传输速率、技术的开放透明性及标准的统一性等优势变得非常显著。因此，以太网技术进入了工业控制领域，形成了新型的工业以太网技术，并逐渐取代了传统的工业现场总线。然而，由于工业应用的多样性及不同厂商阵营之间的利益冲突，工业以太网虽然继承了以太网高传输率等优势，但并没有像以太网一样实现标准的统一。相反，工业以太网出现了多种不同的技术，主要分为三大类，见表3-5。

表3-5 工业以太网技术列表

标准TCP/IP和以太网	标准以太网	非标准以太网
Profinet、Ethernet/IP	Powerlink、Profinet RT	EtherCAT、SERCOS Ⅲ、Profinet IRT
TCP/UDP/IP		
以太网	以太网	非标准以太网
以太网电缆/光缆		

1）标准TCP/IP和以太网。协议基于标准TCP/IP和以太网，只是在应用层加入了实时机制。虽然这种解决方案与互联网兼容性良好，但在实时性和可靠性等性能方面表现较差。代表性的技术有Profinet和Ethernet/IP。

2）标准以太网。协议在标准以太网层之上实现，但不支持TCP/IP。这类解决方案充分利用了以太网的优势，相较于第一种解决方案，进一步提升了网络的实时性和可靠性。代表性技术有Powerlink和Profinet RT。

3）非标准以太网。对标准以太网层进行了修改，以最大限度地提高网络的实时性和可靠性。代表性技术有EtherCAT、SERCOS Ⅲ和Profinet IRT。

工业以太网的三类实现方式在部署时具有显著的差异，需要根据具体需求选择相应的技术。对于那些对实时性和可靠性有极高要求的工业控制和安全类应用，应选择非标准的以太网。而对于性能要求一般，但需要与其他以太网甚至TCP/IP网络设备互通的情况，则应采用其他的实现方式。

（3）时间敏感网络

时间敏感网络（TSN）是一种具有有界传输时延、低传输抖动和极低数据丢失率的高质量实时传输网络。它基于标准以太网，通过时间同步、数据调度、负载整形等多种优化机制保证时间敏感数据的实时、高效、稳定和安全传输。IEEE 802.1 TSN标准由IEEE 802.1 TSN GP起草并发布，是IEEE牵头研究的数据链路层协议标准，与现有的标准以太网兼容，同时可以支持时间敏感数据流、视频语音流和普通尽力而为流共网传输。TSN系列标准802.1Qcc提出了三种管理模式，其中完全集中式管理的时间敏感网络架构是目前研究的主流。完全集中式架构共分为四个部分：与用户交互的集中式用户配置CUC、集中管理网络资源与调度的CNC、实现数据传输的TSN交换机和TSN端设备。

(4）工业软件标准

OPC 是针对现场控制系统的工业软件标准，涵盖了一整套接口、属性和方法的标准集，用于过程控制和制造业自动化系统。该标准用于过程控制的对象连接与嵌入（Object Linking and Embedding，OLE），是工业控制和生产自动化领域中广泛使用的硬件和软件的接口标准。OPC 通过在工业控制系统应用程序之间的通信建立一个接口标准，使得工业控制设备与控制软件之间建立统一的数据存取规范。

OPC 为工业控制领域提供了一种标准数据访问机制，有效地将硬件与应用软件分离，同时软件是与厂商无关的数据交换标准接口和规程。OPC 的目的就是使不同供应商的设备和应用程序之间的接口标准化，并使其间的数据交换更加简单化。

4. 工厂外网络

工厂外网互联主要解决企业设备广域连接、企业业务系统上云、企业上网、企业私有云和公有云互通等通信场景，实现企业与其分支机构、企业与产业链上下游企业及客户之间的连接和信息的及时交互。

工厂外网网络技术通常具备广域连接、大带宽和高数据速率等特征。然而，由于不同行业之间的信息化水平存在较大差异，以及企业间信息系统架构和外部互联需求各不相同，因此不同企业在选择工厂外网网络技术方案时会有较大的差异。尽管如此，随着网络 IP 化趋势的不断发展，基于互联网的互联互通方案逐渐成为各种工厂外网解决方案的核心。

当前，工厂外网通常采用基于 TCP/IP 的 IP 网络技术。根据所承载的业务类型和 QoS 的要求不同，可以选择基于互联网的虚拟专用网络（Virtual Private Network，VPN）方式或者互联网专线的方式来实现工厂外网的互联。

（1）基于互联网的 VPN 技术

VPN 的功能是在公共网络上建立专用网络，进行加密通信。VPN 作为一项成熟的技术，被广泛用于组织内部各部门及总部和分支机构之间的网络连接。它利用已有的互联网出口，在公共网络上创建一个虚拟的专用通道，将各个部门或分支机构连接成一个大的局域网。VPN 的基本工作原理是"加密+隧道"，将需要在互联网公网中传输的数据封装在加密的数据包中，只有 VPN 端口或网关的 IP 地址暴露在外面，从而实现不在同一局域网或工厂内网中的用户能够通过互联网实现业务的远程交互或远程访问。

（2）互联网专线技术

1）MPLS VPN 专线。MPLS VPN 是指采用多协议标签交换（Multi-Protocol Label Switching，MPLS）技术在骨干的宽带 IP 网络上创建企业 IP 专网，实现跨地域、安全、高速、可靠的数据、语音和图像多业务通信。它结合了差别服务、流量工程等相关技术，将公网可靠的性能、良好的扩展性和丰富的功能与专网的安全、灵活和高效相结合。MPLS VPN 不需要用户增加额外的 VPN 设备，而是由运营商在 MPLS 网络上为用户提供 VPN 服务。MPLS VPN 适用于企业的多个分支机构之间的信息办公系统互联，以及产业链集群企业之间的信息系统互联等业务。此外，MPLS VPN 还适用于企业中通信数据量较小的智能仪表、测量装置采集数据与云平台之间的互联互通。

2）光传送网专线。光传送网（Optical Transport Network，OTN）是以波分复用技术为基础、在光层组网络的传送网。OTN 处理的基本对象是波长级业务，它将传送网推进到真正的多波长光网络阶段。由于结合了光域和电域处理的优势,OTN 能够提供巨大的传送容量、完全透明的端到端波长/子波长连接及电信级的保护,是传送宽带大颗粒业务的最优技术。OTN 专线业务主要为企业与工业互联网平台之间的大带宽业务提供支撑,适用于产业集群企业间数据中心、平台互联、数据共享等大带宽业务。随着混合云在企业信息化系统中的广泛应用,OTN 专线业务将在企业云网协同等业务中发挥更大的作用。

5. 新型网络技术:5G

5G 技术作为最新一代蜂窝移动通信技术,是网络连接技术的典型代表,推动了无线连接向多元化、宽带化、综合化、智能化的方向发展,其低时延、高通量、高可靠技术、网络切片技术等弥补了通用网络技术难以完全满足工业性能和可靠性要求的技术短板,并通过灵活部署方式,改变了现有网络落地难的问题。

(1)5G 的特点

5G 具有高速度、大带宽、泛在网、低时延的显著特点。

1)高速度。相较于 4G 网络,5G 网络具有更高的流量速度。对于 5G 基站的峰值要求不低于 20Gbit/s。借助这样高速度的网络基础设施,可以支持工业领域的作业现场实现云化机器人、云化 AGV、制造装备控制系统等设备的互联互操作。这将使得通用移动通信网络标准与工业网络技术的融合有望从概念转向实际应用。

2)大带宽。5G 的下载速度达到 1Gbit/s,远超过 4G 的 100Mbit/s。5G Wi-Fi 运行在 5GHz 无线电频段,是目前 Wi-Fi 速率的三倍,而一些高性能的 5G Wi-Fi 甚至能够达到 1Gbit/s 的速度。5G 的大带宽支持高清图像和音视频的实时移动传输,解决了卡顿问题,并催生了基于工业 AR 的装配指导、基于机器视觉的质量检测等领域的极大应用需求。

3)泛在网。在 5G 时代,微基站(即小型基站)的应用可以实现末端通信覆盖,使得工业生产监控得以覆盖到每一个角落,从而实现网络信号的全面连接。在通常的应用场景下,微基站能够广泛覆盖各种场所。例如,在能源行业,5G 技术可以用于监测分布在全国各地的大量分布式再生能源电站,可以实现电力信息的自动采集、计量异常监测及电能质量监测等功能。根据具体需求,5G 技术还可以实现深度覆盖。例如,在煤炭行业利用 5G 技术监控深井下的瓦斯浓度、温度和湿度,从而有效降低井下危险作业区域的事故发生率。

4)低时延。3G 网络的时延约为 100ms,4G 网络时延介于 20~80ms 之间,而 5G 网络的时延已经降至 1~10ms。5G 通过对网络结构进行优化设计,缩短了每个数据包在时域上的传输时间,从而在物理层上实现了时延的优化。5G 对时延的终极要求是 1ms,甚至更低。5G 的低时延特性可以满足企业物联网、工业远程控制等垂直行业的特殊应用需求,为用户提供毫秒级的端到端时延和接近 100% 的业务可靠性。

(2)5G 关键技术

5G 主要有以下几种关键技术。

1)大规模 MIMO 技术:多天线技术被广泛应用于各种无线通信系统,如 3G、LTE、LTE-A 和 WLAN 等,作为提高系统频谱效率和传输可靠性的有效手段。根据信息论的原理,天线数量越多,频谱效率和可靠性就越高。当发射和接收天线数量较大时,MIMO 信道容量随着发射和接收天线数量的最小值近似呈线性增长。因此,采用大数量的天线是大大提高系统容量的有效途径。大规模 MIMO 技术在不增加基站密度和带宽的情况下,深度挖掘空间资源，显著提高频谱效率，能够将波束集中在较窄的范围内，大大减少干扰，同时显著降低传输功率，提高功率效率。

2）毫米波技术：毫米波（Millimeter Wave，mmWave）通常指波长在1~10mm之间的无线电波，即频率在30~300GHz的无线电波。目前，无线通信主要使用的是6GHz以下的中低频段，特别是2.9GHz以下的频段，但在这些频段上，无线电业务不断增加，导致可用的频谱资源日益匮乏。此外，静态的频谱划分规则导致可用频谱出现严重的碎片化和零散化，使通信带宽严重受限。为了拓展通信带宽，学术界和工业界逐渐将研究的重点放在毫米波频段。毫米波具有超高的通信带宽，有助于实现5G通信的高速宽带通信，可达到10Gbit/s的传输速率。毫米波技术与大规模MIMO技术相辅相成，是5G物理层的两个关键技术。大规模MIMO能够提供超高的信号增益，弥补毫米波信号在传输过程中的衰减，而毫米波技术可以降低天线阵列的尺寸，使得大规模MIMO的部署成为可能。

3）网络功能虚拟化：网络功能虚拟化（NFV）是通过IT虚拟化技术将网络功能软件化，并在通用硬件设备上运行，以替代传统的专用网络硬件设备。NFV通过将网络功能以虚拟机的形式运行于通用硬件设备或"白盒"上，以实现网络配置的灵活性、可扩展性和移动性。

4）软件定义网络：软件定义网络（SDN）是一种将网络基础设施层（也称为数据面）与控制层（也称为控制面）分离的网络设计方案。网络基础设施层与控制层通过标准接口连接，如OpenFlow（首个用于互连数据和控制面的开放协议）。SDN将网络控制面解耦至通用硬件设备上，并通过软件化集中控制网络资源。控制房通常由SDN控制器实现，网络基础设施层通常被认为是交换机，SDN通过南向API（如OpenFlow）连接SDN控制器和交换机，通过北向API连接SDN控制器和应用程序。

5）网络切片：网络切片（Network Slicing）是一种按需组网的技术，即在独立组网（SA）架构下将一张物理网络虚拟出多个不同特性的逻辑子网络，以满足工业控制、自动驾驶、远程医疗等各类行业业务的差异化需求。基于5G SA架构，借助虚拟化和软件定义网络技术，可以在单一物理网络上切分出多个虚拟的、专用的、隔离的、按需定制的端到端网络。每个网络切片从接入网、传输网到核心网都实现了逻辑上的隔离，因此能够灵活地适配各种类型的业务要求，实现一网多用。这种方法避免了为每个服务重复建设专用网络的需要，从而极大地降低了成本。

(3) 5G的应用场景

国际电信联盟定义了5G的三大应用场景：增强型移动宽带（enhanced Mobile Broad Band，eMBB）、超可靠与低时延通信（ultra-Reliable and Low-Latency Communications，uRLLC）和大规模机器类型通信（massive Machine Type Communications，mMTC），如图3-13所示。

1）eMBB：主要针对移动大数据流量的业务场景，追求更高的数据传输速率。用户网络的峰值速率可达到20Gbit/s，适用于处理4K/8K超高清视频、VR/AR等。

2）uRLLC：主要针对传输时延严苛的业务场景，最低时延可降至1ms，适用于工业应用和控制、交通安全和控制、远程手术以及自动驾驶等。5G的uRLLC场景与工业互联网高度契合。《工业互联网网络连接白皮书》中指出，它可以适用于多种工厂内5G技术的应用场景和需求，如运动控制、控制设备互联、移动生产设备以及增强现实等。

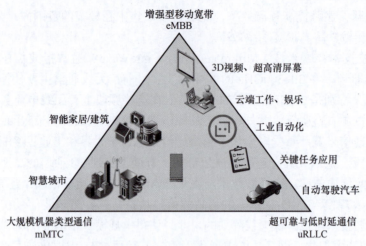

图 3-13　5G 应用场景

3）mMTC：主要针对海量物联网终端连接的业务场景，追求接入海量物联网终端设备，每平方公里可接入物联网设备数目高达 100 万个，如智慧家居、远程抄表等。

(4) 5G 赋能工业互联网

5G 技术对工业互联网的赋能作用主要体现在以下两个方面。

一方面，5G 具备低时延和高通量的特点，可确保海量工业数据的实时回传。5G 较宽的子载波间隔和符号级的调度资源粒度等技术特点实现了 5G 网络的毫秒级低时延，保证了工业数据的实时采集。同时，5G 网络标准带宽提高到 40MHz、80MHz，甚至更高，为海量工业数据的采集提供了基础保障。

另一方面，5G 的网络切片技术能够有效满足不同工业场景的连接需求。5G 网络切片技术可以实现独立定义网络架构、功能模块、网络能力（用户数、吞吐量等）和业务类型等，从而减轻工业互联网平台及工业 APP 面向不同场景需求时的开发、部署和调试的复杂度，降低平台应用落地的技术门槛。

3.2　工业互联网使能技术

3.2.1　工业大数据

工业数据是工业互联网体系的核心资源，在数据采集、网络传输、存储管理、平台应用和价值创新等多个方面发挥着重要作用。因此，可以认为工业互联网的核心在于发现数据的价值，而驾驭数据的核心则是大数据技术。

1. 工业大数据的定义

工业大数据是工业领域信息化应用所产生的数据。工业大数据横向贯穿企业的外部上下游产业链，内部从销售订单、研发、采购、生产、交付到售后服务，纵向从生产计划到生产执行到设备控制、仪器仪表。从数据的来源来看，工业大数据既有外部数据，也包含传统的企业经营管理类数据，还包含工业现场的设备数据、控制指令数据。

工业大数据是智能制造与工业互联网的核心，它的本质在于通过促进数据的自动流动来解决控制和业务问题，减少决策过程中的不确定性，并尽量克服人工决策的缺点。

2. 工业大数据的来源

从业务语义的角度来看，工业大数据主要可分为三类：第一类是与企业运营管理相关的业务数据，主要来源于企业信息化系统；第二类是设计与制造过程数据，指的是在工业生产过程中，装备、物料及产品加工的工况状态参数、环境参数等数据；第三类是企业外部数据，包括企业掌握的供应链与行业数据，也包括气象、地理等公共数据资源。

3. 工业大数据的 4V 特征

工业大数据符合大数据的 4V 特征，即大规模（Volume）、速度快（Velocity）、类型杂（Variety）、低质量（Veracity）。

（1）大规模

工业大数据体量巨大。我国大型的制造业企业，由人产生的数据规模一般在 TB 级或以下，但形成了高价值密度的核心业务数据。机器数据规模将可达 PB 级，是大数据的主要来源，但相对价值密度较低。随着智能制造和物联网技术的发展，产品制造阶段的少人化和无人化程度不断提高，运维阶段对产品运行状态的监控度也在不断提升，未来人员产生的数据规模将减少，而机器产生的数据将呈指数级增长。

（2）速度快

工业大数据的生成速度和处理速度均很快。越来越多的工业信息化系统外的机器数据被引入大数据系统，尤其是来自传感器的海量时间序列数据，其写入速度可达到每秒百万至千万个数据点。数据处理速度不仅体现在设备自动控制的实时性上，还需在企业业务决策的实时性方面得以体现。

（3）类型杂

工业大数据涵盖了多种数据类型。智慧制造云产生的数据包括结构化数据和非结构化数据。结构化数据主要是网络数据包，非结构化数据则包括音频、视频、图片及地理位置信息等。这些多样的数据类型需要具备更高水平的数据存储、提取和加工分析能力。

（4）低质量

相对于分析结果所需的高可靠性，工业大数据的真实性和质量较低。在工业应用中，由于技术可行性和实施成本等原因，许多关键参数未被测量、未被充分测量或未被精确测量（数值精度），同时某些数据具有固有的不可预测性。

4. 工业大数据的新特征

工业大数据作为对工业相关要素的数字化描述和在赛博空间的映像，除了具备大数据的 4V 特征，相较于其他类型的大数据，工业大数据集还具备反映工业逻辑的新特征。这些特征主要可以归纳为多模态、强关联和高通量等。

（1）多模态

工业大数据是工业系统在赛博空间的映像，必须反映工业系统的系统化特征，并且必须反映工业系统的各方面要素。因此，数据记录必须追求完整性，往往需要采用超级复杂的结构来反映系统要素，这导致单体数据文件结构复杂。例如，三维产品模型文件不仅包含几何造型信息，还包含尺寸、工差、定位、物性等其他信息；同时，复杂产品如飞机、风机、机车等的数据涉及多学科、多专业，包括机械、电磁、流体、声学、热学等。因此，工业大数据的复杂性不仅表现在数据格式的差异性上，还表现为数据内在结构呈现出的"多模态"特征。

（2）强关联

工业数据之间的关联不仅是数据字段之间的关联，其本质是物理对象之间和过程的语义关联。这包括产品部件之间的关联关系，如零部件组成关系、零件借用、版本及其有效性关系；包括生产过程的数据关联，如跨工序大量工艺参数关联关系、生产过程与产品质量的关系、运行环境与设备状态的关系等；包括产品生命周期中设计、制造、服务等环节的数据之间的关联，例如仿真过程与产品实际工况之间的联系；包括在产品生命周期统一阶段涉及的不同学科、不同专业的数据关联，例如民用飞机预研过程中涉及的总体设计方案数据、总体需求数据、气动设计及气动力学分析数据、声学模型数据及声学分析数据、飞机结构设计数据、零部件及组装体强度分析数据、系统及零部件可靠性分析数据等。

（3）高通量

嵌入传感器的智能互联产品已成为工业互联网时代的重要标志，用机器产生的数据替代人所产生的数据，实现实时感知。从工业大数据的组成体量上来看，物联网数据已成为工业大数据的主体。以风机装备为例，根据 IEC 61400-25 标准，持续运转的风机故障状态的数据采样频率为 50Hz，单台风机每秒产生 225KB 传感器数据，按照 2 万台风机计算，如果全量采集写入速率达到 4.5GB/s。具体来说，机器设备所产生的时序数据具有以下几个特点：海量的设备与测点、数据采集频度高（产生速度快）、数据总吞吐量大、持续不断地运行，呈现出"高通量"的特征。

5. 工业大数据技术架构

工业大数据技术架构如图 3-14 所示。以下介绍数据采集与交换、数据集成与处理、数据建模与分析、决策与控制应用几个部分。

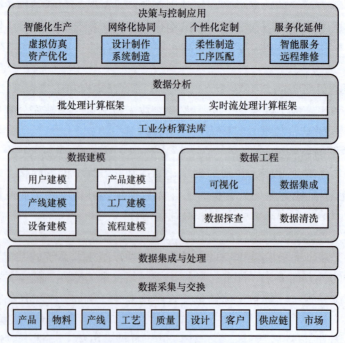

图 3-14　工业大数据技术架构

(1) 数据采集与交换

数据采集与交换主要指从传感器、SCADA、MES、ERP 等内部系统,以及企业外部数据源获取数据,并实现不同系统之间的数据交互。重点在于如何自动地生成正确的元数据,以及确保其可追溯性。这一部分负责对工业数据集进行数据抽取、格式转换、数据清洗、语义标注等预处理工作,是数据工程的主要内容。

实现数据从底层向上层的汇集,以及在同层不同系统间传递,需要完善的数据采集交换技术支持。由于工业互联网系统是一个分布式系统,包含众多不同的组件,为了避免在不同系统间建立连接导致的 N 平方复杂性,通常采用消息中间件(Message-oriented Middleware)技术。消息中间件的主要功能包括消息传输管理、队列管理、协议转换等。在较大的工业互联网系统中,可能存在数百上千个数据来源和数据需求系统,为简化数据交换,一般采用"发布/订阅"模式传递消息。数据生产者将数据发送给消息中间件,数据消费者则向消息中间件发出订阅条件,表示对系统中哪些数据感兴趣,若不再感兴趣则可取消订阅。消息中间件根据一定的路由算法,将生产者发布的事件及时、可靠地传送给所有感兴趣的消费者。

(2) 数据集成与处理

在功能方面,主要是将物理系统实体进行抽象和虚拟化,以建立各种主题数据库,包括产品、产线、供应链等。这样可以将经过清洗转换后的数据与虚拟制造中的产品、设备、产线等实体相互关联起来。而从技术角度来看,主要任务包括原始数据的清洗转换和存储管理,提供计算引擎服务,完成海量数据的交互查询、批量计算、流式计算及机器学习等计算任务,并向上层建模工具提供数据访问和计算接口。在此过程中,主要关注数据源的"完整性",以克服"信息孤岛"的问题。

工业大数据集成的核心在于将相互关联的分布式异构工业数据源集成在一起,以实现用户以透明的方式访问这些工业数据源,从而确保工业数据源整体上的数据一致性,并提升信息共享与利用效率。工业大数据处理则利用数据库技术、数据清洗转换加载等多种技术,对集成的工业数据集合中大量的、杂乱无章的、难以理解的数据进行分析和加工,以形成有价值、有意义的数据。工业大数据集成与处理主要涉及数据的抽取转换加载(ETL)技术、数据存储管理技术、数据查询与计算技术,以及相应的数据安全管理和数据质量管理等支持技术。

(3) 数据建模与分析

从功能角度来看,数据建模与分析主要任务是基于虚拟化的实体建立仿真测试、流程分析、运营分析等分析模型,旨在从原始数据中提取特定的模式和知识,为各类决策的制定提供支持。从技术层面来看,数据建模与分析主要提供数据报表、可视化、知识库、机器学习、统计分析和规则引擎等数据分析工具。

数据建模是根据工业实际元素和业务流程,在设备物联数据、生产经营过程数据及外部互联网等相关数据的基础上,构建供应商、用户、设备、产品、产线、工厂、工艺等数字模型,并结合数据分析,提供数据报表、可视化、知识库、数据分析工具及数据开放功能,以支持各类决策。在工业大数据分析建模技术方面,可以从大的角度将数据建模分为基于知识驱动和基于数据驱动的方法。知识驱动的分析方法基于大量理论模型和对现实工业系统的物理、化学、生化等动态过程进行改造的经验,建立在工业系统的物理化学原理、工艺及管理经验等知识之上，包括基于规则的方法、主成分分析技术、因果故障分析技术和案例推理技术等。数据驱动的分析方法则通过算法在完全数据空间中寻找规律和知识，很少考虑机理模型和闭环控制逻辑的存在，包括神经网络、分类树、随机森林、支持向量机、逻辑回归、聚类等机器学习方法，以及基于统计学的方法。

（4）决策与控制应用

基于数据分析结果，可以生成描述、诊断、预测、决策和控制等不同类型的应用。这些应用可用于形成优化的决策建议或直接的控制指令，以对工业系统产生影响，实现个性化定制、智能化生产、协同化组织和服务化制造等创新模式，最终构成从数据采集到设备、生产现场及企业运营管理的优化闭环。

决策与控制应用是工业大数据应用的最终目的，根据数据分析的结果来制定决策，引导工业系统采取相应的行动。工业大数据应用可分为描述类（Descriptive）应用、诊断类（Diagnostic）应用、预测类（Predictive）应用、决策类（Decisive）应用、控制类（Control）应用五大类。描述类应用主要利用报表、可视化等技术，将工业互联网各个子系统的状态汇总展现，使操作管理人员可以在仪表板（Dashboard）上全面了解全局状态，这类应用一般不给出明确的决策建议，完全依靠人来做出决策。诊断类应用通过采集工业生产过程相关的设备物理参数、工作状态数据、性能数据及其环境数据等，评估工业系统生产设备等的运行状态，并预测其未来的健康状况，这类应用主要利用规则引擎、归因分析等方法，对工业系统中的故障进行告警并提示可能的故障原因，以辅助人工决策。预测类应用主要使用逻辑回归、决策树等方法，通过对系统历史数据的分析挖掘，预测系统的未来行为，并提出相应的建议。决策类应用通过分析与挖掘影响决策的数据，发现决策相关的结构与规律，提出生产调度、经营管理与优化方面的决策建议，主要采用随机森林、决策树等方法。控制类应用根据高度确定的规则，直接通过数据分析产生行动指令，控制生产系统采取相应的行动。

6. 工业大数据的价值实现方式

（1）实现量的积累

随着信息通信技术的不断发展，以智能化生产及工业互联网为代表的第四次工业革命已经拉开帷幕。作为全球制造业大国，我国拥有比较完善的现代化工业体系，生产规模巨大，品类齐全。"第四次工业革命"为我国的产业升级带来了巨大机遇，如果我国能够抓住这一机遇，在"世界工厂"的基础上发挥海量工业大数据的价值，就有可能缩短与德国、美国等发达国家在制造业方面的差距。

工业大数据的价值实现从数据量的积累开始。我国已经投入生产并开始有效运转的机器约占全球总量的8%，全年装机量的增长速度更是远超全球9%的平均增长率，达到惊人的19%。同时，国产机器的自主研发与生产能力不断提高，应用领域也从高端产业向传统产业推广。在基础设施建设领域，包括高铁在内的建设能力已经迈出国门，走向世界。随着制造业的转型升级，我国将会出现"工业2.0""工业3.0""工业4.0"并行发展的局面，庞大的工业生产规模、国产机器的自主研发和推广，以及智能化生产的应用将使我国的大数据达到庞大的规模，并实现惊人的增长速度，包括产品数据、运营数据和价值链数据在内的海量数据的记录、传输、加工和存储，为工业大数据的挖掘和价值发现提供了充分的资料和对象。

(2) 分析创造获得实质的价值

众所周知，工业大数据可以帮助企业感知用户需求，提高生产效率，并改变生产营销模式等，然而仅依靠规模上的突破无法实现这些价值。不同类型、不同渠道、不同表现形式的数据给数据存储、清洗、挖掘和提取增加了难度，必须融合计算机科学、统计模型、机器学习、专家系统等多种先进的分析技术，才能实现海量数据的快速解析、提取、建立关联，从而获得有价值的信息，以作为企业决策的依据。通过分析处理和价值挖掘的大数据也可以成为数据产品，作为交易内容实现商业价值。目前我国的大数据分析技术尚未成熟，缺乏大数据人才，并且行业中还没有形成垄断能力，因此通过工业数据分析获得数据实质的价值具有广阔的发展空间。

(3) 数据治理改进数据质量和数据管理短板

要发挥工业大数据的价值，除了需要积累相当规模的数据量并完善从海量数据中发掘价值的数据分析处理技术外，数据的质量和管理也至关重要。我国拥有一定工业数据的规模优势，但在数据质量和管理方面与发达国家存在较大的差距，这主要有三个方面原因。第一，虽然我国是制造业大国，但目前还并非制造业强国，我国的制造业大多处于产业链末端的零部件组装环节，低端产品产能过剩，而高端产品的生产能力缺乏，与国际先进水平相比，生产工艺、制造流程等存在较大差距。第二，在"工业4.0"及"工业互联网"概念提出之前，我国的制造业主要通过廉价劳动力获得低成本竞争优势，而劳动密集型的生产模式对先进机械设备的依赖程度较低。第三，制造企业内部的现代化管理水平较低，整个产业链的协同效应较差，数据孤岛现象普遍存在，缺乏有效的数据应用基础。低端的产业环节、简单的生产流程、对人工的依赖，以及生产流程和产业链的孤立性导致从制造企业获取的数据质量差、管理弱、关联度低，缺乏对数据管理的足够重视，大数据的潜在价值难以有效发挥。

3.2.2 云计算

1. 云计算的概念

随着信息技术的发展，各行业所产生的数据量呈现爆炸式增长趋势，用户对于计算和存储资源的需求也日益增加。为了满足这一需求，企业和研究机构纷纷建立自己的数据中心，并投入大量资源用于提升计算和存储能力，以满足用户的要求。在传统模式下，除了需要购买 CPU、硬盘等基础设施，并购买各种软件许可外，还需雇佣专业人员来维护数据中心的运行，随着用户需求与日俱增，企业需要不断升级各种软硬件设施以满足需求。随着用户规模和应用种类的扩大，任务的规模和复杂度也在不断增加。传统的资源组织和管理方式已经无法满足用户对服务质量的要求，此外，投资成本和管理成本已经达到普通企业难以承担的程度。因此，企业亟须能够高效地处理自有数据的技术手段。在这种背景下，云计算技术应运而生。

云计算是一种分布式计算模式，它通过网络"云"将巨大的数据计算处理任务分解为许多小任务，并通过由多台服务器组成的系统进行处理和分析，最终得出结果并将其返回给用户。

云计算是一种商业计算模式，它通过将计算任务分配到由大量计算机组成的资源池上，以满足不同用户的需求。用户可以根据自身需求选择不同的服务，并按需付费。在这种模式下，用户无须关注计算所需的硬件、软件和数据存储，只需选择适合自己的服务。

云计算也是一种基于互联网的超级计算模式，在远程的数据中心，成千上万的计算机、服务器、存储器连成一片计算机云，拥有极强的计算能力，用户可以通过终端设备及互联网接入数据中心，选择自己需要的服务。

2. 云计算的特点

云计算的一个核心理念是通过提升"云"的处理能力减轻用户终端的负担，最终将用户终端简化为一个输入输出设备，并让用户能够根据需求使用"云"强大的计算处理能力。其中心思想在于将大量网络连接的计算资源进行统一管理和调度，构建一个计算资源池，以向用户提供按需服务。云计算的特点主要体现在以下几个方面。

（1）超大规模

"云"拥有相当庞大的规模。例如，Google 云计算已经拥有超过 100 万台服务器，而 Amazon、IBM、Microsoft、Yahoo、阿里巴巴、百度和腾讯等公司的"云"平台也都拥有数十万台服务器。这些"云"平台能够为用户提供前所未有的计算能力。

（2）高可扩展性

用户使用的"云"资源可以根据其应用的需求进行动态调整和伸缩。服务提供商可以根据用户的访问量，灵活增减 IT 资源，包括 CPU、存储、带宽和软件应用等，以快速、弹性地为用户提供不同的服务。

（3）虚拟化

云计算是一个虚拟的资源池，用户所需的资源并非来自固定的有形实体，而是通过"云"提供的服务获取。用户只需一台笔记本计算机或一部手机，通过网络即可实现所需的各种任务，甚至包括超级计算任务。

（4）高可靠性

云计算通过采用数据多副本容错、计算节点同构可互换等措施来保障服务的高可靠性，使用云计算比使用本地计算机更加可靠。用户无须担心个人计算机崩溃导致数据丢失，因为所有数据都存储在云端。

（5）通用性

云计算并不局限于特定的应用，通过云的支持可以构建各种不同的应用，同一云平台可以同时支持多种不同的应用运行。

（6）按需服务

云计算环境可以动态地调度资源，用户可以根据实际需要订购相应的资源，并且在需求发生变化时随时调整订单，以适应快速变化的情况。

（7）廉价性

云计算的自动化集中管理可以节省企业在开发、管理和维护数据中心方面的成本和精力，同时通过动态配置和再配置可以大幅提高资源的利用率。

3. 云计算的类型

云计算按照部署和使用方式的不同，分为公有云（Public Cloud）、社区云（Community Cloud）、私有云（Private Cloud）和混合云（Hybrid Cloud）。

(1) 公有云

公有云是指通过互联网向客户提供服务的云计算模式,所有的基础设施由云服务提供商负责管理,用户只需具备网络接入的终端设备即可使用公有云服务。用户的应用程序、服务及相关数据都存储在公有云服务提供商的服务器上,用户通过配置公有云中的虚拟化私有资源来获取所需的服务,无须进行相应的资本投资和建设工作。

公有云的优势在于用户可以迅速配置和部署新的计算资源,从而将精力和关注点集中于更为重要的事务上,提高整体商业价值。当应用程序的使用或数据量增长时,用户可以轻松地根据需求增加计算资源。对于企业中需要使用高性能计算(HPC)的部分工作任务,公有云服务提供商可以轻松部署并在其数据中心安装最新的应用程序,为企业提供按需支付的服务。除了节省购买成本外,通过使用公有云,用户同样可以减少员工、硬件等方面的成本开支。

公有云的劣势在于,当企业放弃自身的基础设备并将数据和信息存储于云端时,难以保证这些数据和信息能够得到足够的保护。使用按需付费的模式虽然降低了公有云的使用成本,但也可能导致一些额外花费。

(2) 社区云

社区云是大型公共云的组成部分,是在特定地域范围内由云计算服务提供商统一提供计算资源、网络资源、软件和服务能力所形成的云计算形式。社区云由多个组织共同管理和操作,具有一致的任务调度和安全策略。社区云是一些具有类似需求(如安全要求、政策或合规性考虑等)并希望共享基础设施的组织共同创建的云计算平台。尽管社区云的用户相对较少,共享费用比公有云更高,但其隐私安全性和政策遵从性都比公有云更高。

社区云的优势在于,能够针对特定行业的业务需求进行专门的优化。与其他云计算模式相比,社区云不仅能够更方便地满足用户需求,还能够更有效地降低成本。

社区云的劣势在于,其支持的范围相对较窄,仅服务于特定行业,同时建设成本相对较高。

(3) 私有云

私有云是指企业利用自有基础设施构建的云平台,其提供的服务仅供内部员工或分支机构使用。这种部署模式比较适用于拥有众多分支机构的大型企业或政府部门。随着大型企业数据中心集中化趋势日益明显,私有云将成为企业部署 IT 系统的主流选择。

私有云的优势在于企业可以完全控制其中的各种设备,以便根据自身需求和安全标准进行部署。这种自主性使得企业能够确保其数据存储满足各种法律法规的要求,同时能够精确选择用于自身程序应用和数据存储的硬件设备。

私有云的劣势在于,由于企业需要购买和管理自己的设备,因此私有云的成本通常较高,不像公有云那样具有明显的成本优势。在建立私有云时,企业需要承担配置、部署、监控和设备保护等方面的一系列工作,这需要耗费大量的时间和人力资源。此外,私有云的灵活性相对较低,如果某个项目需要的资源超出了私有云当前的范围,那么获取并将其整合到私有云中可能需要数周或数月的较长时间。

(4) 混合云

混合云是将单个或多个私有云与单个或多个公有云整合为一体的云环境。混合云既拥有公有云的功能,又可以满足客户基于安全和控制原因对私有云的需求。在混合云中,各种云保持相互独立，同时能够实现数据和应用的相互交换。这种云环境通常由多个内外部提供商负责管理和运营。

混合云的独特之处在于，它整合了公有云的强大计算能力和私有云的安全性，使得云平台的服务得以整合，提供更加灵活的解决方案。混合云不仅能够弥补公有云和私有云各自的不足，例如公有云的安全性和可控性问题，以及私有云的性价比不高和弹性扩展不足等问题，还能够满足企业不同层面的需求。因此，当用户发现公有云无法完全满足企业需求时，可以在公有云环境中构建私有云，以实现混合云的部署。

4. 云服务的类型

云服务的类型主要有基础设施即服务（IaaS），平台即服务（PaaS）和软件即服务（SaaS）。

（1）基础设施即服务

IaaS 向用户提供基础设施资源，用户无须购买或维护硬件设备和相关系统软件，即可直接在该层上构建自己的平台和应用。这些基础设施资源包括虚拟化的计算资源、存储资源、网络资源及安全防护等，能够根据用户的需求进行动态分配。

IaaS 所采用的技术主要包括虚拟化、分布式存储、关系型数据库和 NoSQL。虚拟化技术可将物理服务器划分为多个虚拟机，实现全面隔离，从而降低服务器的购置和运维成本。分布式存储技术能够承载大量数据并保证管理的有效性。关系型数据库技术基本上是在原有的关系型数据库的基础上做了扩展和管理等方面的优化，以适应云计算的需求。NoSQL 技术则能够应对关系数据库无法满足的场景，例如支撑海量数据。

与传统的企业数据中心相比，IaaS 服务具有用户免维护、经济性好、开放标准、支持应用广泛、伸缩性强等多方面优势。在用户免维护方面，主要的维护工作由 IaaS 云供应商负责，用户无须过多操心。在经济性好方面，用户无须预先购买硬件，而且由于 IaaS 云普遍采用虚拟化技术，应用与服务器的整合率通常在 10（也就是一台服务器运行 10 个应用）以上，从而有效降低了使用成本。在开放标准方面，尽管各 IaaS 平台存在一定的私有功能，但由于 OVF 等应用发布协议的使用，跨平台迁移得以实现，应用不再受限于特定数据中心。在支持应用广泛方面，IaaS 提供的虚拟机能够支持多种操作系统。在伸缩性强方面，IaaS 用户能够在几分钟内获取新的计算资源，而传统企业数据中心往往需要几周时间，并且计算资源的大小可以根据用户需求灵活调整。

（2）平台即服务

PaaS 是为用户提供应用软件的开发、测试、部署和运行环境的服务。这里的环境是指支撑使用特定开发工具开发的，应用能够在其上有效运行的软件支撑系统平台。

PaaS 层的技术比较多样，其中常见的有分布式缓存、表述性状态转移（Representational State Transfer，REST）、并行处理和应用服务器技术。分布式缓存技术可以有效减轻后端服务器的压力，同时提高响应速度。REST 技术能够方便地向调用者提供中间件层所支撑的部分服务。并行处理技术利用大规模 x86 集群进行海量数据的并行处理。应用服务器技术在原有应用服务器的基础上对云计算进行了一定程度的优化。

与传统基于本地的开发和部署环境相比，PaaS 平台有着友好的开发环境、丰富的服务、精细的管理和监控、伸缩性强和整合率高等方面的优势。在友好的开发环境方面，PaaS 提供了 SDK 和 IDE 等工具，使用户能够在本地便捷地进行应用的开发和测试，并进行远程部署。在丰富的服务方面，PaaS 平台以 API 的形式向上层的应用提供各种服务。在精细的管理和监控方面，PaaS 能够提供应用层的管理和监控，观察应用运行情况和具体数值，更好地衡量应用的状态，并通过精确计量消耗的资源来进行计费。在伸缩性强方面，PaaS 平台能够自动调整资源以应对突发流量。在整合率高方面，PaaS 平台的整合性极高。

（3）软件即服务

SaaS 是一种通过互联网以浏览器为交互方式提供软件服务的应用模式。在服务器端，SaaS 提供商为用户搭建所有必需的网络基础设施和软硬件运作平台，并承担前期实施和后期维护等工作；用户只需根据需要向 SaaS 提供商租赁软件服务，无须购买软件及硬件或建设机房，也不必招聘 IT 人员。SaaS 通常分为两大类：一是面向个人消费者的服务，通常向用户免费提供软件服务，仅通过广告获得收入；二是面向企业的服务，通常采用用户预定的销售方式，为各种具有一定规模的企业和组织提供可定制的大型商务解决方案。

SaaS 系统的关键技术主要包括 Web 呈现技术和多租户（Multi-Tenant）技术。Web 呈现技术对云应用的用户体验至关重要，它决定了其是否能够实现类似本地应用的使用体验。多租户技术则允许单一应用实例为多个组织提供服务，并确保良好的隔离性和安全性。

尽管与传统桌面软件相比，现有的 SaaS 服务在功能方面略有欠缺，但在操作简便、初始成本低、安全保障、公开协议支持等方面具有一定优势。在操作简便方面，用户在任何时刻、任何地点只需接入网络，即可访问 SaaS 服务，无须进行烦琐的安装、升级和维护。在初始成本低方面，使用 SaaS 服务不需事先购买昂贵的许可证，而且几乎所有的 SaaS 供应商都提供免费试用选项。在安全保障方面，SaaS 供应商需要提供一定的安全机制，确保用户数据存储在云端时处于绝对安全的状态，并通过相应的安全机制保障用户的通信安全。在公开协议支持方面，现有的 SaaS 服务普遍支持公开协议，用户只需使用浏览器即可方便地访问和使用 SaaS 应用。

3.2.3 建模仿真

建模仿真技术是以系统技术、相似原理、信息技术、模型理论、建模与仿真应用领域有关技术为基础，在计算机系统、仿真工具、物理设备等支撑下，构建仿真目标模型，对产品全生命周期活动进行设想或者模拟的一门多学科综合性、交叉性技术，不仅在航空、航海、电力、车辆、通信和科学研究等各个领域得到了广泛的应用，而且逐步发展到社会、经济、交通和管理工程等各个领域，已经成为高科技产品的论证、设计、生产、销售以及产品更新等阶段不可缺少的技术手段。

1. 建模仿真的概念

（1）建模的概念

建模是对实际对象的一种抽象，旨在描述对象的本质、内在关系或特性，用以研究对象功能及其各部件间的作用规律。通过将对象的特点和内部关系抽象出来，构建对象的模型，从而进行定量分析。如此，可以将关于对象的分析转化为对模型的分析。

建模可分为物理建模、数学建模和虚拟建模三大类。

1）物理建模：又称实体建模，是基于相似性原理进行对象的模拟，可以是按比例放大或缩小的实体。例如，原子结构的模型、建筑物模型、在飞机和舰船设计中进行的飞机在风洞中的飞行试验模型和船体在大型水池中的航行试验模型等。

2）数学建模：是用数学表达式描述对象动态特性，表示对象变化过程中各参数间的逻辑和数理关系。通过研究对象的数学模型，可以揭示对象的内在运动和系统的动态性能。

3）虚拟建模：随着计算机图形学的发展，虚拟现实建模应运而生。这种建模具有物理模型直观、易懂的特点，同时避免了成本高、实现困难的缺点。随着虚拟现实建模的发展，涌现了大量的虚拟样机仿真软件，如 ADAMS、SMPACK 等，以及虚拟仪器仿真软件，如 LABVIEW 等。

（2）仿真的概念

计算机仿真是对真实事物的模拟，建立在计算机仿真理论、控制理论、相似理论、信息处理技术和计算技术等理论基础之上，以计算机和其他专用物理效应设备为工具，利用系统模型对真实或假想的系统进行动态研究的一门多学科综合性技术。仿真是利用模型来模拟实际对象，然而模型与真实对象不可能完全相同，只是模型可以反映真实对象的主要特征。因此，针对不同仿真目的和精度要求的真实对象，所建立的仿真模型可能会有所不同。

2. 仿真系统的一般组成

由于计算机仿真是研究系统、解决问题的方法和手段，因此仿真系统是针对具体的对象和实际的问题建立的。

仿真系统的组成取决于所研究的问题。面向问题的仿真系统的基本结构一般由仿真硬件、仿真软件、系统评估、校验与确认四部分组成，如图 3-15 所示。

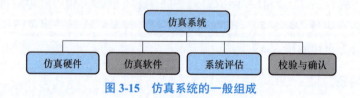

图 3-15　仿真系统的一般组成

（1）仿真硬件

仿真硬件包括仿真计算机、接口、连接电缆、非标设备、信号产生与激励设备、数据采集与记录显示设备、通信指挥监控设备、能源动力系统、系统测试设备及各类辅助设备等。这部分是计算机仿真的主要物质基础。

（2）仿真软件

仿真软件包括系统模型软件、通用软件、专用软件（应用软件）、数据库。系统模型软件通常由被仿真对象的数学模型、仿真算法、系统运行流程等组成；通用软件包括计算机操作系统、编程语言、调试运行环境、图形界面开发程序、通用接口通信程序、数据采集与显示等程序；专用软件包括专用算法、专用接口通信程序；数据库包括数据库开发系统和建立的各种信息数据库。

（3）系统评估

仿真系统的评估内容主要是硬件评估和软件评估。硬件评估主要是评估测试设备；软件评估包括评估方法、程序、指标测试方法。

（4）校验与确认

一般对建立的仿真系统进行评估之后，还要进行计算机仿真试验设计与协调，确定仿真试验过程。通过系统的仿真试验对仿真系统进行全面的考核，以确定仿真系统是否满足试验要求，是否达到计算机仿真试验的目的并具有足够的可信度。

3. 建模仿真的典型应用形态

随着物联网、大数据等新兴技术的发展，建模仿真技术的应用场景不断丰富。目前，在工业领域，建模仿真技术可以归类为三种典型应用形态：工程建模仿真技术、虚拟样机建模仿真技术、数字孪生技术。同时，建模仿真技术也在向网络化、虚拟化、智能化、协同化、普适化、服务化的现代化方向发展。未来，随着工业互联网的不断推进和广泛应用，多学科建模仿真技术、虚拟样机建模仿真技术和数字孪生技术等将会得到越来越广泛的应用。

（1）工程建模仿真技术

工程建模仿真技术是在工程领域中一种针对特定工程问题进行仿真分析的应用形态，是指利用物理或数学的方法对工程系统进行描述，对物理对象的一个或者多个属性进行模拟、验证。例如，工程仿真中制造领域的仿真涉及设计、加工、制造、使用、维护、报废等全生命周期各个阶段的仿真技术，以及企业运营决策分析等仿真技术。随着工业互联网等技术的发展，以 CAD/CAM/CAE 等为典型代表的工程建模仿真技术也正在向集成化、网络化、智能化和标准化方向发展。工程建模仿真技术又可进一步分为共性建模仿真技术和多学科建模仿真技术。

共性建模仿真技术主要包括建模仿真技术体系中的建模技术、建模仿真支撑技术及仿真应用中的共性应用技术，其中共性应用技术包括系统 VV&A（Verification, Validation & Accreditation）技术、仿真运行试验技术、仿真结果评估技术等，为各工程领域的仿真应用提供了技术、环境、评估等支撑。共性建模仿真技术主要以计算机、多类型物理效应设备为工具，以网络化技术为支撑，进行系统建模、仿真运行、试验评估等活动，是一种多学科集成的综合性技术。从仿真方式来看，共性建模仿真包括数字仿真、模拟仿真、混合仿真；从仿真类型来看，共性建模仿真包括连续系统仿真、离散系统仿真、混合系统仿真、定性系统仿真；从实现的手段来看，共性建模仿真包括实物仿真、半实物仿真、计算机仿真；从仿真运行时间来看，共性建模仿真包括欠实时仿真、实时仿真、超实时仿真。

多学科建模仿真技术主要通过专业的仿真分析工具或数据模型，建立结构、动力、控制、电磁、力学等专业领域的仿真模型，并进行试验、分析和评估，以反映系统行为单一或多个属性的变化趋势。多学科建模仿真技术主要应用于动力学仿真、结构仿真、控制仿真等多个专业领域。不同学科领域的工程师可以使用不同的仿真工具进行系统建模和分析，也可以通过仿真工具之间的数据接口进行"链式"的联合仿真，将数据模型或仿真结果传递至下一个环节的工程师，此外，还可以通过各学科之间的"协同"的联合仿真，对多个学科的耦合作用进行仿真分析。多学科建模仿真技术有助于减少对物理试验的依赖，加快产品开发和改进升级的速度，提高市场响应效率。经过数十年的发展，多学科建模仿真技术已在多个学科领域形成了一系列成熟的工具产品。目前，市场上常用的单学科仿真工具包括多体动力学仿真（Multi-body Dynamics Simulation）软件 ADAMS 和 DADS，结构仿真软件 ANSYS Simplorer、电子和电气系统仿真软件 SPICE、数字电路仿真软件 VHDL 和 Verilog、控制系统仿真软件 MATLAB、HWIL 等。此外，还有一些支持多学科协同仿真的平台，如北京仿真中心的 COSIM 等。

（2）虚拟样机建模仿真技术

虚拟样机建模仿真技术是在 CAx（如 CAD、CAM、CAE）和 DFx（如 DFA、DFM）等技术基础上，融合了先进系统建模技术、多领域仿真技术、先进信息技术、先进设计制造技术、交互式用户界面技术、虚拟现实技术的一种综合的应用技术，从外观功能、行为甚至是视觉、听觉、触觉上模拟真实产品，实现了三种要素（技术、管理、组织）和四类技术（建模仿真技术、信息技术、设计制造技术、管理技术）有机集成的系统工程。利用虚拟样机，可在一定程度上替代新产品研制设计、试验、测试、生产、评估等过程中物理样机的应用，有效地解决制造企业新产品的时间、质量、成本、服务、环境等难题，成为企业缩短产品开发周期、提高产品质量、降低产品生产成本、提高面向客户和市场敏捷响应力的重要手段。

工业互联网环境下的虚拟样机不同于传统的概念，强调了在"大协作大制造"背景和工业互联网整体环境下，充分利用各类软硬件资源，基于并行工程等理念，实现跨组织、多人员、跨地域、全过程的虚拟样机仿真应用。多人员指的是外观/功能/行为等多领域、多学科专业人员及各任务相关方的参与；跨地域指的是在工业互联网环境下，任务的相关方分布在不同地域，通过统一的工业互联网云端环境，开展协同建模、协同仿真、协同评估等应用；全过程指的是虚拟样机需求提出、协作设计、设计验证、虚拟样机产品交付等典型过程。

虚拟样机建模是对复杂产品系统涉及的各学科领域专业（对象、方法及技术等）及学科间相互耦合关系的建模与完整描述，以实现仿真分析及模型重用等。随着系统模型复杂程度不断提高，虚拟样机建模方法也在不断发展，从几何建模、特征建模等逐步发展到并行和分布式建模、数据建模、知识建模、层次化建模和多模式建模等建模技术。随着工业互联网技术的发展和协同手段的增加，目前主要的虚拟样机建模方法包括基于统一建模语言的多领域建模方法、基于高层体系结构（HLA）的分布式协同建模技术，以及多学科虚拟样机高层建模方法。基于统一建模语言的多领域建模方法具有与领域无关的通用模型描述能力，有利于建立高置信度的复杂系统模型，实现不同领域子系统模型之间的无缝集成。基于高层体系结构的分布式协同建模技术克服了基于接口的仿真工具集成的诸多缺陷，能够很好地继承与重用已有的各专业建模仿真工具和模型，实现多学科建模与仿真。多学科虚拟样机高层建模方法支持自上而下的层次化分解和自下而上的系统组合，支持模型的分布式协同建模、异地协同仿真及重用，增强了虚拟样机系统的顶层建模能力，并实现了分布式协同建模与仿真应用。

（3）数字孪生技术

数字孪生（Digital Twin）是指对一个结构、流程或系统在信息空间内进行虚拟映射，以便使用者可以在信息空间内模拟物理实体的运行情况。这使得用户可以通过对虚拟实体的运行反馈数据进行评估，进而优化产品或系统的设计。在物理实体运行时，数字孪生也可以利用传感器等数据源在虚拟空间内实时映射物理实体的状态。通过监测异常数据，数字孪生还可以实现对故障的准确、快速的诊断和预测。

建模仿真技术是数字孪生技术的基础，数字孪生技术是建模仿真技术与物联网、大数据、人工智能等新一代信息技术的结合应用和创新发展。数字孪生技术是一种充分融合模型、数据、智能等多学科理论和技术的新一代建模仿真技术，发挥着连接物理世界和信息世界的桥梁和纽带作用，提供了更加实时、高效、智能的服务。在工业互联网应用中，利用数据分析、图像处理、系统建模、人工智能等与实际物理对象相关领域的技术，对从物理世界采集的数据进行处理和动态建模，拓展虚拟样机在信息维度上的展示能力，在产品全生命周期活动中伴生数字孪生模型，从而实现对物理空间进行分析、预测、管理、应用等活动目的。

3.2.4 人工智能

人工智能与工业互联网的结合是必然的趋势，也是工厂实现智能化的核心技术的体现。人工智能与工业互联网、大数据分析、云计算和信息物理系统的集成将使得工业以更加灵活、高效和节能的方式运作。人工智能将转变工作方式，帮助企业大幅提升现有劳动生产率，甚至替代大部分劳动力。人工智能正在成为一种全新的工业生产要素。人工智能的普及将有效带动产业结构的升级换代，推动更多相关行业的创新发展。

1. 典型人工智能技术

（1）传统机器学习

机器学习（Machine Learning，ML）被视为人工智能的子集，是对通过经验自动改进的计算机算法的研究。机器学习涉及多个学科，包括概率论、统计学、近似理论、复杂算法等知识。其目标是模拟人类学习过程，实现对现有内容的知识结构划分，以提高学习效率。机器学习常见的算法包括决策树、K-means 聚类和贝叶斯网络等。根据学习方式的不同，机器学习方法可以分为监督学习、无监督学习和强化学习。

监督学习算法通过使用包含输入和期望输出的训练数据集建立数学模型。这组训练数据集由一系列训练示例组成，每个训练示例都包含一个或多个输入和期望的输出，也称为监督信号。通过对目标函数进行迭代优化，监督学习算法能够学习到用来预测与新输入相关联的输出函数。

无监督学习算法处理一组仅包含输入数据的情况，并从中发现结构，如数据点的聚类或分组。这意味着算法会从未标记或分类的测试数据中学习。这类算法不需要响应反馈，而是识别数据中的共性，并根据每个新数据中是否存在此类共性来做出反应。无监督学习的主要应用领域是统计学中的密度估计，如寻找概率密度函数。

强化学习关注程序如何在动态环境中采取行动以使回报最大化。通常，强化学习将环境建模为马尔科夫决策过程，目前主要应用于自动驾驶车辆或者与人类进行比赛。

（2）深度学习

在过去几十年的发展中，人工智能经历了由兴到衰，再由衰到兴的复杂历程。人工智能在 2010 年后的繁荣部分归因于深度学习技术的突破。在现有的机器学习方法中，深度学习（Deep Learning，DL）通过利用人工神经网络来学习数据的深度表示，在图像分类、人脸识别等多个领域取得了显著成果。由于深度学习模型所采用的人工神经网络通常由一系列的层次组成，故称为深度神经网络（Deep Neural Network，DNN）。神经网络计算系统的灵感源自于动物大脑构成中的生物神经网络,这类系统通常通过示例来学习任务执行过程,不需对特定任务规则进行编程。人工神经网络由被称为神经元的单位相互连接而成,接收信号的神经元能够进行相关处理,然后向与之连接的神经元发出信号。神经元与连接神经元的边之间通常有一个权重,这个权重值会根据学习的过程进行调整。人工神经网络能够在判断错误时通过学习降低犯同样错误的概率。

如图 3-16 所示,DNN 的每一层都由神经元组成,这些神经元能够根据神经元输入的数据生成非线性输出。输入层的神经元接收数据并将其传播到中间层(也称为隐藏层)。随后,中间层的神经元生成输入数据的加权和,并应用特定的激活函数(如 tanh),输出加权和,然后将其传播到输出层,最终输出层显示最终结果。

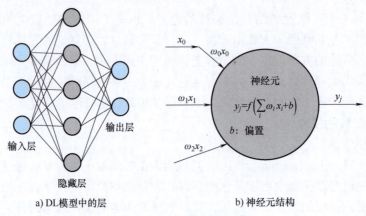

图 3-16　DL 模型的组成

边缘的分布式 DNN 训练结构可分为三种模式:集中式、分布式、混合式(云 - 边 - 端协同)。

在集中式模式下,DNN 模型在云数据中心进行训练,其模型架构如图 3-17a 所示。训练所需的数据来自于分布式终端设备,如移动电话、汽车、监视摄像机等。当数据送达后,云数据中心将利用这些数据对 DNN 模型进行训练。

图 3-17　模型训练结构

在分布式模式下,每个计算节点都使用本地数据进行自身的 DNN 模型训练,从而达到保护隐私的目的。如图 3-17b 所示,为了通过共享本地训练更新来获得全局 DNN 模型,网络中的节点将相互通信以交换本地模型更新。在这种模式下,可以在不需云数据中心干预的情况下训练全局 DNN 模型。

混合式模式是将集中式和分布式相结合的一种形式。边缘服务器是混合式体系结构中终端设备与云服务中心的连接器，DNN 模型既可以通过彼此之间的交互进行分布式更新，也可以通过云数据中心的集中式训练进行 DNN 模型训练，如图 3-17c 所示。

（3）联邦学习

联邦学习（Federated Learning），又称协作学习（Collaborative Learning），是谷歌在 2016 年提出的一种机器学习技术。联邦学习旨在不显示交换数据样本的情况下，对包含在局部节点中的多个局部数据集训练机器学习模型，如深度神经网络。

在训练基于多个数据的 DNN 模型时，联邦学习不会将原始数据聚合到集中的数据中心进行训练，而是将原始数据分布在客户端上，并在服务器上聚合本地计算的更新来训练共享模型。作为一种分布式机器学习范式，联邦学习使得参与方能够在不共享数据的情况下联合建模，从而有效解决数据孤岛问题，实现 AI 协作。

联邦学习包括三大构成要素：数据源、联邦学习模型、用户，如图 3-18 所示。在联邦学习中，移动设备利用本地数据训练联邦学习服务器所需的机器学习模型。随后，移动设备将模型权重发送到联邦学习服务器进行聚合。这个过程将重复多次，直到达到理想的精度。这意味着联邦学习可以成为移动边缘网络中机器学习模型训练的一种使能技术。

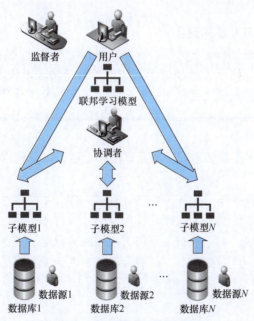

图 3-18　联邦学习三大构成要素

2. 工业人工智能技术

工业人工智能技术是人工智能技术基于工业需求进行二次开发适配形成的融合性技术，能够对高度复杂的工业数据进行计算、分析，提炼出相应的工业规律和知识，有效提升工业问题的决策水平。工业人工智能是工业互联网的重要组成部分，在全面感知、泛在连接、深度集成和高效处理的基础上，工业人工智能实现精准决策和动态优化，完成工业互联网的数据优化闭环。

工业人工智能技术的赋能作用体现在两大路径上：一是以专家系统、知识图谱为代表的知识工程路径，其梳理工业知识和规则为用户提供原理性指导，如某数控机床故障诊断专家系统，利用人机交互建立故障树，将其知识表示成以产生式规则为表现形式的专家知识，融合多传感器信息精确地诊断出故障原因和类型；二是以神经网络、机器学习为代表的统计计算路径，其基于数据分析绕过机理和原理，直接求解出事件概率进而影响决策，典型应用包括机器视觉、预测性维护等，例如某设备企业基于机器学习技术，对主油泵等核心关键部件进行健康评估与寿命预测，实现关键件的预测性维护，从而降低计划外停机概率和安全风险，提高设备可用性和经济效益。

3.3　工业互联网安全技术

工业互联网在广泛实现人与人、人与机器、机器与机器的互联互通和信息交换，构建起万物互联、高效运转的智能社会的生产基础的同时，其安全问题也面临着很多新的挑战。

3.3.1　工业互联网安全辨析

1. 工业互联网安全与互联网安全

互联网关注与计算相关的系统平台、软件代码和硬件设备及计算设备间的通信，而工业互联网将互联网场景具体于工业领域，关注该场景下物理设备的信息联通和监测控制。因此，工业互联网的安全需求比互联网更加全面和复杂。从工业角度来看，需要保障智能化生产的连续可靠性；从互联网角度来看，则需要确保各类应用的安全持续服务能力和重要数据的安全隐私。

可以从两个方面对工业互联网安全与互联网安全进行区分：保护对象和攻击结果。

（1）保护对象

互联网安全要求确保操作系统等软件、计算机实体、信息服务实体的安全性。而工业互联网的安全保护范围不仅涵盖了上述计算用设备、软件和平台，还需要保护大量的工业生产设备、感知控制终端、工业控制系统和工业控制协议等。这些软硬件与物理世界的设备操作和运行相关联，一旦受到攻击，可能会对正常的工业生产造成影响，甚至可能引发灾难性破坏，因此是工业互联网安全的重点保护对象。

（2）攻击结果

互联网安全受到破坏，可能导致敏感信息泄露、数据篡改、网页挂马、服务器中断等问题，主要危及数据安全，扰乱信息系统的正常运行，给人们的生活、工作和社会活动造成影响。而工业互联网涉及重要行业（如能源、化工、航空、航天等），在国家战略层面占据重要地位。由于工业互联网连接了网络空间与物理空间，一旦遭受攻击，可能直接导致实际损害，引发严重的生产安全事故，造成人员伤亡，甚至影响国家战略布局。因此，要想保障工业互联网的安全，不仅需要关注传统信息安全领域的网络设施、信息系统软硬件应用数据等方面，更重要的是关注设备与系统的功能安全，确保工业设备能够按照规定的安全、稳定的方式进行持续性的生产。

2. 工业互联网安全与传统工控安全

传统工控系统在工厂外使用公共互联网，不同产业或工厂间网络互联但信息不互通。工业互联网则将互联网、人工智能和大数据等技术与工业深度融合，通过广泛连接全球范围内工业生产涉及的人、机、物等各种生产要素，建立人、数据、机器之间的强交互关系，形成贯穿全产业链的实体联网、数据联网、服务联网，使得企业、产业及区域间的大数据能够进行集中分析和信息互联。通过工业互联网，产业链内的各个企业能够在云平台上实现能源互联、业务协同和服务定制，从而实现工业生产流程的数字化、网络化、智能化，提高生产效率，降低成本。

传统工控系统在企业内的部分可以分为工厂级、车间级和现场级，企业内外和各级间的网络连接与隔离防护措施类似。工业互联网在传统工控系统的基础上进行了元素和功能的拓展，如图 3-19 所示。

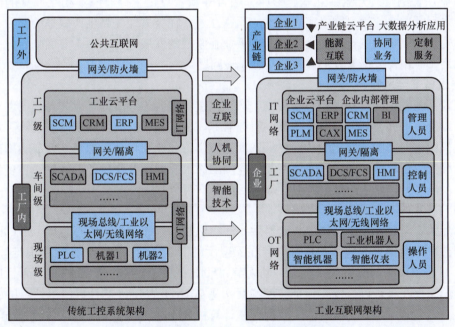

图 3-19 传统工控系统与工业互联网架构对比

与传统工控系统相比，工业互联网具有业务数据互联、智能设备广泛、人机协同增强等特点。这些特点对工业互联网的安全性提出了更高的要求，可以从以下三个角度进行阐述。

（1）安全设计目标

工控系统需要确保生产的持续性，而工业互联网除了要保障物理设备稳定运行之外，还需保障数据和网络的安全。恶意控制信息的注入会直接影响物理设备的运行，而敏感信息的泄露则会增强攻击者的攻击能力。

（2）安全的实现环境

传统工控系统的生产环境通常是封闭且独立的。在网络环境方面，工厂内部通常采用专用网络，通过防火墙和软硬件隔离等手段与公共互联网分隔；在物理环境方面，工业设备集中运行和管理，面临的物理信号攻击和物理破坏较少，因此生产环境相对可信，面临的安全威胁较少。工业互联网采用的通信方式更加多样，网络环境更加复杂。随着用户侧业务增加和更多智能设备的引入，工厂内外的物理和网络边界变得模糊，这种开放的环境带来了巨大的安全风险。

（3）安全方案设计

传统的工控系统通常只关注设备和系统的业务功能是否正确且安全地执行。然而，在工业互联网中，除了关注业务运行外，另一个核心安全问题是信息安全。因此，安全方案需要综合考虑业务功能的完整性和信息的安全性。因此，工业互联网的安全防护思路在传统工控系统两层三级分层分域隔离的基础上，将静态独立的防护转换为动态协同的防护。

3.3.2 工业互联网安全风险

工业互联网具有开放、互联、跨域、融合等新特点，它打通原本相互孤立的工业设备系统之间的壁垒，通过网络实现高度的互联互通，在极大地提高生产效率的同时，带来了更为复杂和严峻的安全风险。当前，在工业互联网的发展过程中，主要面临着设备、控制、网络、应用及数据等五个方面的安全风险问题。

1. 设备安全风险

工业互联网中的设备主要包括负责生产、制造、能源等环节的工业装备仪器、智能终端等，以及负责办公环节的办公主机、服务器等。工业互联网的发展推动了现场工业物理设备从机械化向高度智能化的转变。未来，生产装备和产品将越来越多地集成通用嵌入式操作系统及应用软件。同时，随着工业互联网的深入发展，这些设备也将越来越多地暴露在网络攻击之下。设备的安全风险主要体现在以下四个方面。

（1）芯片的安全风险

芯片的安全风险主要是指核心元器件的潜在威胁。目前，许多核心芯片（如CPU、内存等器件）来自国外，这些芯片可能存在深层次的潜在漏洞，在日常使用中很难被发现。然而，一旦芯片漏洞或后门被发现，将对终端设备的安全性造成严重威胁，而且这些问题可能长期存在且难以修复。一个典型的案例是2016年的Intel芯片后门事件：Intel Core vPro处理器包含了远程访问功能，使得即使计算机处于关闭状态，也可以被远程访问。嵌入在CPU中的独立物理处理单元（ME）具有独立的操作系统，只要电源充足，即可通过系统的幻影权限（System's Phantom Power）运行，并访问任何硬件。

（2）固件的安全风险

固件作为工业设备的重要组成部分，以其灵活多样的存在形式为用户提供了更便捷的使用体验。然而，固件也为工业设备的安全性带来了巨大挑战。例如，攻击者可能会通过提取工业设备固件逆向挖掘固件代码，进行反编译并修改相关参数，或者向固件中插入恶意代码以改变整个系统的执行流程。另外，使用未经厂商认证的固件程序进行升级也可能导致安全漏洞。这些行为都会对工业互联网造成严重的安全威胁。

（3）操作系统的安全风险

操作系统是工业设备的核心组成部分，承载着所有应用程序的运行，向上承载应用、通信等应用功能，向下承接底层资源调用和管理。目前，主流的工业设备操作系统主要基于开源的 Linux 操作系统，尽管开源技术极大地降低了开发成本，但是其本身的安全风险不容小觑，其中包括已知和未知的漏洞风险，安全性和可靠性不足，以及缺乏对操作系统行为的有效监控。

（4）应用的安全风险

应用的安全风险主要涉及应用程序自身的漏洞。当前，许多工业设备制造商普遍缺乏安全意识和相应的安全能力，在应用软件的设计和开发过程中往往未充分考虑安全性，导致软件存在编码或逻辑方面的安全漏洞和缺陷。这些漏洞可能被攻击者利用，从而未经授权地访问或破坏系统。此外，针对安装在工业设备上的业务应用，通常缺乏相应的识别和控制机制，容易被攻击者安装恶意软件或进程，进而实施攻击行为。

2. 控制安全风险

工业控制系统由各种自动化控制组件和实时数据采集、监测的过程控制组件组成，包括 SCADA、DCS、PLC 等。工业互联网推动了生产控制由分层、封闭、局部逐步向扁平、开放、全局方向发展，在控制环境方面表现为 IT 与 OT 融合，控制网络从封闭过渡到开放，在控制布局方面表现为控制范围从局部扩展至全局，并伴随着控制监测的上移和实时控制的下移。从以往的工业互联网安全事件中可以看出，工业控制系统一直是攻击者的主要目标，绝大多数工业企业的安全事件都源于此。在这些事件中，针对 SCADA 系统的攻击最为频繁，攻击者除了使用各种攻击技术外，还会使用社会工程学的方法，因此身份验证和权限管理在控制层显得尤为重要。

（1）身份的合法性

身份的合法性主要包括控制设备的合法性以及设备内运行的软件的合法性。如果可以在控制层随意插入未知的控制设备，这些设备可能直接接管大量工厂生产设备，给整个工业互联网控制层的网络安全带来巨大隐患。此外，控制设备自身软件的合法性也需要引起重视。例如，对于控制设备软件的升级，需要确保所升级的软件合法且未被篡改或插入恶意程序，否则将给工业互联网带来潜在安全风险。除了控制设备合法性，操作员身份的合法性也至关重要。许多工业控制系统在操作时仅验证用户和密码，而未对操作者身份进行识别和验证，这存在较大的安全隐患。

（2）权限的适度性

随着工业互联网 IT 和 OT 网络的融合，控制设备能够直接访问 IT 网络变成现实。目前国内外存在大量的 PLC 直接暴露在公网上，成为攻击者的攻击目标，而这些控制设备通常情况下并不应该暴露在公网上。控制设备访问权限的缺失导致这些控制设备直接暴露给攻击者，攻击者可以轻易通过 IT 网络注入恶意程序、窃取敏感生产数据，甚至篡改正常生产操作程序，从而实现破坏工业生产的目的。

3. 网络安全风险

工业互联网的网络安全一般是指包括承载着工业智能生产和应用的工厂内部网络，与用户、协作企业等实现互联的工厂外部网络，以及标识解析系统等的安全。工业互联网的发展使得工厂内部网络呈现出 IP 化、无线化、组网灵活化与全局化的特点。工厂外部网络则表现出信息网络与控制网络逐渐融合，企业专网与互联网逐渐融合，以及产品服务日益互联网化的特点。这种发展趋势导致传统互联网中的网络安全问题开始向工业互联网蔓延。

（1）边界的安全风险

工业网络的扁平化与无线化使得原有的网络边界逐渐模糊，传统的边界安全概念已经不适用于工业互联网，在这样的背景下，传统边界安全正在向微边界甚至无边界方向发展，在这样的情况下，工业互联网网络边界安全风险体现在如下三个方面：第一，网络边界的扩大、分散和不确定导致无法找出边界，从而造成边界隔离困难，增加了边界安全风险；第二，可接入工业互联网的网络设备数量逐步增加，而且设备种类繁多，网络边界准入、认证和授权等都增加了难度，从而使边界安全风险变得更加不确定；第三，工业互联网各种设备（包括生产设备、控制设备、边缘计算设备、网关设备等）的身份识别和验证困难，也极大增加了边界的安全风险。

（2）传输的安全风险

由于工业生产对实时性和可靠性要求极高，并长期以功能安全为主，因此无法容忍增加传输开销或降低实时性。这样就导致各种设备在传输过程中都采用明文，并未进行任何加密处理，进而使网络传输极易发生遭受中间人攻击、网络劫持等安全风险。

（3）协议的安全风险

当前，工业互联网中存在大量的工业特有协议，尤其是在现场层和控制层，诸如Modbus、CAN等工业特有协议被大量应用。由于这些协议主要用于相对封闭的环境，并且受制于工业设备的有限计算能力，同时工业网络对实时性和可靠性有较高要求，因此这些工业特定协议通常具有协议简单、速率低及难以容忍高时延等特点，采用的安全防护措施相对较弱，通常只实施了简单的校验措施，而没有进行机密性保护，导致这些协议容易受到攻击者有针对性的传感器信息采集、报文协议分析、攻击报文构造和报文重放等攻击的影响。

4. 应用安全风险

随着工业互联网的持续发展，新的商业模式和工业产业生态不断涌现，相关应用的数量和种类也将快速增长。网络化协同、服务化延伸、个性化定制等新模式和新业态的出现，对工业互联网的网络安全提出了更高的要求。当前支撑工业互联网的应用除了MES、PDM和PPS等管理软件外，随着移动化的深入，越来越多的现场监控设备采用Android移动终端，因此也非常有必要将工业APP纳入到考虑范围之内。

（1）标识解析系统的安全风险

工业互联网标识解析系统的安全风险主要包括架构、身份、数据、运营四大安全风险对象。架构安全风险包括节点可用性风险、节点间协同风险、关键节点关联性风险、新技术风险等；身份安全风险包括涉及人、机和物三种角色的身份欺骗、越权访问、权限紊乱、设备漏洞等；数据安全风险包括涉及标识注册数据、标识解析数据和日志数据的数据窃取、数据篡改、隐私数据泄露、数据丢失等；运营安全风险包括物理环境管理、访问控制管理、业务连续性管理、人员管理、机构管理、流程管理等风险。

（2）平台的安全风险

平台的安全需求主要集中在数据安全和平台自身安全两方面。首先，数据安全是用户最为关切的问题。数据的范围涵盖了工业互联网中的生产数据、设备数据、网络传输数据及应用软件生成的数据等。若这些数据丢失、泄露或篡改，不仅会对生产制造造成影响，还可能威胁到整个工业互联网的正常运行。其次，平台自身的安全性也备受关注。当前，各类应用都在云端运行，各种数据也存储于云端。一旦云端受到攻击或发生异常，将直接影响到整个云上应用的运行。例如，针对服务器的 CC 攻击会耗费大量服务器资源，导致服务器响应速度下降。由于工业生产系统对实时性要求较高，一旦时延过大，将直接对生产制造产生毁灭性的打击。

（3）管理软件的安全风险

随着工业互联网 IT 和 OT 网络的融合，管理软件的使用逐渐从封闭环境向开放环境转变。因此，传统开放环境中存在的管理软件可能面临的安全风险也可能出现在工业互联网的商业软件中。这些安全威胁包括注入失效的身份验证、失效的访问控制、组件漏洞、不足的日志监控和记录等。这些安全风险都可能影响商业软件（无论是 IT 软件还是 OT 软件）的正常运行，一旦某个管理软件出现故障，都将对工业生产造成影响。

（4）工业 APP 的安全风险

当前，大多数工业 APP 并未采取任何基础软件防护和安全保障措施。攻击者只需对这些未经保护的工业 APP 进行逆向分析挖掘，就能直接获取工业互联网云平台的接口、参数等信息。即使这些工业 APP 实施了一定程度的安全防护，但由于安全性不足，攻击者只需具备一定的技术知识，仍然能轻松地发现工业 APP 内的核心内容，包括存储在工业 APP 中的密钥、重要控制接口等信息。

5. 数据安全风险

工业互联网数据种类和保护需求多样，数据流动方向和路径复杂，设计、生产、操控等各类数据分布在云平台、用户端、生产端等多种设施上，仅依托单点、离散的数据保护措施难以有效保护工业互联网中流动的工业数据的安全。工业互联网承载着事关企业生产、社会经济命脉乃至国家安全的重要工业数据，一旦被窃取、篡改或流至境外，将对国家安全带来严重威胁。

（1）数据生成的安全风险

工业数据包括平台运营数据、企业管理数据等，具有体量大、种类多、来源广、结构差异大、行业差异大等特征。随着工业互联网的发展推进，数据量将呈现几何级增长。因此，确保数据生成和采集的可信性与真实性至关重要，这是防范数据安全风险的首要步骤。

（2）数据存储的安全风险

在数据生成并准确采集后，必须进行有效的存储。当前，主流的存储方式是采用数据云存储技术，其采用多副本、多节点、分布式的方式存储各类数据。这样的数据多集中存储，一旦发生非法入侵或信息泄露，其影响将是致命性的。

（3）数据使用的安全风险

当前，越来越多的行业将数据视为战略性资源。在进行数据查询和访问时，若访问权限管理不严格，可能导致数据泄露。同时，在跨应用、跨部门，甚至跨企业过程中的数据往往会被多方存储，这也不可避免地增加了数据泄露的风险。

（4）数据传输的安全风险

在数据被从存储中读取并进行计算和分析的过程中，有可能失去对数据安全性的控制，从而导致对安全边界之外的数据缺乏必要的管控。因此，随着机密信息在各个工业互联网内双向传输到工业互联网云平台的过程不断进行，确保数据传输中的机密性和完整性成为一项重要挑战。

（5）数据共享的安全风险

数据共享既可能发生在工厂内部，如跨部门间的数据共享，也可能发生在工厂外部，如不同工厂之间的数据共享。这些数据必然会被其他部门或工厂存储，同时可能会被不同角色的人访问，这将显著增加数据泄露的风险。

（6）数据销毁的安全风险

在工业互联网平台上，如果数据删除不彻底，可能导致敏感数据泄露的风险。在云环境下，用户失去了对数据物理存储介质的控制权，因此无法确保数据存储的所有副本都被彻底删除，往往导致传统的删除方法无法满足大数据安全的要求。因此，确保应删除的数据被彻底删除，即保证数据的可信删除，成为一项重要的挑战。

3.3.3 工业互联网安全框架

传统网络安全框架 OSI 安全体系架构、信息保障技术框架（Information Assurance Technical Framework，IATF）及 IEC 62443 均仅实现工业系统的静态安全防护机制，而未能部署动态持续的安全防护措施，无法有效应对工业互联网中不断变化的内外部安全威胁，也无法满足日益复杂全面的信息保障需求。策略、防护、检测、响应（Policy，Protection，Detection，Response；P2DR）虽然从技术层面考虑了网络安全问题，但忽视了管理对安全防护的重要性。为此，工业互联网产业联盟发布了《工业互联网安全框架》白皮书，从防护对象、防护措施及防护管理三个视角构建了工业互联网安全框架。这三个防护视角既相对独立，又相互关联、互为补充，形成了一个完整、动态、持续的防护体系。工业互联网安全框架如图 3-20 所示。

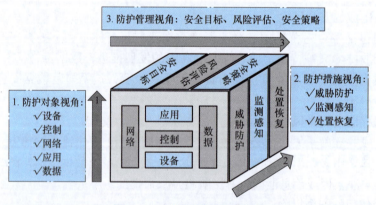

图 3-20 工业互联网安全框架

防护对象包括设备、控制、网络、应用和数据五大安全重点。在防护措施视角中，包含威胁防护、监测感知和处置恢复三大环节。威胁防护环节针对五大防护对象部署主动和被动的安全防护措施。监测感知和处置恢复环节则通过信息共享、监测预警、应急响应等一系列安全措施和机制的部署来增强动态安全防护能力。在防护管理视角中，根据工业互联网的安全目标对面临的安全风险进行评估，并选择适当的安全策略来指导防护措施的有效部署。

从防护对象视角来看，安全框架中的每个防护对象都需要采用一系列合理的防护措施，并依据完备的防护管理流程进行安全防护。从防护措施视角来看，每一类防护措施都有其适用的防护对象，并在具体的防护管理流程指导下发挥作用。从防护管理视角来看，防护管理流程的实现离不开对防护对象的界定，并需要各类防护措施有机结合，使其能够顺利运转。因此，工业互联网安全框架的三个防护视角相辅相成、互为补充，形成一个完整、动态、持续的防护体系。

1. 防护对象视角

防护对象视角表现为通过涵盖整个工业系统的安全管理体系，防止网络设施和系统软件受到内部和外部攻击，降低企业数据被未经授权访问的风险，并确保数据的传输和存储安全，全方位地保护工业生产系统和经营管理系统的安全（见图 3-21）。

1）设备安全：包括工厂内单点智能器件、成套智能终端等智能设备的安全，以及智能产品的安全，具体涉及操作系统/应用软件安全及硬件安全两方面。

2）控制安全：包括控制协议的安全性、控制软件的安全性及控制功能的安全性。

3）网络安全：包括承载工业智能生产和应用的工厂内部网络、外部网络及标识解析系统等的安全。

4）应用安全：包括工业互联网平台的安全性与工业应用程序的安全性。

5）数据安全：包括采集、传输、存储、处理等各个环节中的数据及用户信息的安全。

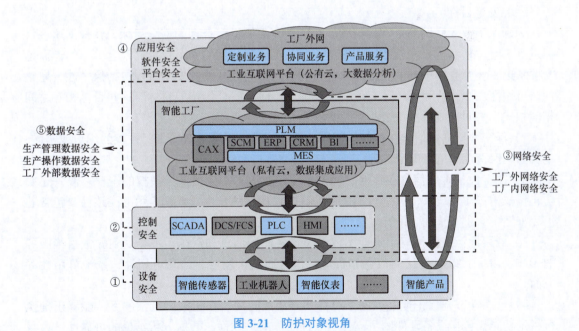

图 3-21 防护对象视角

2. 防护措施视角

为协助相关企业应对工业互联网所面临的各种挑战，防护措施视角从生命周期和防御递进的角度明确安全措施，以实现动态、高效的防御和响应，主要包括威胁防护、监测感知和处置恢复三大环节，如图 3-22 所示。

1）威胁防护：针对五大防护对象，部署主被动防护措施，阻止外部入侵，构建安全运行环境，消减潜在安全风险。

2）监测感知：部署相应的监测措施，实时感知内部、外部的安全风险，具体措施包括数据采集、收集汇聚、特征提取、关联分析、状态感知等。

3）处置恢复：建立响应恢复机制，及时应对安全威胁，并及时优化防护措施，形成闭环防御，处置恢复机制主要包括响应决策、备份恢复、分析评估等。

3. 防护管理视角

防护管理视角的设立旨在指导企业构建持续改进的安全防护管理方针，在明确防护对象及其所需要达到的安全目标后，对于其可能面临的安全风险进行评估，找出当前与安全目标之间的差距，制定相应的安全策略，提升安全防护能力，并在此过程中不断对管理流程进行改进。防护管理视角的内容如图 3-23 所示。

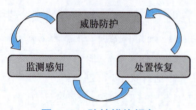

图 3-22　防护措施视角

图 3-23　防护管理视角的内容

（1）安全目标

为确保工业互联网的正常运行和安全可信，需要设定合理的安全目标，并根据这些目标进行风险评估和选择实施相应的安全策略。工业互联网的安全目标并不是单一的，而是需要考虑工业互联网不同的安全需求进行明确。工业互联网的安全目标包括保密性、完整性、可用性三个核心目标，还有可靠性、弹性、隐私安全等扩展目标。这些目标相互之间相辅相成，共同构成了保障工业互联网安全的关键特性。

1）保密性：确保信息在存储、使用、传输过程中不会泄露给未经授权的用户或实体，包含通信保密性和信息保密性等。

2）完整性：确保信息在存储、使用、传输过程中不会被未经授权的用户篡改，还要防止授权用户对系统及信息进行不恰当的篡改，保持信息内、外部表示的一致性，包含通信完整性、信息完整性、系统完整性等。

3）可用性：确保授权用户或实体能够正常使用信息和资源，不会受到异常拒绝服务的影响，可靠且及时地访问信息和资源，包含通信可用性、信息可用性、系统可用性等方面。

4）可靠性：确保工业互联网系统在其寿命区间内及在正常运行条件下，能够正确执行指定功能，包括设备硬件的可靠性、软件功能的可靠性、数据分析结论的可靠性、人身安全的可靠性等。

5）弹性：确保工业互联网系统在受到攻击或破坏后能够恢复正常功能。

6）隐私安全：确保工业互联网系统内用户的隐私安全，包含用户隐私保护和企业敏感数据保护等。

（2）风险评估

为管控风险，必须定期对工业互联网系统的各安全要素进行风险评估。对应工业互联网整体安全目标，分析整个工业互联网系统的资产、脆弱性和威胁，评估安全隐患导致安全事件的可能性及影响，结合资产价值，明确风险的处置措施，包括预防、转移、接受、补偿、分散等，确保在工业互联网数据私密性、数据传输安全性、设备接入安全性、平台访问控制安全性、平台攻击防范安全性等方面提供可信服务，并最终形成风险评估报告。

（3）安全策略

工业互联网安全防护的总体策略是构建一个能覆盖安全业务全生命周期的，以安全事件为核心，实现对安全事件的"预警、检测、响应"动态防御体系，能够在攻击发生前进行有效的预警和防护，在攻击中进行有效的攻击检测，在攻击后能快速定位故障，进行有效响应，避免实质损失的发生。

安全策略中描述了工业互联网总体的安全考虑，并定义了保证工业互联网日常正常运行的指导方针及安全模型。通过结合安全目标以及风险评估结果，明确当前工业互联网各方面的安全策略，包括对设备、控制、网络、应用、数据等防护对象应采取的防护措施，以及监测响应及处置恢复措施等。同时，为了构建持续安全的工业互联网，必须不断完善安全策略，以应对不断出现的新威胁。

习题

1. 简要描述工业智能感知在工业互联网中的作用。
2. 简要描述工厂内网和工厂外网的主要用途。
3. 工业大数据的来源可以分为哪几类？
4. 我国在工业大数据价值实现上的优势是什么？
5. 云计算相比于传统数据中心有哪些方面的优势？
6. 简述仿真系统的一般组成。
7. 工业互联网安全与传统工控安全间的区别是什么？
8. 工业互联网面临着哪些方面的安全风险？
9. 从防护对象、防护措施、防护管理三个视角分析工业互联网安全框架。

科学家科学史
"两弹一星"功勋
科学家：王希季

第 4 章

工业互联网平台基础

PPT 课件

学习目标

① 了解工业互联网平台的定义与特征。
② 了解工业互联网平台的定位、作用与价值。
③ 了解工业互联网平台的功能架构。
④ 掌握典型工业互联网平台的基本操作方法。

4.1 工业互联网平台概述

4.1.1 工业互联网平台的定义与特征

1. 工业互联网平台的定义

工业互联网平台是面向制造业数字化、网络化、智能化需求,向下接入海量设备、自身承载工业知识与微服务,向上支撑工业 APP 开发部署的工业操作系统,是工业全要素、全产业链、全价值链全面连接和工业资源配置的中心,是支撑制造资源泛在连接、弹性供给、高效配置的载体。它的本质是通过构建工业数据采集体系,建立面向工业大数据处理分析的开发环境,实现工业技术、经验、知识的模型化、软件化、复用化,不断优化研发设计、生产制造、运营管理等资源配置效率。

2. 工业互联网平台的特征

工业互联网平台有着泛在连接、云化服务、知识积累、应用创新的 4 大特征。

（1）泛在连接

工业互联网平台具备全面采集设备、软件、人员等各类生产要素数据的能力。通过大范围汇聚工业系统中的数据,为后续的关联分析和深度挖掘提供了基础条件。

（2）云化服务

工业互联网平台能够实现基于云计算架构的海量数据的存储、管理和计算,能够对生产设备进行运行优化和加工参数优化,面向车间进行产品质量分析,面向产品提供远程运维服务,面向企业进行智能化运营决策,面向企业之间进行制造资源与供应链协同,能够满足多种不同场景下的智能化分析需求。

（3）知识积累

工业互联网平台具备基于工业知识机理的数据分析能力，能够将汇聚的设计方案、生产工艺、管理经验、设备机理等各种知识进行固化、积累和复用。

（4）应用创新

工业互联网平台能够调用平台功能及资源，为开发者提供开放的工业APP开发环境，实现工业APP的创新应用。

4.1.2 工业互联网平台的定位与作用

1. 工业互联网平台的定位

工业互联网平台主要有以下3个定位。

（1）工业互联网平台是传统工业云平台的迭代升级

工业云平台向工业互联网平台的演进包括成本驱动导向、集成应用导向、能力交易导向、创新引领导向和生态构建导向5个阶段。工业互联网平台在传统工业云平台的软件工具共享和业务系统集成的基础上，进一步叠加了制造能力开放、知识经验复用和第三方开发者集聚的功能，通过提高工业知识复用水平构筑工业知识创造、传播和应用新体系，大幅提升了工业知识的生产、传播和利用效率，形成了海量开放的APP与工业用户之间相互促进、双向迭代的生态体系。

（2）工业互联网平台是新工业体系的"操作系统"

工业互联网平台依托高效的设备集成模块，将工业现场的设备接入平台边缘层，完成数据的格式转换、统一，以及远程接入，实现设备向云端平台的间接集成。平台依托强大的数据处理引擎对工业互联网数据进行清洗、集成，并对海量工业数据进行分区选择、存储、编目与索引，为上层应用分析提供高质量的数据来源。此外，平台提供开放的开发环境工具，为用户提供面向工业特定场景的轻量化应用。平台还依托组件化的工业知识微服务，将工业技术、知识、经验模型等工业原理封装成微服务功能模块，供工业APP开发者调用。因此，工业互联网平台能够向下对接海量工业装备、仪器、产品，向上支撑工业智能化应用的快速开发与部署，发挥着类似于微软Windows系统、谷歌Android系统和苹果iOS系统的重要作用，支撑构建了基于软件定义的高度灵活与智能的新工业体系。

（3）工业互联网平台是资源集聚共享的有效载体

工业互联网平台在云端汇聚了信息流、资金流、人才创意、制造工具和制造能力，通过信息交互和数据集成释放数据价值。同时，平台集聚了工业企业、信息通信企业、互联网企业、第三方开发者等主体，促进了产业间的融合与产业生态的协同发展。此外，平台在云端融合了数据科学、工业科学、管理科学、信息科学和计算机科学，实现了工业全领域、全产业链、全价值链的融合集成应用。这推动了资源、主体、知识的集聚共享，形成了社会化的协同生产方式和组织模式。

2. 工业互联网平台的作用

工业互联网平台能够高效集成海量的工业设备与系统数据，实现资源和业务的智能化管理。这不仅促进了知识和经验的积累与传承，还驱动了应用和服务的开放创新。在传统的制造型企业向新型智能化企业的转变过程中，工业互联网平台不仅扮演着核心支撑的角色，还是新型智能化制造企业的数字化神经中枢。

工业互联网平台有着以下5个方面的作用。

（1）促进企业实现智能化生产和管理

通过对生产现场的"人、机、料、法、环"各类数据的全面采集和智能分析，能够及时识别导致生产瓶颈和产品缺陷的根本原因，并提供解决方案，从而不断提升企业的生产效率和产品质量。此外，基于企业现场数据与计划资源、运营管理等数据的综合分析，可以实现更精准的供应链管理和财务管理，有助于降低企业的运营成本和风险。

（2）推动企业生产方式与服务的创新

通过工业互联网平台，企业能够实现产品售后使用环节数据融通，提供设备的运维和健康管理、产品的增值服务等新型业务模式。这促使企业从传统的以销售产品为主转向新型的以提供服务为主，从而提升产品的价值。此外，借助平台的交互功能，企业可以与用户进行更加深入的互动，进一步理解用户的个性化需求，并有效地组织生产资源，通过个性化服务实现产品的更高附加值。

（3）助力企业实现新的互联网模式和业态

不同企业可以通过工业互联网平台进行信息交互，实现跨企业、跨行业、跨区域的资源和业务集聚，构建更加高效的协同设计、协同制造和协同服务体系。未来，工业互联网平台可能会催生更多新的产业体系，这将催生一系列互联网新模式和新业态，如同移动互联网平台催生了应用开发、应用分发、线上和线下等新的产业环节和价值。

（4）驱动企业实现智能化运转

平台通过向下链接海量设备，自身承载工业经验与知识的模型，向上对接企业工业优化应用，成为工业全要素链接的枢纽和工业资源配置的核心，驱动先进制造体系的智能化运转。

（5）助力企业实现海量异构数据驱动的网络化和智能化

凭借平台上先进的大规模计算架构和高性能的云计算基础设施，工业互联网平台能够实现对海量异构数据的集成、存储和计算，有效解决工业数据爆炸式增长与现有工业系统计算能力不匹配的问题，从而加速以数据为驱动的网络化和智能化进程。

4.1.3　工业互联网平台的价值

基于工业互联网平台的创新服务，其应用价值主要分为两类：有形价值和无形价值。有形价值体现在通过"降低成本"或"扩大收入"直接为企业创造利润；无形价值则包括"提升质量"和"安全及可持续"，帮助企业提升品牌竞争力，保障安全生产和可持续发展。这4类一级价值还可进一步细分为12类二级价值，如图4-1所示。

1. 降低成本

降低成本是工业互联网平台在有形价值方面的一个重要体现，也是平台上实现的最多的应用价值，其占比高达63%。在平台上的应用价值中，扩大收入、提升质量、安全及可持续三者相对均衡，分别占12%、11%和14%。降低成本涵盖了降低产品研发成本、降低生产运营成本、降低资产管理成本和资源能源损耗成本等几个方面。

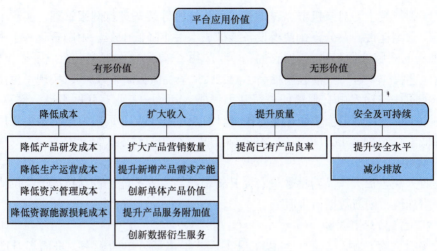

图 4-1　平台应用价值体系

（1）降低产品研发成本

通过利用云化工具，可以提升产品研发的效率，缩短产品研发周期，从而节约时间和人力成本。目前，平台在这类应用价值的实践还相对较少，可以从数字化产品设计验证或协同研发设计环节开展应用。例如，兰州电机股份有限公司与 PTC 合作，基于平台进行研发数据和工艺模型的共享，实现了不同部门间产品设计的协同，使产品交付的准确率达到了 98% 以上。

（2）降低生产运营成本

通过平台的数字化服务可以实现生产运营环节的打通，提升生产过程效率和经营管理水平，进而降低生产成本和企业管理成本。目前，降低生产运营成本是平台帮助企业降低成本的最主要方式。这种方法不仅能够从研发、生产、管理等单一业务环节开展应用，还能够通过平台资源的协同，实现产供销一体化、设计制造一体化等跨环节应用。例如，海澜集团利用平台打通了材料供应、生产制造和产品销售等环节，有效降低了生产运营成本。西门子与 3D 打印服务商 Materials Solutions 合作，利用平台打通了增材制造产品设计、仿真、生产全流程，实现了产品研发到生产制造的一体化应用，有效降低了生产成本。为了增强产品竞争力，宝武集团基于宝信工业互联网平台将多属地的云平台集成为一个整体的分布式平台系统，并通过叠加生产与经营管理数据分析，促进了多基地生产和销售等层面的协同与整合，提升了整体产销能力。

（3）降低资产管理成本和资源能源损耗成本

通过平台实现对设备、物料等企业固有资产的管理和运维，可以降低资产折旧费、修理费及因关键设备停机造成的营收损失。同时，平台还能实现工厂能耗优化和物料资源优化，降低能耗成本和物料浪费成本。降低资产管理成本和资源能源浪费成本是平台帮助企业降低成本的次要方式，主要通过生产管控和经营管理业务场景来实现。例如，优也平台通过实时映射全工序能源介质数据，构建跨工序协同优化模型，并基于角色智能推送调节策略，实现了以单位小时成本最小化和利润最大化为目标的能源整体平衡，为企业带来了 5%~10% 的能源消耗节约。中化能源科技有限公司基于中化工业互联网平台，通过工业大数据和人工智能技术，对泵机群、压缩机、蒸汽轮机等装备进行健康管理，实现了设备故障的诊断、预测性报警及分析，使得设备维护成本每年降低15%。中国石化基于平台对近4600个批次的石脑油原料进行分析建模，形成13个典型操作类型，组成了操作样本库，通过优化工艺操作参数，汽油收率提高了0.22%，辛烷值提高了0.9%，实现了生产工艺的优化。华能重庆珞璜发电有限责任公司基于华能AIdustry工业互联网平台，构建了18个设备的热力学模型，通过历史数据基于模型计算出平均工况下最优发电技术煤耗比平均发电煤耗降低了2.2g/（kw·h），可节省7480t标准煤，全年节约598万元左右。

2. 扩大收入

扩大收入涵盖扩大产品营销数量、提升新增产品需求产能、创新单体产品价值、提升产品服务附加值、创新数据衍生服务等5类。

（1）扩大产品营销数量

通过平台的客户洞察功能，可以提升工厂获得市场订单的概率，进而提升产品的销量。这种价值主要通过经营管理环节中的客户洞察与销售管理来实现。例如，重庆创盈与用友精智平台合作，通过平台对商品和客户进行智能分层，制定不同的营销策略，有效提升了商家的营销效率。

（2）提升新增产品需求产能

当企业面临大量订单迅速涌入工厂时，通过工业互联网平台可以实现生产组织的柔性化和弹性化，从而扩大现有产能，满足产品销量的需求。这种价值主要通过数字化工艺设计和生产计划排产等业务创新来实现。例如，ABB推出的PickMaster软件，利用数字化工艺设计在虚拟产线上对机器人配置进行测试，并优化生产过程中的设备配置参数，显著提高了产线部署的效率。

（3）创新单体产品价值

通过平台实现个性化定制，满足客户的个性化产品需求，或者创造新的产品，从而提升产品的本质价值。可以通过数字化产品设计业务来创造新的产品，或者通过"客户洞察+生产计划+设备管控"的业务组合来实现用户需求的个性化定制，进而提升单体产品的价值。例如，安世亚太与汽车配件供应商合作，利用平台创成式设计编写算法生成设计模型，协助汽车配件厂商完成最佳轮毂设计，从而创造出新的产品价值。无锡小天鹅电器自建平台对洗衣电器产品进行模块化和参数化设计，实现了用户个性化需求的快速转化，有效提升了产品单体价值。

（4）提升产品服务附加值

通过平台实现从传统卖产品向卖"产品+服务"的模式转变，通过提供增值服务来提升收入。这主要通过运维服务环节中的产品运维和后市场服务来实现。例如，北京寄云科技为四川宝石机械打造了设备运维平台，通过采集钻机、钻井仪表、电气传动PLC等系统数据，实现了装备产品的远程运维，提升了传统钻机装备服务的附加值。树根互联帮助200多家离散装备制造企业打造了资产管理、备件管理、保险服务、融资租赁、基于设备的软件增值等服务能力，为离散装备制造业产业集群每年提升了超过百亿元的收益。北汽福田汽车通过车联网建立了基于客户"车生活"的生态系统，开展了车队管理、汽车金融服务、数据服务、车货匹配及影音娱乐等增值服务，提高了市场竞争力和占有率。一汽集团基于平台依托车联网开展了车载娱乐、道路救援、智慧停车、车险服务等增值业务，目前已有 200 万辆入网车辆得到服务。

（5）创新数据衍生服务

在数据要素集聚过程中，平台创造了新的衍生服务，如通过平台数据进行产融结合而催生出的新盈利业务。目前这方面的应用还处于起步阶段，主要通过产融协同来实现。例如，智能云科将上万台 i5 机床数据接入云端，采用租赁方式，按照使用时间或工件数量计费，有效地为企业带来了设备租赁收入。

3. 提升质量

提升质量主要包括提高已有产品良率。制造业通过精密制造、智能检测等措施降低产品不良率，提升产品质量，增强企业市场竞争力，进而提升用户黏性，获得更多市场订单。制造业，尤其是电子信息类等精密制造业，具有产品种类繁多、升级换代周期短、生产质量要求高等特点。当前，重点聚焦以下两个方面。

（1）基于平台的大数据分析能力，提升产品质量

例如，为了加强质量管理，华为打通了供应商、研发、制造、市场返还等产业链全流程的关键质量数据，构建了全球测试大数据质量预警体系，实现了供应商来料质量预警、制造过程质量预警及网上返还质量预警，从而将质量管控从事后拦截转变为事前预测和预防，使得批量问题起数降低了 9%，开局坏件数改进了 15%，早期返还率改进了 24%。华星光电基于格创东智的 Getech 东智平台，通过海量图像样本库和基础算法库，基于 AI 技术开展视觉检测和缺陷判定，缺陷识别速度达到 50ms，缺陷分类识别准确率为 90%，为华星光电每年增收约 1000 万元。

（2）生产效率提升与库存优化，提升企业运营效率

例如，顺络迅达电子有限公司基于航天云网 INDICS 平台进行大数据分析，实现了产品从设计研发、采购、生产、质量、销售、物流等全业务流程的监控和运行调度，使得生产经营效率提高了 30%，年度生产成本降低了 200 万元。新华三技术有限公司基于紫光云引擎平台，将印刷机、贴片机、AOI 等设备接入，采集设备运行数据和工艺数据，实现了企业全过程的数据融通，使生产库存周转率三年提高了 50% 以上，运营效率得到了提升。

4. 安全及可持续

安全及可持续性重点关注研发设计和生产管控两个环节，旨在提升产品良率、安全水平和减少排放。这一目标主要通过设备管控和安环管理等业务来实现，涵盖提升安全水平和减少排放两方面。

（1）提升安全水平

通过平台数据感知，可以提升工厂的安全生产水平，降低生产安全事故的发生概率。例如，新工集团与安元科技合作，通过传感器和摄像头实时采集生产线状态信息，实现了对生产重大危险源和风险点的实时监测，从而提升了工厂的安全水平。茅台酒厂基于浪潮平台，通过浪潮质量链发码系统实时提供的酒瓶二维码，可以追溯每瓶酒的生产和原料数据，并能够通过 APP 将扫描的销售时间、地点等信息更新到平台，以保证酒的品质。

（2）减少排放

利用平台数字化技术实现"低碳生产"，能够降低污染物排放水平。例如，徐工信息汉云平台与环保企业合作，通过实时采集车辆状态信息，实现了车辆尾气排放的监管与优化，有效降低了单车污染 30%~50%。酒钢集团基于东方国信 Cloudiip 平台，通过大数据

分析计算出不同设备和系统的能源数据，实现了能耗管理，每年每座高炉降低成本 2400 万元，减少碳排放 20000t，冶炼效率提升 10%。九江石化基于石化盈科 ProMACE 平台，将监测到的数据进行识别和分析，实现了 HSE 系统对 3.85 万个 HSE 观察卡、35 处废水等监测点的安全管理，环境信息可通过"环保地图"实时检视。

4.2 工业互联网平台功能架构

4.2.1 总体功能架构

工业互联网平台的本质是在现有工业云平台的基础上，通过融合物联网、大数据和人工智能等新兴技术，对其进行扩展和升级，旨在建立更为精准、实时和高效的工业数据采集与分析系统，以实现工业经验和知识的模型化、软件化及复用，并以工业 APP 的形式，面向制造企业提供多样化的创新应用服务，形成集资源集中、多方参与、合作共赢的智能制造生态环境。2017 年，工业互联网联盟发布的首个《工业互联网平台白皮书》中，提出了工业互联网平台的功能架构，如图 4-2 所示。

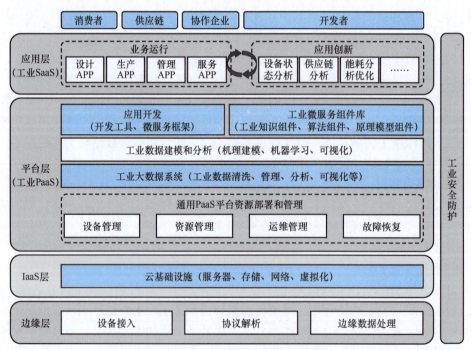

图 4-2 工业互联网平台的功能架构

从构成来看，工业互联网平台包含四大要素：边缘层、基础设施层（IaaS）、平台层（工业 PaaS）和应用层（工业 SaaS）。其中，边缘层、平台层和应用层是工业互联网平台的三个核心层。

1. 边缘层

边缘层是工业互联网平台的基础。在边缘层连接和管理海量设备，并通过协议转换来实现海量工业数据的互联和互操作。此外，边缘计算技术的应用，可以实现错误数据的删除、数据的缓存预处理及边缘的实时分析，有助于减轻网络传输负载和云计算的压力。

2. 平台层

平台层是工业互联网平台的核心。在平台层基于通用 PaaS 架构进行二次开发，构建了工业 PaaS 层，为工业用户提供了海量的工业数据管理和分析服务。此外，平台能够积累来自不同行业和领域的技术、知识和经验等资源，在开放的开发环境中以工业微服务的形式提供给开发人员，实现资源的打包、固化和重用，用于快速构建定制的工业 APP，并创建完整和开放的工业操作系统。

3. 应用层

应用层是工业互联网平台的关键。通过独立研发或引入第三方开发商，以基于云的软件或工业 APP 的形式，向用户提供一系列创新的应用服务，例如设计、生产、管理和服务等，以实现价值挖掘和推广。

4.2.2 边缘层

工业互联网边缘层通过大规模深度数据的采集，以及异构数据的协议转换和边缘处理，构建了工业互联网平台的数据基础，因此又称为数据采集层。边缘层的实质在于实时高效地采集和汇聚云端数据，其中数据对象包括通过泛在感知技术获得的设备、人、系统、环境等各类信息。工业数据采集（边缘层）体系架构如图 4-3 所示。

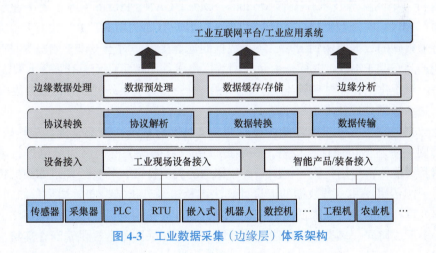

图 4-3　工业数据采集（边缘层）体系架构

1. 边缘层的主要作用

（1）实现平台对底层数据的直接采集

通过各种通信手段接入不同设备、系统和产品，如借助智能控制器、智能模块、嵌入式软件等传统的工业控制和连接技术，平台能够直接采集底层数据。数据采集实现了制造全流程数据的显性化，为制造资源的优化提供了海量数据源，是实时分析和科学决策的起点，是当前制造业数字化、网络化的难点，也是基于工业互联网平台建设制造业生态的基础。

（2）实现多源设备、异构系统的数据可采集、可交互、可传输

依托协议转换技术，实现多源异构数据的归一化和边缘集成。通过协议的兼容和转换，实现多源设备、异构系统的数据可采集、可交互和可传输。重点是构建一套能够兼容和转换多种协议的技术产品体系，实现包括 PROFIBUS 在内的 40 多种现场总线协议、PROFINET 等几十种工业以太网协议，以及 ZigBee 等数十种无线协议的互联互通。

（3）实现数据向云端平台的集成

通过利用边缘计算设备，实现底层数据的汇聚和处理，并实现数据向云端平台的集成。在设备层，通过边缘计算等技术进行数据预处理，能够显著提高数据采集和传输的效率，同时降低网络接入、存储和计算等成本，并提高现场控制反馈的及时性。

2. 边缘层的主要技术

（1）设备接入技术

设备接入技术基于工业以太网、工业总线等工业通信协议，以太网等通用协议，以及 3G/4G、NB-IoT 等无线协议，将工业现场设备接入平台边缘层。通过集成数据模型自动识别、匹配等大数据技术，支持结构化业务数据、时序设备监测数据、非结构化工程数据等多源异构数据的快速接入，形成高并发、高吞吐量的数据实时接收能力，实现对工业各环节数据的采集。这些数据源既包括来自传感器、SCADA、MES、ERP 等内部系统的数据，也包括来自企业外部的数据。

（2）协议转换技术

协议转换技术旨在解决工业数据的集成、聚集与表示问题，重点关注数据源的"完整性"，以打破"信息孤岛"。工业数据源通常是离散的和非同步的。协议转换技术一方面通过协议解析、中间件等技术，兼容 Modbus、OPC、CAN、Profibus 等各类工业通信协议和软件通信接口，实现数据格式的转换和统一；另一方面利用 HTTP、MQTT 等方式，从边缘侧将采集到的数据传输到云端，实现数据的远程接入。对于飞机、船舶等具有复杂结构的工业产品，基于 BOM 进行全生命周期数据集成是已被工业信息化实践证明的行之有效的方法。对于化工、原材料等流程工业产品，则一般基于业务过程进行数据集成。

（3）边缘数据处理技术

边缘数据处理技术基于高性能计算芯片、实时操作系统、边缘分析算法等核心技术，利用智能网关等新型边缘计算设备，在靠近设备或数据源头的网络边缘侧进行数据预处理、存储及智能分析应用，能够提取海量数据中的关键特征，并将处理过的数据传输到云端，实现智能传感器和设备数据的汇聚处理，以及边缘分析结果向云端平台的间接集成。边缘数据处理技术能够大幅降低网络带宽需求，提升操作响应灵敏度，消除网络拥堵，并与云端分析形成协同。多类型的边缘连接手段为工业互联网平台提供了泛在连接的坚实支撑，丰富了工业互联网平台可采集与分析的数据来源。

（4）低功耗技术

在工业互联网平台的数据采集层，广泛应用了大量的嵌入式系统，这些系统通常依靠电池供电。因此，从整体系统设计上考虑低功耗，减少传感器的功耗，以有效延长电池供电时间，成为一个紧迫的问题。微处理器是工业互联网处理数字信息的核心器件，如何降低芯片的功耗，对于边缘层系统的整体性能至关重要。随着芯片集成度的提升和算力的迅速提高，芯片的功率密度也在持续增加，这可能导致芯片发热量增加，进而影响芯片的可

靠性。在边缘层,工业界往往需要牺牲部分芯片的性能,以换取更低的功耗。

(5)能量获取技术

新型能量获取技术不同于传统供电方式,它不受限于有线供电,而是利用环境热量(热电、温差电堆)、振动或应变(压电体)、光线(光电)、运动(线圈、磁体)等"免费"能源。这些能源通过能量获取技术转化为系统所需的能量,用于电池的充电或补充,甚至在某些特定领域可以完全替代电池。随着低功耗物联网感知和能量获取与管理技术的快速发展,无源能量获取系统正在得到更广泛的应用。

4.2.3 基础设施层

基础设施层是指将IT基础设施作为一种服务通过网络对外提供。具体来说,基础设施层是基于虚拟化、分布式存储、并行计算、负载调度等技术,实现网络、计算、存储等资源的集中管理,并根据用户需求适时调度资源,确保资源使用的安全与隔离,为客户提供云基础设施服务。基础设施层的核心技术包括虚拟化技术、分布式存储技术、并行计算技术、云计算平台管理技术等。

1. 虚拟化技术

虚拟化技术为云计算服务提供了基础架构层面的支持,是云计算最为关键的核心技术之一。虚拟化技术可以将计算机的各种物理资源(包括服务器、网络、内存和存储等)进行抽象和转换,实现资源的虚拟化,从而打破实体结构间的物理限制。这种资源管理技术允许用户以比原本组态更加灵活和高效的方式使用这些资源,且这些资源的新虚拟部分可以不受限于现有资源的架设方式、地域或物理组态。虚拟化技术的优势在于,它能够减少服务器的过度提供,提高设备利用率,减少IT的总体投资,增强IT环境的灵活性,甚至实现资源共享。通过虚拟化技术,软件应用可以与底层硬件隔离,实现两种基本模式:一是将单个物理资源划分为多个虚拟资源,即裂分模式;二是将多个物理资源整合为一个虚拟资源,即聚合模式。从技术实现的角度来看,虚拟化技术可以分为硬件虚拟化、操作系统虚拟化和应用程序虚拟化等;而从应用领域来看,虚拟化技术可以应用于服务器虚拟化、存储虚拟化、网络虚拟化、桌面虚拟化、CPU虚拟化和文件虚拟化等。

2. 分布式存储技术

海量数据采用分布式存储方式,通过分布式缓存系统对访问接口和本地数据进行缓冲,以减轻网络压力,并具有高可扩展性、高并发性和高可用性等特点。分布式存储主要分为三种类型:一是直连式存储(Direct-Attached Storage,DAS),这种存储方式类似于普通PC的存储结构,外部存储设备直接挂接在服务器内部总线上,数据存储设备成为服务器结构的一部分;二是网络存储设备(Network Attached Storage,NAS),这种方式采用专为网络数据存储设计的文件服务器连接存储设备,形成一个网络,这样数据存储不再是服务器的附属,而是作为独立的网络节点存在于网络之中,可以被所有网络用户共享;三是存储网络(Storage Area Network,SAN),这种存储方式顺应了计算机服务器体系架构网络化的趋势,其特点是将网络和设备的通信协议与传输物理介质隔离开,使得多种协议可以在同一个物理连接上同时传输。

3. 并行计算技术

并行计算是指利用多种计算资源同时解决计算问题的过程。并行计算技术是相对于串行计算技术而言的，分为时间上的并行和空间上的并行。时间上的并行也称为流水线技术，是指在时间轴上将计算任务分解为多个阶段，以此实现在同一时间内处理计算任务的不同阶段。空间上的并行则是指利用多个处理器同时并发地执行计算任务。并行计算的主要目的有两个方面，即提高求解问题的速度和增加求解问题的规模。

4. 云计算平台管理技术

基础设施层拥有庞大的资源规模，服务器遍布整个网络，同时支持上百种应用。因此，高效管理这些服务器，确保整个系统的高效、稳定和持续运行，成为一项重大挑战。云计算平台管理技术能够帮助用户便捷地利用所有设施，包括处理、存储、网络等基本计算资源，并能够部署和运行任意软件，包括操作系统和应用程序。虽然用户不直接管理或控制云计算基础设施，但能够控制操作系统的选择、存储空间、部署的应用，以及可能获得对某些网络组件（如防火墙、负载均衡器等）的有限控制。用户可以方便地部署和启动新业务，快速发现系统故障并修复。通过自动化和智能化手段，云计算平台管理技术能够实现大规模系统的可靠运营。

4.2.4 平台层

平台层在通用 PaaS 的基础上，叠加了大数据处理、工业数据分析、工业微服务等创新功能，构建可扩展的开放式云操作系统。该平台能够接入、控制和管理软硬件资源及开发工具，为应用开发提供必要接口，以及存储、计算和工具资源等支持。它的功能类似于微软的 Windows、谷歌的 Android 系统或苹果的 iOS 系统，是构建基于工业互联网平台的制造业生态的核心。

1. 平台层的主要作用

（1）实现工业数据的集成管理和价值挖掘

提供工业数据管理能力，将数据科学与工业机理相结合，汇聚各类传统专业处理方法与前沿智能分析工具，构建由数据存储、数据共享、数据分析和工业模型组成的完整工业数据服务链，旨在帮助制造企业提升工业数据分析能力，实现工业数据的集成管理和价值挖掘。

（2）工业微服务组件库

将技术、知识、经验等资源固化为可移植、可复用的工业微服务组件库，包括工业知识组件、算法组件、原理模型组件等，以供开发者调用。

（3）快速构建定制化工业 APP

构建应用开发环境（包括建模工具、开发模型、组态工具），借助微服务组件和工业应用开发工具，提供各类包含工艺知识和行业经验的工业微服务、工业应用开发工具，以及针对应用开发运维的完善管理手段，帮助用户快速构建定制化的工业 APP，并将其转化为商业价值。

2. 平台层的核心技术

（1）数据建模与分析技术

数据建模与分析技术利用数学统计、机器学习及最新的人工智能算法，对历史数据、实时数据和时序数据进行聚类、关联和预测分析,是一种用于定义和分析数据要求及其需要相应支持信息系统的过程。数据分析是大数据价值的重要体现,也是大数据价值链的关键阶段。数据分析能够提供论断建议或支持决策,涵盖数据挖掘、自然语言处理、全文检索等多个部分。数据建模与分析技术通过模型算法管理和引擎调度,采用回归分析法、决策树算法、聚类分析和关联分析等方法,从数量庞大、不完全、有噪声、随机的数据中提取出有价值的信息。

(2) 工业建模技术

工业建模技术主要包括机理建模技术和测试法建模技术。机理建模技术结合电子信息、机械自动化、物理等领域的专业知识与生产实践经验,在已知的工业机理基础上建立类型丰富的模型,用于分析和应用。机理建模技术能够根据工业生产流程中的变化机理建立平衡方程,包括质平衡方程、能量平衡方程、动量平衡方程等,反映流体流动、传热、传质和化学反应等基本规律的运动方程和物理参数方程,以及特定设备的特性方程等,并从中获得所需的数学模型。机理建模技术要求生产过程的机理必须被充分掌握,可以通过特定的数学模型来表达,并且模型需要尽量简单以确保精度。当某些参数不确定且机理建模较为复杂时,可以采用测试法建模。测试法建模是通过工业过程的输入/输出实测数据进行数学处理后得到模型。测试法只要求从外特性上测试和描述动态性质,相当于将工业过程视为一个黑匣子,忽略其内部相关的机理。为了获得动态性质,需要对这个黑匣子施加激励,如阶跃扰动或脉冲扰动等。测试法建模相比机理建模更为简单和便捷。因此,在两种方式都能达到建模目的的情况下,工业上通常会优先选择测试法建模。

(3) Docker容器技术

传统软件架构的特点包括单体应用、开发周期长、应用开发代码类型单一、调用众多公共库、组件之间紧耦合且版本复杂、部署需要人工操作且操作困难、时间管理成本居高不下。Docker的出现是容器技术的一个重要标志,它通过使用镜像的方式,将应用程序及其依赖的操作系统类库和运行时环境整体打包,实现统一交付,从而消除了传统应用对不同操作系统、应用服务器厂商及版本,以及环境变量、基础函数库API调用的深度依赖。因此,容器可以在Windows、Linux等主流操作系统上运行,与底层使用的平台无关,本质上是一种操作系统级别的虚拟化。一旦应用架构转换为容器并完成迁移部署,就可以在不同的云平台之间无缝迁移。因此,使用容器可以利用镜像快速部署运行服务,实现业务的快速交付,缩短业务上线周期,极大地便利了运维人员的线上部署工作。

(4) 微服务架构技术

微服务架构是一项在云环境中部署应用和服务的技术。亚马逊、eBay、Netflix等公司都采用了微服务架构范式来解决复杂问题。微服务可以在"自己的程序"中独立运行,并通过"轻量级设备与HTTP型API进行通信"。微服务是一组协作的架构约束,一个大型应用由多个微服务组成。这些微服务可以独立部署,每个微服务都专注于自身的高质量任务执行,并且与其他微服务之间保持松耦合。微服务架构的目标不是构建单一结构的复杂应用,而是将应用拆分为不同的、功能指向性高的、相互关联的小型服务。每个微服务都是一个微型应用,可以实现特定的功能,并具有自己的六边形架构,包括商业逻辑和各种接口。一些微服务通过开放应用程序接口供其他微服务或应用客户端调用,而另一些微服务则通过网页用户界面实现复用。

(5)动态调度技术

动态调度技术能够根据应用的 CPU 和内存负荷、时间段及应用系统的优先级等多种因素,对计算单元进行动态创建、动态分配到应用、动态挂接到路由和均衡模块上。调度策略是一系列调度规则的集合,既包括全局范围内的调度规则,也包括针对特定应用系统的调度规则。调度决策需要一个动态计算过程,其计算输入从各个计算单元实时获取,并根据运行数据和调度规则进行动态计算,以实现调度。

(6)平台安全技术

平台安全技术旨在防止未经授权的实体对平台进行识别、跟踪和访问,提供非集中式的认证和信任模型,能够高效地执行加密和数据保护,从而保障异构设备之间的隐私。平台安全主要包括工业设备控制、网络安全和数据安全。通过采用工业防火墙技术、工业网闸技术、加密隧道传输技术等,能够实现数据的防泄露、防劫持和防破坏,确保数据的源头安全和传输安全。此外,通过实时入侵检测、网络安全防御系统、恶意代码防护、网络威胁防护和网页防篡改等技术,能够确保工业互联网平台的代码安全、应用安全、数据安全、网站安全和平台安全。同时,通过建立统一的访问机制,限制用户的访问权限和可使用的计算资源及网络资源,实现对云平台重要资源的访问控制和管理,有效防止非法访问,确保安全访问。

4.2.5 应用层

应用层基于开放环境部署应用,为不同行业和场景提供满足需求的工业 SaaS 和工业 APP,从而实现工业互联网平台的最终价值。应用层面向智能化生产、网络化协同、个性化定制、服务化延伸等智能制造和工业互联网典型应用场景,为用户提供在平台上定制开发的智能化工业应用和解决方案。典型的工业 APP 架构从工业维、技术维和软件维三个维度来描述,如图 4-4 所示。

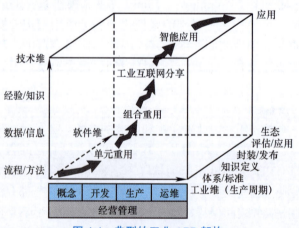

图 4-4 典型的工业 APP 架构

1. 应用（工业 APP）层的主要作用

（1）提供设计、生产、管理、服务等一系列创新性业务应用

在智能化生产中，设备预测性维护、生产工艺优化等应用服务帮助企业用户提升了资产管理水平；在网络化协同中，制造协同、众包众创等创新模式实现了社会生产资源的共享配置；在个性化定制中，用户需求挖掘、规模化定制生产等解决方案满足了消费者日益增长的个性化需求；在服务化延伸中，智能产品的远程运维服务则驱动着传统制造企业加速服务化转型。面向用户实际需求的各类智能应用是实现模式创新、业态创新的关键载体，推动着平台应用生态体系的构建。

（2）开发者基于平台数据及微服务功能实现应用创新

工业 APP 面临的主要挑战包括：传统生产管理软件向云化转型进程缓慢，专业的工业 APP 应用数量有限，应用开发者队伍规模较小，以及商业模式不明确。应用服务（工业 APP）层通过创造新的商业模式，持续汇聚应用开发者、软件开发商、服务集成商、工业用户和平台运营商等各方资源，成为行业领军企业和软件巨头构建和打造共生共赢生态系统的关键。

2. 工业 APP 实现技术

（1）图形化编程技术

图形化编程技术能够简化开发流程，使非代码领域的专家能够通过图形化编程工具快速生成应用程序。应用图形化编程工具，结合能够自动生成指定编程语言的应用代码，用户仅需通过拖拽操作即可进行应用的创建、测试和扩展等快速研发工作。这种操作方式不仅降低了开发难度，还显著提高了研发效率。

（2）多租户技术

多租户技术（Multi-Tenancy Technology，MTT）是一种软件架构技术。在多用户环境中，多租户技术不仅允许用户共享相同的系统和程序组件，还能确保用户的使用独立性。多租户技术能够有效降低环境配置的成本，对供应方而言具有重大意义。类似于共享经济模式，硬件成本、操作系统和相关软件的授权成本可以由多个租户共同承担。多租户技术对不同数据采用不同的隔离方法，这些数据隔离方法有助于供应商节省维护成本。供应商可以在合理的授权范围内，对获取的数据进行分析，以提高服务质量。此外，多租户技术还能大幅降低程序发布成本，当软件升级需要重新发布时，由于所有租户都在同一环境中，只需发布一次，就能同时对所有用户生效。

（3）应用系统集成技术

应用系统集成是根据客户的具体需求，提供相应的应用系统模式及详细技术解决方案和运营方案。应用系统集成已经深入用户某一业务和特定的应用层面，通常被称为行业信息化解决方案集成，可以视为系统集成的高级阶段。

（4）新型工业区块链应用技术

工业互联网的分布式账本除了具备防篡改、访问限制和智能合约的功能，还必须具备针对工业数据特点的快速读写能力，以及针对资产转移状态图迁移的快速读写功能，以便实现快速溯源。在图形化编程技术的支持下，区块链联盟成员可以轻松地进行权限管理，而且相应的操作能够实现智能合约的自动转化和部署，同时生成协同工作的应用 APP。基于可信数据，相关参与方的数据、过程和规则入链后，会直接与相关参与者的数据链形成

共享体系。数据跨链共享实现了参与者的价值交换，是实现互利共赢的关键。此外，监管机构以区块链节点的身份参与基于联盟区块链的工业互联网基础设施建设，合规和监管机制以"智能合约"的软件形式介入产业联盟的区块链系统，负责获取企业的可信生产和交易数据并进行合规性审查，通过大数据分析技术进行分析，以掌握整体工业行业的动态。

4.3 国内外工业互联网平台

目前，全球制造业领军企业、信息通信技术领先企业及互联网主导企业，充分发挥各自的优势，从不同的层面和角度建立了工业互联网平台。尽管工业互联网行业的发展时间并不长，但国内外企业的工业互联网平台正处于规模扩张的关键阶段，正在积极探索技术、管理、商业模式等方面的规律，并已取得了一些进展。

4.3.1 国外典型工业互联网平台

1. GE Predix 平台

GE 是全球最大的装备与技术服务企业之一，业务涵盖能源、医疗、交通等多个领域。为了适应数字化时代的发展趋势并保持领先地位，GE 于 2013 年推出了 Predix 平台，旨在成为工业互联网领域的领军企业。Predix 平台提供了开发部署支持（DevOps）和运营分析支持（BizOps）两种基础功能服务。通过 DevOps，企业可以利用基础的开发组件和工具开发适合自身需求的应用程序，并在 Predix 上进行托管和运行，BizOps 则使企业能够查询和获取应用程序的运行状况。目前，GE 公司已在 Predix 平台上开发部署计划和物流、互联产品、现场人力管理、工业分析、资产绩效管理、运营优化等多类工业 APP。Predix 平台的架构如图 4-5 所示。

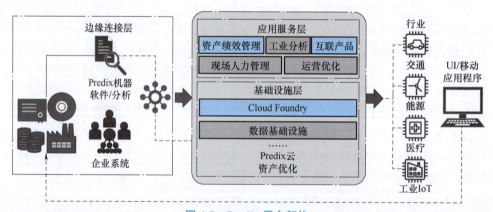

图 4-5 Predix 平台架构

Predix 平台架构分为三个层次：边缘连接层、基础设施层和应用服务层。其中，边缘连接层负责收集数据，并确保这些数据能够高效、安全地传输至云端。基础设施层提供基于全球范围的安全云基础架构，旨在满足日常工业工作负载和监督的需求。应用服务层主要负责提供工业微服务和各种服务交互的框架，为创建、测试、运行工业互联网程序提供必要的环境和微服务市场。

应用案例一

加拿大布鲁斯电力公司利用 8 个核反应堆，每个核反应堆可产生高达 800MW 的电力，为安大略省提供了约 30% 的基础电力供应。然而，在电力生产过程中，该公司面临着如效率偏低、系统设备维护困难、设备管理不足、工程进度缓慢等一系列问题，这些挑战给布鲁斯电力公司带来了显著的压力。

为了应对这些挑战，GE 通过 Predix 平台的 APM 功能，为布鲁斯电力公司提供了核电设备的实时监控和故障反馈服务。该服务不仅实现了数据管理的可视化，还基于核电设备的生命周期模型对参数进行分析，为设备维护提供了有效的周期建议，并定期提醒进行设备维护。并且，当检测到高风险设备时，该服务能够迅速进入示警状态，确保整个供电系统达到高级别的核电安全标准。

通过采用 Predix 平台，布鲁斯电力公司显著提高了电力生产效率，一套核电设备在连续运行 500 天后，可以为当地提供全年 15% 的电力需求，平均发电价格降低了 30%，设备稳定性也显著增强。

应用案例二

在航空工业领域，亚洲航空（AirAsia）通过采用 GE 的 Predix 平台，实现了飞行效率的优化。亚洲航空部署了 GE 的飞行效率服务，该服务不仅优化了空中交通流量的管理，还优化了航空序列管理和飞行路径设计。这一服务实施后取得了显著的成效，在 2017 年帮助亚洲航空节约了大约 3000 万美元的燃油费用。

2. 西门子 MindSphere 平台

西门子作为全球电子电气工程领域的领军企业，其业务广泛涵盖工业、能源、基础设施及城市、医疗四大核心领域。为响应工业互联网时代的浪潮，西门子在 2016 年推出了 MindSphere 平台，该平台是德国"工业 4.0"战略中的典型代表，旨在为广大的工业企业提供预防性维护、能源数据管理等数字化服务。MindSphere 平台采用基于云的开放物联网架构，可以将传感器、控制器及各类信息系统所收集的工业现场设备数据，通过安全通道实时传输至云端，并在云端为企业提供大数据分析挖掘、工业 APP 开发和智能应用增值等服务。MindSphere 平台总体架构如图 4-6 所示。

基于云的开放式物联网操作系统 MindSphere 平台，其架构由边缘连接层、开发运营层、应用服务层三个层级构成。该平台的核心要素包括 MindConnect、MindCloud 和 MindApps 三大部分。其中，MindConnect 负责将来自边缘设备的数据传输至云平台；MindCloud 为用户提供全面的数据分析功能、应用开发环境及应用开发工具；MindApps 为用户提供集成行业经验和数据分析结果的工业智能应用。

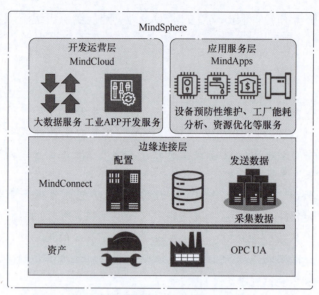

图 4-6 MindSphere 平台总体架构

> 📘 **应用案例**

在 2017 年 4 月的德国汉诺威工业博览会上,西门子携手其合作伙伴埃森哲、EvoSoft、SAP、微软、亚马逊和 BluVision 共同展出了 6 种精心设计的微服务及约 50 种工业 APP。这些微服务和工业 APP 的推出,旨在为用户提供更为高效、智能的工业解决方案,以满足不断升级的工业发展需求。

以德国格林机床有限公司为例,作为全球知名的磨削机械制造商,该公司积极采用西门子 MindSphere 平台,对主要部件的状态参数进行收集、分析和测试,实现了对刀具磨损状态的精确预测和及时修复。

3. 日本发那科智慧边际连接及装置系统(FIELD system)

发那科公司作为数控系统和机器人领域的佼佼者,其产品线涵盖了 EA 系列、智能机器人和智能机器设备。该公司与思科、罗克韦尔自动化等多家公司携手合作,共同研发了智慧边际连接及装置系统(FANUC Intelligent Edge Link and Drive system,FIELD system)。该系统在机床、机器人、外围设备和传感器之间建立连接,并通过高级数据分析技术,实现生产质量、效率及设备可靠性和可管理性的提升,提高整体效率和生产效益。FIELD system 不仅集成了机器学习和深度学习能力,而且为用户和应用程序开发人员提供了卓越的机器学习和人工智能功能,以提高生产力和效率。通过运用这些前沿技术,发那科公司成功实现了机器人的散堆拾取、生产异常检测和故障预测等多项功能,显著提升了生产过程的智能化水平。FIELD system 将人工智能和最先进的计算机技术相结合,实现了分布式学习。同时 FIELD system 可以实现实时分析处理各个设备的运行数据,实现多设备之间的复杂协调生产。

> 📘 **应用案例**

FIELD system 通过与思科云技术、物联网数据收集软件和点对点安全相结合,实现了零停机的系统架构;与罗克韦尔自动以太网交换机连接,然后连接到思科的 UCS 服务器,系统在发那科和思科的 ZDT 数据采集软件上运行。用户将此系统应用于汽车行业,减少了停机时间,节约了成本。

4. 印度 Flutura 公司的 Cerebra 人工智能平台

Flutura 是一家总部位于印度班加罗尔的工业人工智能和物联网企业,专注于为制造、能源和工程行业提供基于数据的解决方案,通过其创新的人工智能技术为工业领域带来了高价值的运营成果。Cerebra 是 Flutura 推出的一款专为工业互联网打造的人工智能平台,能够支持资产密集型和流程密集型行业中的多样化用例,如制造、能源和工程行业等。其核心功能涵盖了设备故障预测、能源优化、质量检测和安全监控等方面。

应用案例

某公司致力于提供液化天然气运输和存储系统服务,辅以热线应急援助和紧急响应服务(HEARS)。在该服务中,船主和船员能够随时联系专家,报告任何突发事故并获得及时援助。然而,现行的 HEARS 系统存在手动操作、耗时且被动响应等局限,这在一定程度上影响了船舶的安全性能和工作效率。为应对这一挑战,Cerebra 为该公司推出了 HEARS 2.0 的数字化和主动化的紧急响应服务。HEARS 2.0 通过实时监测和分析船舶关键设备的运行状态,能够预测潜在的设备故障,优化设备维护计划,从而显著提升工作效率和服务质量。

4.3.2 国内典型工业互联网平台

1. 航天云网 INDICS 平台

中国航天科工集团公司于 2015 年 6 月启动了中国工业互联网平台——航天云网 INDICS 平台的建设工作。至今该平台已在北京、广西、广东、四川、江苏等区域成功落地,并持续向全国范围推广。为积极响应国家"一带一路"倡议,INDICS 已开发出英语、俄语、德语、波斯语等多个语言版本,构建了 INDICS 国际云平台。该平台在德国和伊朗等地实现了落地,从而建立了国际工业云生态系统,初步实现了"企业有组织、资源无国界"的全球生产资源配置。INDICS 平台架构如图 4-7 所示。

INDICS 平台的总体架构包括资源层、工业物联网层、平台接入层、INDICS 云平台层、INDICS 工业应用 APP 层 5 层。

资源层:实现产品研制全产业链资源/能力的接入,提供生产制造、试验验证、计量检测等多元化资源/能力的接入能力,并支持包括机械加工、环境试验、电器互联、计量器具、仿真试验等在内的 21 类工业设备的接入。

工业物联网层:实现各类工业设备的通信互联,支持 OPC UA、MQTT、Modbus、PROFINET 等主流工业现场通信协议的互联,也支持现场总线、有线通信网、无线通信网的互联。

平台接入层:实现工厂/车间的云端接入,提供自主知识产权的 Smart IoT 系列智能网关接入产品(标准系列、传感器系列、高性能系列)和 INDICS-APIs 软件接入接口,支持"云计算+边缘计算"的混合数据计算模式。

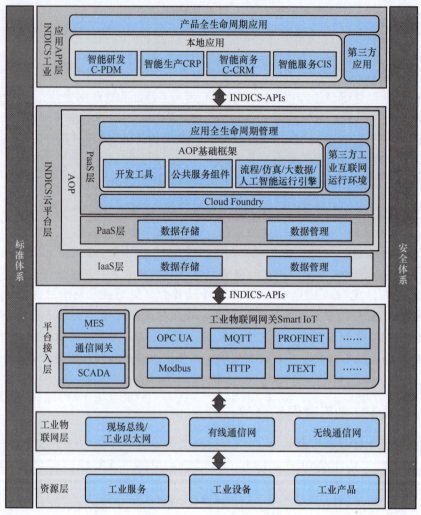

图 4-7　INDICS 平台架构

INDICS 云平台层：提供云资源基础设施管理、大数据管理和应用支撑公共服务等云服务功能。基于业界主流的开源 PaaS 云平台 Cloud Foundry 基础架构作为底层支撑架构，有效支持工业云的能力扩展；同时，自建数据中心直接提供 PaaS 层和通用平台 IaaS 层的基础云服务。

INDICS 工业应用 APP 层：提供面向制造全产业链、基于平台开发的原生本地应用，同时提供开发接口，以形成基于平台的第三方应用，支持多样化、个性化的用户需求。

应用案例

河南航天液压气动技术有限公司是中国航天科工集团的高端液压气动元件制造商，在传统生产模式中存在工作重复、工作效率低下、产品设计周期长和产品质量难以保障等问题。

为解决这些问题，河南航天液压气动技术有限公司携手航天云网，率先将 INDICS 平台应用于复杂产品虚拟系统的设计、研究中,实现了复杂产品设计的学科优化。公司实现了创业计划和产品生产,从 ERP 总计划到 CRP 技能计划再到 CES 运营计划的全过程控制,实现对计划进度的收集和产品质量的收集、分析、反馈。

通过 INDICS 平台的应用,河南航天液压气动技术有限公司成功将产品开发和设计周期缩短了 35%,资源效率提升了 30%,生产效率提高了 40%,产品质量一致性也得到了大幅提高。

2. 海尔 COSMOPlat 平台

海尔集团,1984 年创立,已发展成为一家拥有全球十大研发中心、24 个工业园、108 个制造工厂的超大型家电企业。目前,海尔集团互联网工厂模式为众多企业的转型升级提供了全套解决方案,同时为产业智能化领域的世界级资源建设创造了条件,构建了互惠共赢的生态系统。

COSMOPlat 平台是海尔集团面向制造企业转型升级而打造的工业技术软件化通用平台,其核心价值在于将社会资源有效整合至平台内,实现人、机、物的连接,不同类型的企业可快速匹配智能制造解决方案。平台强调用户全流程参与,零距离互联互通,打造开放共赢的新生态。通过 COSMOPlat,用户能够深度参与产品的交互、设计、采购、制造、物流、体验及迭代升级等各个环节,从而形成用户、企业、资源三位一体,共同构建开放、共赢的有机全生态。海尔 COSMOPlat 平台架构如图 4-8 所示。

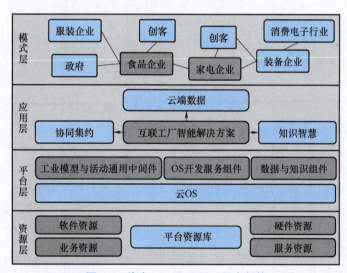

图 4-8　海尔 COSMOPlat 平台架构

资源层:以开发模式为核心,对全球范围内的各类资源进行整合与聚集,包括软件资源、服务资源、业务资源及硬件资源等,打造平台资源库,为后续各层提供资源服务。

平台层:作为 COSMOPlat 平台的核心技术所在,支持工业应用快速开发、部署、运行、集成,实现工业技术的软件化、各类资源的分布式调度和最优匹配。

应用层:通过模式软件化、云化等技术手段,为企业提供具体的互联工厂应用服务,形成智能化的解决方案。

模式层:依托互联工厂应用服务,实现模式的复制与资源的共享,能够在不同行业间进行模式的复制与推广；通过赋能中小企业，助力中小企业提质增效、实现转型升级。

 应用案例一

根据用户对洗衣机使用体验的反馈，当前市场上的洗衣机产品普遍面临内桶清洗周期短且清洁难度大的问题，用户对具有便捷清洗功能的新型洗衣机有强烈需求。为了满足这一个性化需求，海尔集团依托其 COSMOPlat 平台，在众创汇上开展了用户交互活动。此次活动吸引了 990 万用户参与，共同为新型洗衣机产品的创意设计贡献智慧，最终有 57 个设计资源被成功应用于新型产品的开发中。

这些创意方案经过筛选和立项后，海尔集团借助开放平台引入了 26 个外部专业团队，共同投入到产品研发和技术难题的攻克中。在成功获得经过严格认证的产品样机后，海尔集团利用 26 个外网络营销资源和 558 个商圈的广泛覆盖，进行了产品的预约销售活动。在用户下单后，模块采购和智能制造流程迅速启动。在 125 个模块商资源和 16 个制造商资源的全力配合下，海尔集团实现了产品的按需定制和柔性生产，确保了产品的高效生产和快速交付。产品下线后，通过覆盖 9 万辆"车小微"和 18 万"服务兵"的智慧物流网络，海尔集团确保了产品能够迅速、准确地送达用户家中，并同步完成安装服务。此外，在用户使用产品的过程中，海尔集团还鼓励用户通过社群平台在免清洗的基础上持续进行交互反馈。这一互动不仅加深了用户与品牌的联系，也促进了产品的持续优化和创新。

应用案例二

海尔 COSMOPlat 推出了 Haiyouhe 品牌，该品牌是一个集智慧农业和健康生活于一体的农业物联网生态平台。该平台运用物联网技术深度赋能农业产业链，实现了从田间到餐桌的全程无缝连接，吸引了多方利益相关者共同参与，共同打造一个安全、高效且可持续的农业生态系统。

Haiyouhe 平台通过物联网、大数据、云计算等先进技术，对农产品实施了精细化的溯源和监控检测，确保了农产品的品质与安全。同时，Haiyouhe 平台还能够根据用户的具体偏好与需求，提供个性化的农产品定制服务，充分满足用户的消费诉求。此外，Haiyouhe 平台在农业产业链的管理上也展现了卓越的能力，它通过对产业链的链接协调与优化，显著提升了农业产业链的运作效率和整体效益，为用户提供了覆盖种植、加工、配送、售卖直至回收的一站式服务。这些特点使得 Haiyouhe 平台创建了一个安全、高效且可持续的农业生态系统，为用户提供了更好的消费体验。

3. 三一集团树根互联根云平台

三一集团，1989 年成立，已成为全球领先的工程机械制造企业。在 2016 年，三一集团投资了树根互联技术有限公司（简称树根互联）。树根互联运用物联网、大数据、云计算、机器学习、人工智能等前沿技术，打造了根云工业互联网平台（根云平台），并以此为核心，构建开放、共建、共享的工业互联网产业生态。根云平台接入设备类型多样，涵盖工程机械、纺织设备、农机、港航设备、注塑设备等领域，平台通过实时采集设备参数，构建了一个普遍适用于中国制造的技术平台。

树根互联充分发挥其作为平台商的行业集成能力，围绕云存储物联通信、工业应用

软件开发、产业链金融等各个环节，积极拓展战略合作伙伴，已与腾讯、华为、联通、用友、久隆财产保险等一批生态链企业建立了合作关系。通过这些合作，树根互联为客户提供了端到端、即插即用的服务，在提升工业企业智能制造水平、提高设备全生命周期效率、引导企业拓展新业务模式等方面取得了显著成效。树根互联根云平台架构如图 4-9 所示。

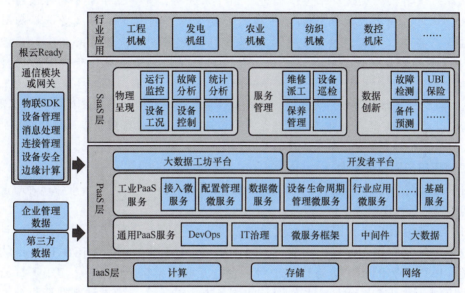

图 4-9 树根互联根云平台架构

边缘层：树根互联在边缘层的设计上，集成了生产控制类和运营管理类软件，即遵循 OPC UA 标准，又自行研发了协议转换解析模块，具有数据清洗、数据缓存和实时分析的多重功能。此外，树根互联不仅集成了如旋思科技、微铭科技、繁易科技、紫清科技等第三方的解决方案，还自主研发了软件网关的连接协议和硬件网关。

IaaS 层：通过云计算和大数据技术，树根互联能够远程管理庞大的设备群，实时掌握其运行状况。

PaaS 层：平台采用了基于 Kubernetes 容器技术及 VM 的混合架构，确保了系统的稳定性和可扩展性。在服务管理方式上，平台采用了微服务、API 网关模式，提供了高效、灵活的服务管理。在数据分析方面，平台引入了分类算法、聚类算法、回归分析、关联规则、文本分析和深度学习等数据建模和分析算法，具备了强大的工业数据处理、建模和分析能力。

SaaS 层：为企业提供端到端的解决方案和即插即用的 SaaS 应用，并为开发者提供开发组件，方便其快速构建工业互联网应用。

应用案例

工业互联网平台通过实时采集与分析海量数据，为银行提供了对抵押品全方位追踪的能力，能够即时获取供应链上下游企业的生产经营动态。同时，保险公司也能依托该平台，深入了解客户产品特性及车辆驾驶人的行车习惯等信息，进而实现保险产品的公正定价。

树根互联与久隆财产保险、三湘银行展开合作，将产业互联网与大数据分析技术应用于金融、保险等多个领域，并推出了相应的服务。在合作中，树根互联基于平台所挖掘的数据和维修换件数据，进行了分析与评估。通过大数据挖掘与建模技术，平台对设备的使用状况及故障维修情况进行了详细分析，并建立了数据挖掘设备质量评估指数。此外，树根互联还根据分析模型开发了用于精算定价与风险选择的数据产品。这些产品不仅为保险公司提供了技术支持和数据支持，还协助久隆财产保险完成了 UBI 产品和延保产品的精准定价，并在用户使用场景、风险管理等方面提供了指导。

通过与树根互联的合作，久隆财产保险能够基于保费规模、利润及被保险汽车数量等关键指标，精准确定适合该业务的设备。进一步地，通过对设备维护成本与利润率的深入分析与排序，能够实现对每个保险产品的精准定价。

4. 阿里巴巴阿里云平台

阿里巴巴网络技术有限公司于 1999 年创立，该公司建设的阿里云平台迅速崛起为全球知名的公共云计算服务平台。

阿里云平台依托自身国内最大规模的公共云计算平台，凭借底层通用化的计算调度、数据管理及应用支撑界面，实现了对阿里云 ET 工业大脑、AliOS Things 物联操作系统、IoT 工业 PaaS、边缘计算平台、企业互联网架构 Aliware、淘工厂、云市场及阿里应用分发开放平台等一系列产品和服务能力的整合，为推动制造业企业的数字化、网络化、智能化转型提供全方面的工业互联网服务。阿里云平台架构如图 4-10 所示。

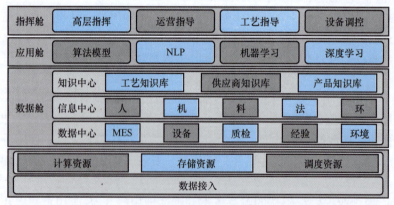

图 4-10　阿里云平台架构

数据接入：在数据源接入方面，支持不同工业场景下多种主流协议的接入，实现多源异构数据（文本文件、日志文件、消息流、工业 OPC 协议数据等）的实时接入与处理。协议兼容方面，支持基于 OPC、OPCUA、Modbus 等协议数据采集；在边缘数据处理能力方面，支持数据清洗、数据缓存、实时分析功能；在数据采集解决方案能力方面，达到关系型数据库同步、日志文件同步、实时数据上云的条件。

计算、存储、调度资源：阿里云工业互联网平台由阿里巴巴网络技术有限公司投资建设的阿里云平台承载，该平台拥有超过 100PB 的自建存储能力，配备大于 10 万核的 CPU 和超过 1 万 GB 的内存，自有计算能力突出，并拥有双线接入大于 100Gbit/s 的宽带为网络服务提供支撑。

数据舱：为企业提供三种类型的数据接入能力，分别为日志数据、系统数据和设备数据，这些数据能够帮助企业高效地汇集和整合信息。

应用舱：对适用于工业场景的人工智能和大数据技术进行规约、最小化的封装，企业无须从零开始编写代码即可快速应用这些技术。

指挥舱：将物理设备的三维模型与算法模型相结合。这种融合能力不仅可以增强企业对设备状态的洞察力，还能够将人的经验与机器智能结合。通过平行计算系统，实现人、机器、云三者的计算在一个平行的维度上共同赋能企业发展。

应用案例

自 2016 年始，阿里云工业互联网平台以"企业上云"为起点，以"工业智能"为引领，在浙江省"十万企业上云行动"及工业和信息化部"国家工业智能公共服务云平台"建设中发挥了重要作用。在此过程中，涌现出诸如中策橡胶、天合光能、恒逸石化、盾安风电等一系列成功案例。这些企业通过应用阿里云工业互联网平台，实现了工业互联网的深度融合与转型，显著提升了生产效率与质量，实现了智能化转型与可持续发展。阿里云工业互联网平台在工业互联网领域的探索与实践，为企业上云和工业智能化转型提供了有力的支持与推动。

天合光能作为全球领先的光伏产品供应商，在产品生产过程中长期面临产品质量挑战。为应对这一挑战，天合光能借助阿里云 ET 工业大脑平台，实现了对光伏电池材料数据、生产设备参数及 MES 数据等信息的全面掌控。通过对这些数据的深入挖掘与关联性分析，天合光能精准识别出影响电池质量的关键环节，并据此实施高效优化。经过实际生产线的反复试验与对比调试，天合光能成功优化了关键环节，使得电池片生产良品率提升了 5%，有效地提升了天合光能的整体产品质量。

4.4 实验：工业互联网平台系统操作

1. 实验目的
1）熟悉工业互联网平台。
2）掌握工业互联网平台基本功能。

2. 实验相关知识点
1）智能感知技术：数据采集协议。
2）大数据技术：数据接入、数据建模、数据存储与计算。

3. 实验任务
工业互联网平台是一个集数据采集、传输、处理、分析和应用于一体的综合性系统。它利用智能感知技术，将生产线上的各种设备、传感器和控制系统连接起来，实现

实验

数据的实时采集和传输。同时，通过云计算和大数据技术，平台能够对海量数据进行存储、清洗、分析和挖掘，提取出有价值的信息和规律，支持工业企业的业务管理和高效运行。

通过本实验，能熟练使用上海犀浦智能工业互联网平台的基本功能，任务如下：

任务一：熟练使用边缘计算工具。

任务二：熟练使用工业大数据应用工具。

任务三：熟练使用低代码开发工具。

4. 实验工具

实验工具信息见表4-1。工业互联网平台的核心包括边缘计算、工业大数据管理与服务、低代码开发等工具。

表 4-1 实验工具信息

实验工具名称	型号/版本	品牌	数量	单位
工业互联网平台	XP-IIAP v2.0	上海犀浦	1	套

5. 实验原理

边缘计算工具：用户通过平台提供的边缘计算工具实现工业设备接入与管理、应用与系统远程运维、实时分析服务等功能。

工业大数据管理与服务工具：数据集成与分析服务，辅助建立多维度数据整合平台，以完整数据驱动决策管理。连接系统中的多源异构数据，对数据进行统一查询、关联、清洗转换、计算处理，实现OT和IT数据的整合分析，并将分析结果围绕业务层面构建不同主题资料库，建立数据共享平台，并提供多种数据访问方式让其他应用整合，助力企业打破数据孤岛，构建以数据驱动管理的创新模式，帮助企业实现数据洞见，科学决策。

低代码开发工具：提供可视化的界面和预构建的组件，开发者通过拖拽、配置来创建个性化的应用程序，不需编写大量的代码，提高开发效率。

6. 实验步骤

在实验开始之前，请确保各系统可正常访问。

任务一：熟练使用边缘计算工具

平台提供了一个基于浏览器的流程编辑器，允许用户通过拖拽连接节点的编程方式，快速将硬件和设备连接到Web服务和其他软件。其主要的功能如下。

1）丰富节点：平台提供了上千个节点，这些节点包含各种各样的功能，例如对通用功能的封装；对常见工业网络协议的封装，如MQTT、OPCUA、ModBus TCP等；对MySQL、InfluxDB等存储节点封装（见图4-11）。通过已有的节点可完成大部分功能需求的开发。

2）自定义与扩展：平台允许创建自定义节点，以满足特定的需求。此外，还可以安装新的节点以扩展其功能，应用开发灵活（见图4-12），提供近五千个节点的扩展。

第4章 工业互联网平台基础 111

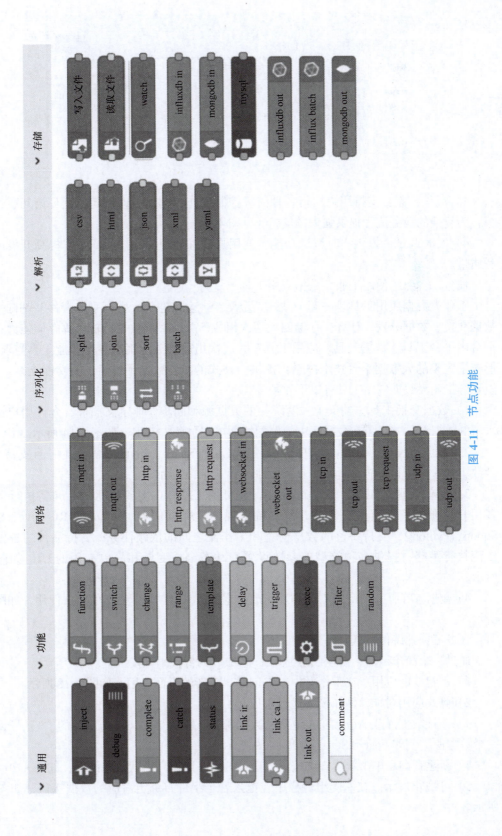

图 4-11 节点功能

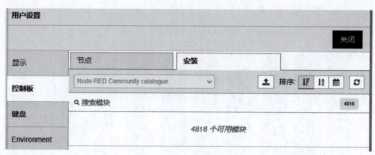

图 4-12　自定义与扩展

3）流程控制：支持用户执行各种流程控制操作，例如条件语句、循环语句、计数器等，为复杂的业务流程提供强大的支持（见图 4-13）。

4）实时调试：提供实时调试功能，使用户更好地理解和排除问题，提高开发的效率和质量。

任务二：熟练使用工业大数据应用工具

工业大数据应用工具是一套一站式、金融级、全连通的大数据平台套件。基础平台由数据交换、数据分发、计算、存储四大层次组成，关注底层数据传输计算存储能力；功能平台由平台工具、数据工具、应用工具三大层次组成，关注用户各类功能工具需求实现。形成了完整的大数据平台技术体系，提供一站式的丰富数据平台组件及功能支撑。其中，主要的工业大数据应用工具有以下 4 种。

1）数据交换工具：抽象了一套统一的数据源和同步作业定义插件，允许用户快速接入新的数据源，并只需在数据库中简单配置即可在页面中使用，如图 4-14 所示。

2）数据开发 IDE 工具：支持在线写 SQL、PySpark、HiveQL 等脚本，且支持 UDF、函数、资源管控和智能诊断等企业级特性，如图 4-15 所示。

3）工作流调度工具：具备高性能、高可用（去中心化多调度中心和多执行器）和多租户资源隔离等金融级特性，且支持常规的大数据任务（HadoopMR、Hive、Spark、Sqoop、Python）；支持特色的数据检查和工作流之间的依赖任务；支持完善的告警和工作流执行策略；提供多种类型的参数设置，动态全局变量和简单易用的 UI，如图 4-16 所示。

4）数据 API 服务：将 SQL 脚本发布成数据服务 API，分享给其他用户使用，如图 4-17 所示。

任务三：熟练使用低代码开发工具

通过一个简单示例，快速熟练使用工业 APP 的低代码开发工具。

1）创建新的应用。在工作区中，先创建一个新的桌面应用，如图 4-18 所示。

2）修改应用名称，例如设备远程监控。

3）连接数据库或 API，在左下角"数据源"下拉菜单中，单击左侧的"+"号，新增一个数据源，例如 PostgreSQL，如图 4-19 所示。

4）新建查询。单击新建查询按钮，选择 Select 选项，用默认的语句，如图 4-20 所示。

5）可视化展示。在左侧组件栏中，拖入若干组件，绑定对应的数据接口，如图 4-21 所示。

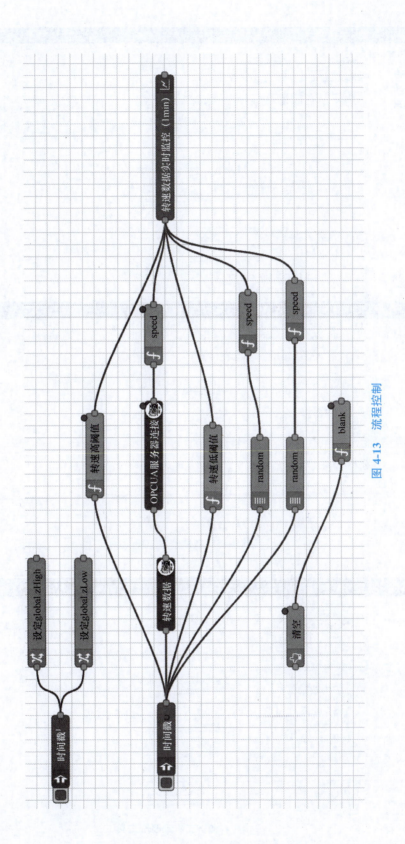

图 4-13 流程控制

图 4-14 数据交换工具

图 4-15 数据开发 IDE 工具

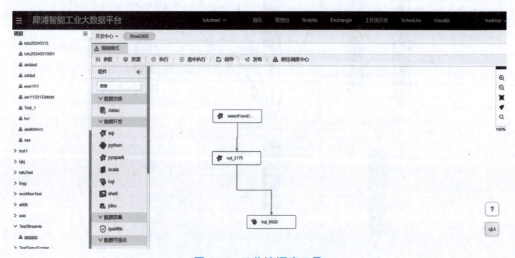

图 4-16 工作流调度工具

第4章　工业互联网平台基础

图 4-17　数据 API 服务

图 4-18　创建一个新的桌面应用

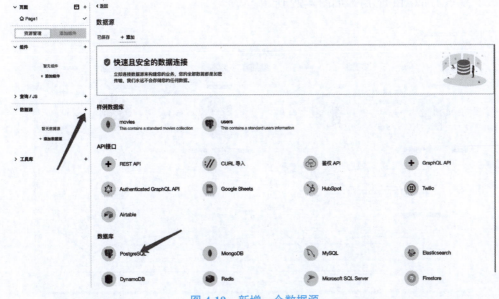

图 4-19　新增一个数据源

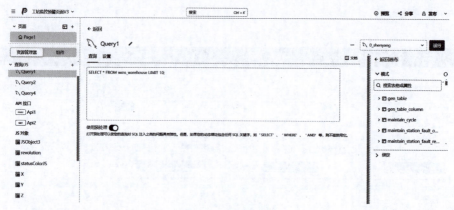

图 4-20　新建查询

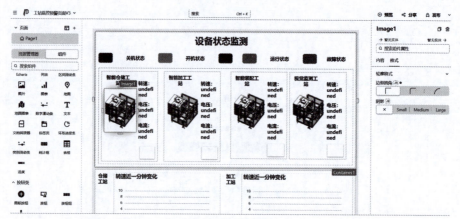

图 4-21　可视化展示

6）发布工业 APP 应用，如图 4-22 所示。

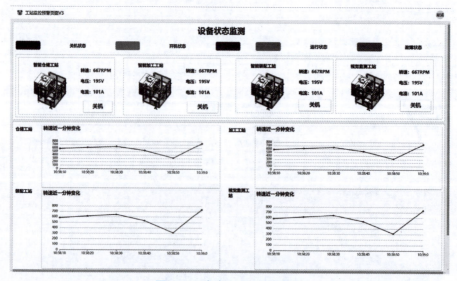

图 4-22　发布工业 APP 应用

习题

1. 简要描述工业互联网平台的定义与特征。
2. 工业互联网平台的定位是什么？它能起到哪些方面的作用？
3. 基于工业互联网平台的创新服务，其应用价值主要分为哪两类？
4. 边缘层在工业互联网平台中的作用是什么？
5. 平台层在工业互联网平台中的作用是什么？
6. 应用层在工业互联网平台中的作用是什么？
7. 试比较分析国内外典型工业互联网平台的异同点。
8. 选择一款国内工业互联网平台，尝试使用其基本功能。

科学家科学史
"两弹一星"功勋
科学家：孙家栋

第 5 章

边缘计算

PPT 课件

> **学习目标**
>
> ① 了解边缘计算的定义与特点。
> ② 了解边缘计算在工业互联网平台中的作用。
> ③ 了解边缘计算在智能制造中的作用。
> ④ 了解边缘计算的关键技术。
> ⑤ 能够进行基本的边缘计算操作。

工业互联网平台通常部署在远离工厂或设备的"云端",这导致对设备的实时响应速度较慢。为了满足对设备快速且安全的响应需求,必须将一部分计算和控制功能部署在工厂或设备侧。同时,对于那些对实时性要求不高的计算和分析功能则部署在云端,从而在工业互联网中形成云边协同。

5.1 边缘计算概述

5.1.1 边缘计算的定义与特点

1. 边缘计算的定义

边缘计算是在靠近实物或数据源头的网络边缘侧,融合网络、计算、存储、应用核心能力的分布式开放平台,就近提供边缘智能服务,更好地满足行业数字化在敏捷连接、实时业务、数据优化、应用智能、安全与隐私保护等方面的关键需求。

边缘计算可被视作连接物理世界与数字世界的"桥梁",通过在靠近用户的网络边缘部署数字世界的网络、计算、存储和应用资源,将核心云计算的计算任务"下沉"到边缘云服务器进行处理,能更好地满足时延通信、能耗等方面的需求,提升数字世界对物理世界的智能感知和资源利用效率,实现对物理世界的控制、深度分析和计算性能的提升。边缘计算概念如图 5-1 所示。

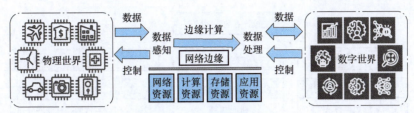

图 5-1　边缘计算概念示意

2. 边缘节点的概念

边缘计算的计算功能主要依赖于边缘节点来实现。边缘节点类似于传统信息网络中的终端或客户端系统。与客户端主要面向用户进行人机交互不同，边缘节点面向的是产生数据的设备。边缘节点收集、处理数据，并提交与网络系统有关的处理结果或直接对现场设备进行控制。

边缘节点的实体是一种携带软件或硬件编程的设备，一般封装有计算、网络、存储资源（其中网络资源主要用于自身与异构协议的连接），如着重网络协议处理和转换的边缘网关，着重在边缘层闭环处理部分业务的边缘控制器，着重对大规模数据进行汇总、处理的边缘云，着重采集低功耗信息的传感器等产品。边缘节点具备控制、分析、优化三大功能。

（1）控制功能

控制功能包括对于现场设备的通信、设备管理、感知、建模、执行等。通过与现场设备的连接，可以获取设备信息；通过建模，可以理解通信数据的含义；通过感知设备状态，可以下达执行指令。控制功能可以形成一个在单个现场设备内的从感知到执行的操作闭环（经过后续优化可以更智能地实现更大范围的闭环），可以用于简单的控制，如在温度达到某一阈值时停止某项功能。

（2）分析功能

分析功能是边缘节点相对于传统现场设备的显著优势之一。传统现场设备可以执行简单的感知和判断，而边缘节点能够进行更深入的数据分析，可以计算单位时间内的次品率，甚至次品率的趋势，还可以对影像进行智能判断等，这些功能是传统现场设备所缺乏的。同时，分析功能能够对海量数据、实时数据进行汇总，然后提供给边缘云或企业信息化系统，从而获取更多商业价值。

（3）优化功能

优化功能可以理解为控制功能和分析功能的智能协同，即"分析+控制+智能"。优化功能可以实现更深入的、多节点协同的、更复杂的自动化动作。例如，边缘节点可以通过对数据进行分析，发现一段时间内次品率的变化趋势，在达到次品率阈值之前，控制多个现场设备调整生产速度，在满足产品质量要求的条件下达到最优速度。

3. 边缘计算的特点

边缘计算的三大特点如图 5-2 所示。

（1）数据处理实时性

边缘计算具备数据采集、分析、执行三种功能，能够降低数据传输时延，提高本地网络边缘侧设备的工作性能和需求响应速度。

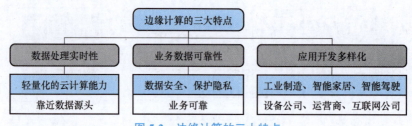

图 5-2 边缘计算的三大特点

(2) 业务数据可靠性

边缘计算能够在靠近数据源的一端处理数据,不需将数据传输至云中心处理,即便广域网因意外事故无法工作,也能保障本地业务的稳定可靠运行。

(3) 应用开发多样化

随着工业制造、智能家居、智能驾驶等场景的发展,越来越多的数据不再传输至云中心,而是在靠近数据源的一端进行处理,因此应用的开发可以更好地结合用户自身的实际需求。

5.1.2 边缘计算与工业互联网平台

在"工业 4.0"场景下,工业边缘特指工业互联网边缘,在"端边云网智"五个价值要素中,包含"端"和"边"两部分要素,"端"是指智能物联网产品及设备,"边"是指边缘计算系统。边缘计算是工业互联网中推进 IT 和 OT 融合交汇的关键点。工业互联网中的边缘计算既解决了工业生产中面临的现实问题,又能够为工业的转型发展提供新能力,是现阶段国内外工业互联网关注的焦点之一。

1. 工业互联网边缘计算

工业互联网边缘计算包括平台侧和网络侧。

(1) 平台侧

平台功能在靠近数据源的边缘侧进行映射,实现生产现场数据的实时处理和业务的快速优化,以满足工业领域对实时性、可靠性、确定性、虚拟化和资源抽象、低时延数据感知、边云协同、轻量级机器学习应用等方面的需求。为了加快平台与底层硬件设备的兼容匹配,并提升边缘应用的开发水平,需要紧密关注边缘智能、边缘实时操作系统、边缘微服务框架等新需求和新技术的研发,构建边缘生态。

(2) 网络侧

边缘计算在推动工业数据的纵向集成和实时处理方面发挥着重要作用,是工业互联网中实现云、边、网、端协同的关键枢纽。随着边缘计算研究的不断深入,算力网络、边缘智能等技术也在不断创新发展。同时,为了促进跨厂商产品之间的互联互通互操作,需要加强统一的服务需求、资源封装、接口协议等标准化工作,推动边缘计算向智能化及协同化方向发展,实现对计算、网络等多维资源的统一协同调度和全局优化。

2. 边缘计算在工业互联网中的特点

边缘计算赋予了设备本地计算的能力,使得设备可以快速采取本地行动,实现在本地或后台进行数据聚合与分析,从而切实提升生产效率。目前,在边缘计算的支持下,工业互联网正在与制造业实现深度融合,具体表现出如下五个特点。

(1) 连接性

连接性是边缘计算的基础。由于所连接物理对象的多样性及应用场景的多样性，边缘计算需要具备多样化的连接功能，包括多元化的网络接口、网络协议、网络拓扑、网络部署与配置、网络管理与维护等。

(2) 数据入口

边缘计算作为物理世界到数字世界的"桥梁"，是数据进入平台的入口，能够收集大量、实时、完整的数据，并根据数据的生命周期对数据进行管理，为预测性维护、资产效率与管理等创新应用提供重要支持。

(3) 约束性

为适应工业现场相对恶劣的工作条件与运行环境，边缘计算需要具备防电磁、防尘、防爆、抗振动、抗电流波动、抗电压波动等特性。工业互联场景对边缘计算设备的功耗、成本、空间等方面也提出了更高的要求。因此，边缘计算设备需要考虑通过软硬件集成与优化，以适配各种约束条件，支撑行业数字化多样性场景。

(4) 分布性

边缘计算的实际部署具有分布式特征。这要求边缘计算支持分布式计算与存储，实现分布式资源的动态调度与统一管理，支持分布式智能，并具备分布式安全等能力。

(5) 融合性

OT 与 IT 的融合是行业数字化转型的重要基础。边缘计算作为 OT 与 IT 融合与协同的关键承载，需要在连接、数据、管理、控制、应用、安全等方面实现协同。

3. 边缘计算对工业互联网的赋能作用

边缘计算技术对工业互联网的赋能作用主要体现在以下两个方面。

(1) 降低工业现场的复杂性

当前，工业现场存在超过 40 种工业总线技术，工业设备的连接、各种制式的网络通信协议的转换、异构网络的部署与配置、网络的管理与维护等都需要边缘计算提供现场级的计算能力。

(2) 提高工业数据计算的实时性、可靠性

在部分工业场景中，计算处理时延不能超过 10ms。如果将数据分析和控制逻辑全部部署在云端，将难以实现实时处理。同时，在工业生产中要求计算能力能够"本地存活"，不受网络传输带宽与负载的影响，即使发生断网、时延过长等情况，仍需能够实现实时计算，以满足实时性生产要求。因此，工业互联网的发展需要边缘计算提供具备服务实时性和服务可靠性方面的能力。

5.1.3 边缘计算与云计算

1. 中心式云计算的不足

中心式云计算以其强大的数据中心为支撑，为各类业务应用提供大规模池化、弹性扩展的计算、存储、网络等基础设施服务。然而，随着工业互联网的不断发展，特别是在高带宽、超低时延的边缘产业应用场景下，中心式云计算的支持能力显得不足，主要体现在以下三个方面。

（1）数据处理的及时性

传统的中心式云计算受限于远程数据传输速率及集中式体系结构的瓶颈问题，难以满足大数据时代各类应用场景的实时性要求。例如，在工业领域中运用云端融合技术解决大数据处理的实时性、精准性等问题，实现工业大数据的处理分析决策与反馈控制的智能化和柔性化。

（2）网络依赖性

传统的中心式云计算对网络通畅度要求高，当网络不稳定时，用户体验将受到严重影响，且在没有网络接入的地方，无法使用云计算服务。

（3）安全与隐私

在传统的中心式云计算使用场景中，所有数据都需通过网络上传至云端进行处理，这种集中式的计算方式带来了数据安全和隐私保护方面的风险。存在云计算中不安全的应用程序接口、账户和证书认证体系缺陷等问题，对数据安全造成了很大的威胁。

2. 边缘计算对中心式云计算能力的补充

边缘计算聚焦于实时性、短周期数据、本地决策等业务场景，将工作负载下沉至靠近终端设备或最终用户的网络边缘侧。这一举措可以极大地减少服务时延和带宽消耗，有效降低云计算服务器的负载，显著减轻网络带宽的压力，提高数据处理的效率，有效补充中心式云计算的能力，是工业互联网建设的重要支撑技术。同时，边缘计算技术还能很好地解决云计算无法适应的时延敏感计算、低价值密度和应急场景等问题。

边缘计算技术对中心式云计算能力的补充主要体现在以下四个方面。

（1）实时数据处理和分析

边缘计算节点部署在数据产生源头附近，数据可以在本地实时进行计算和处理，无须传输至外部数据中心或云端，从而减少处理时延。

（2）节约成本

相较于传统的云计算中心，边缘计算能有效降低数据本地化处理的管理成本。

（3）缓解网络带宽压力

边缘计算技术能够在处理终端设备数据时过滤掉大量无用数据，只上传少量原始数据和重要信息至云端，从而显著降低了网络带宽的压力。

（4）隐私策略实施

通常情况下，用户不太愿意将涉及敏感信息的原始传感器数据和计算结果直接传送至云端进行处理。边缘计算设备作为传感器等数据基础设施的首要接触点，能够在将数据上传到云端之前执行数据所有者应用的隐私策略，提升数据的安全性。

中心式云计算的多种不足加速了边缘计算的发展，边缘计算将云计算的能力下沉至网络边缘的数据生产侧，从而弥补了中心式云计算的不足。然而，边缘计算并不能完全取代云计算，二者的发展与应用应相辅相成。边缘计算与云计算的协作能够有效减少数据传输，合理分配计算负载，并高效进行任务调度。

5.1.4 边缘计算与区块链

随着柔性制造等新兴应用场景的出现，工业领域对全产业链协同提出了更高的要求。工业互联网的目标之一是打破企业信息系统之间的壁垒，使得产业链上的所有企业能够对等地参与到生产、运输、销售等环节中,以满足最终用户的需求。在这一过程中,建立可信的协同机制显得尤为关键,区块链技术为解决这一问题提供了新的解决方案。

1. 区块链技术

从狭义上讲,区块链是一种按照时间顺序将数据区块以顺序相连的方式组合成的一种链式数据结构,并以密码学方式保证的不可篡改和不可伪造的分布式账本。从广义上讲,区块链技术是利用链式数据结构来验证与存储数据,利用分布式节点共识算法来生成和更新数据,利用密码学的方式保证数据传输和访问的安全,利用由自动化脚本代码组成的智能合约来编程和操作数据的一种全新的分布式基础架构与计算方式。

区块链技术不依赖第三方,是一种通过自身分布式节点实现网络数据的存储、验证、传递、交换的技术方案。一般而言,区块链结构由数据层、网络层、共识层、激励层、合约层、应用层组成,如图 5-3 所示。

数据层利用交易及数据区块封装从不同应用程序中生成的数据,验证双方的交易并将其打包到一个带有区块头的块中,然后链接到上一个块,从而得到一个有序的块列表。网络层定义了区块链中使用的网络机制,该层的目标是传播从数据层中生成的数据。共识层由共识算法组成,在分散环境中的不可信节点之间达成共识。激励层使用经济奖励来驱动节点,这对于在没有中心授权的情况下保持分布式区块链系统的整体运作至关重要。合约层是区块链可编程特性的基础,其中包括各类脚本、算法和智能合约。应用层则封装了区块链的各种应用场景和案例,如加密货币、物联网、智慧城市等,涉及制造业、金融和管理等诸多领域。

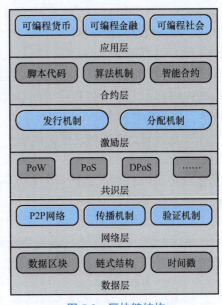

图 5-3 区块链结构

根据目前的研究,区块链的核心特征可以概括为以下三个方面。

(1)去中心化和透明化

区块链网络拥有许多验证对等节点,从而无须集中权限就可以访问信息,因此事务(记录)是透明且可追溯的。

(2)通过共识进行同步

共识协议确保一定数量的节点按顺序将新事务的块添加到共享分类账,其由参与者维护的副本是同步的。

(3)安全性和不变性

共享、防篡改复制的分类账通过单向密码散列函数保证了不变性和不可复制性。除非对方控制大多数矿工,否则很难篡改此类记录。

2. 边缘计算为区块链服务提供资源和能力

边缘计算能够为区块链服务提供资源和能力,解决区块链在移动服务等场景中受到计算能力限制的难题。传统的移动服务中,区块链的应用仍然受到限制,因为区块链用户需要解决预设的工作量难题,才能向区块链添加新的数据(即区块)。然而,解决这些工作量难题需要消耗大量的 CPU 时间和能源资源，这在资源受限的移动设备上并不适用。但是在边缘计算加强的移动服务环境中，服务提供商可以将本地数据中心和服务器部署在移动网络的"边缘"，以增强其计算能力。

边缘计算为区块链服务提供资源和能力主要体现在以下三个层面。

(1) 资源层面

边缘计算平台为区块链节点的部署提供了新的选择，区块链可以与终端节点共用边缘计算节点资源，从而节省云计算的成本。将区块链节点以软件形式部署在边缘计算节点上，具有高效的部署优势。

(2) 通信层面

由于边缘计算平台靠近用户侧，区块链在边缘计算节点上的部署使得区块链更靠近用户端，相较于之前将数据传输至云端，降低了通信时延。此外，从终端用户角度看，传输路径更加可控。同时，可以采用优化策略，将经常使用的数据缓存于边缘节点，提高通信效率，降低数据传输时延。

(3) 能力层面

边缘服务器为庞大的公共区块链提供了强大的存储容量，为私有区块链提供了独立而机密的环境。此外，由于区块链提供的数据存储空间有限，某些多媒体应用需要链下数据存储。将原始数据部署至边缘服务器，可以实现区块链在多媒体应用方面的拓展。

3. 区块链为边缘计算提供信任

作为大规模分布式去中心化系统，区块链通过哈希链及共识算法，提供了数据永久保存及防篡改特性，能够有效地辅助解决边缘计算环境中的各类安全问题。此外，通过有效利用区块链的去中心化特性，还可以构建去中心化文件系统、去中心化计算系统等。

具体而言，通过在边缘计算节点上部署区块链，可以提高边缘计算节点在以下三个方面的能力。

(1) 安全性

使用区块链技术，可以在数十个边缘节点上构建分布式控件。区块链以透明的方式在其生命周期内保护数据和规则的准确性、一致性和有效性，其适用于分离的物理边缘处或在分离的物理边缘之间移动的大量异构用户。

(2) 隐私性

在边缘计算中，为了提高边缘计算隐私方面的优势，可以采用在本地存储数据或在多方之间分散存储数据的方式，但这对全局协调边缘服务构成了挑战。利用区块链技术，每个用户都能管理自己的可变密钥，而不需第三方介入即可访问和控制数据，其匿名性质允许在对等基础上进行协调，而不必向任何人透露原始数据的来源、目的地和内容。

(3) 公共资源利用率

由于区块链的智能合约可通过自动运行所请求服务的按需资源算法，促进了资源的按需利用。此外，区块链还提供了资源使用情况的可追溯性，以正确验证客户端和服务提供者的服务水平协议。因此，通过区块链的智能合约，边缘计算中的资源利用也有望实现可靠、自动和高效的执行，从而能够显著降低运营成本。

5.1.5 边缘计算与智能制造

在工业内网中,在离工业现场最近的地方,融合网络、计算、存储、应用核心能力的开放平台,就近提供边缘智能服务,能够满足制造企业数字化转型中提出的快速连接、实时业务、数据优化、应用智能、安全保护等方面的关键需求。

1. 边缘计算是智能制造的核心技术之一

在当前广泛采用的基于 PLC、DCS、工控机和工业网络的控制系统中,位于底层、嵌于设备中的计算资源,或多或少都是边缘计算的资源。然而,目前这些资源存在着分散、独立、效率低下的问题,未能充分实现互联、互通、互操作,也未能达到充分的标准化和平台化,难以满足现代应用场景对实时性、安全大容量、高速度、自适应计算和通信等方面的要求。

引入边缘计算后的工业信息物理系统架构如图 5-4 所示。该系统在底层通过工业服务适配器将现场设备封装成 Web 服务。在基础设施平台,通过工业无线网络或工业 SDN 网络将现场设备连接到工业数据平台中。在数据平台中,根据产线的工艺和工序模型,通过服务组合对现场设备进行动态管理和组合,并与 MES 等系统进行对接。工业 CPS 能够使生产计划灵活适应产线资源的变化,使得旧的制造设备能够快速替换,支持新设备的快速上线。

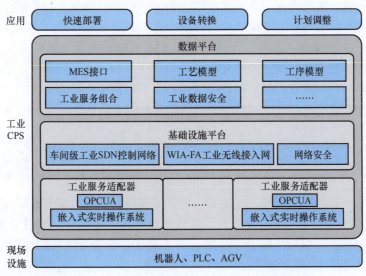

图 5-4 引入边缘计算后的工业信息物理系统架构

通过引入边缘计算,能够为智能制造带来以下三个方面的提升。

(1)设备灵活替换

通过 Web 互操作接口进行工序重组,可以实现新设备的即插即用,快速替换损坏设备,降低人力成本,提高实施效率。

(2)生产计划灵活调整

通过生产节拍、物料供给方式的自动变化来适应每日多次的计划调整,消除多个型号的混线切单和物料路径切换导致的 I/O 配置时间损耗。

(3）新工艺 / 新型号快速部署

通过 Web 化的工艺模型自适应调整，消除新工艺部署所需的 PLC 重编程、断电启停、OPC 变量修改重置的时间，大幅缩短新工艺部署时间。

2. 边缘计算在智能制造领域中的优势

边缘计算将工业互联网的思维和决策能力，分配到更接近感知和行动的地点，从以下三个方面推动了智能制造领域的发展。

（1）提高制造设施的响应能力

在智能制造中采用边缘计算，能够显著缩短请求传输至数据中心的时间、数据中心处理信息的时间，以及返回端点的响应时间。在边缘计算中，最经常用到的处理模块更接近终端设备，因此网络时延大幅减少。这种体系架构的变化使得制造设施能够更快速、更灵活地应对变化。制造设施可以承载处理现场日常操作所需的核心模块，而很少使用的模块可以存储在中央云服务器上。制造设施可以定期将日志和其他关键信息上传到集中式云服务器，以进行分析和其他高级业务功能。将哪些功能留在中央云服务器上，哪些功能放到边缘，可能会因业务需求而异。

（2）提高网络的可靠性

在使用边缘计算实现智能制造的工厂中，所有运营所需的处理组件都可在现场获得。因此，分布式制造单元不再依赖于与中央数据中心的持续连接，中央数据中心的通信问题不会影响生产运营，从而确保运营的连续性。由于边缘计算网络中存在多个存储点和数据处理点，因此这些网络不会因硬件故障或网络攻击等原因丢失数据。

（3）降低维护的成本

借助边缘计算处理和存储能力将在整个供应链中分布，企业网络上的数据无须进行远距离和大容量传输，制造商因此可以避免承担拥有大容量中央云服务器和大容量数据传输能力的成本，将设置、维护或订阅高带宽连接的成本降至最低。

5.2 边缘计算关键技术

边缘计算的主要目标是实现快速决策。为了实现这一目标，需要在边缘侧为业务提供计算、存储、网络、安全、应用等能力，以满足业务在快速连接、实时业务、数据处理、智能分析、安全保护等方面的需求。同时，为了满足业务的云边通信和任务协调的需求，还需要为业务提供云边协同管理能力。

5.2.1 计算任务卸载

在边缘计算中，计算卸载是指用户终端将任务传输到邻近的一个或多个边缘节点，利用边缘节点的计算资源完成任务处理，以解决设备在资源存储、计算性能和能效等方面的不足。相较于移动终端将任务发送到云服务器可能导致的不可预测时延和传输距离远等问题，边缘计算能够更快速、高效地为移动终端提供计算服务，并且有助于减轻核心网络的压力。

计算卸载的步骤主要包括以下六个方面，如图 5-5 所示。

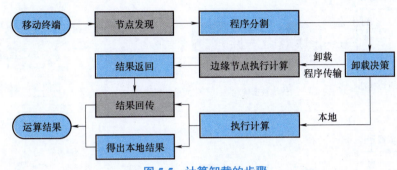

图 5-5　计算卸载的步骤

（1）节点发现

根据需求在边缘网络中寻找可用节点，用于后续对卸载程序进行计算。这些节点可能是位于远程云计算中心的高性能服务器，也可能是位于网络边缘的边缘计算服务器。

（2）程序分割

将需要进行处理的任务程序进行分割，尽量确保每个分割部分具有自包容性，同时要注意任务的拓扑结构。

（3）卸载决策

卸载决策是计算卸载的核心问题，涉及是否卸载、卸载什么、何时卸载、卸载到哪里、怎样卸载等问题。

（4）程序传输

主要考虑卸载过程中的网络通信状况，将卸载的计算程序传输至节点。

（5）执行计算

该过程主要在边缘节点进行，用户只需等待即可。

（6）结果回传

计算结果回传是计算卸载的最后步骤，将边缘节点处理后的计算结果传回用户的移动设备终端，至此，计算卸载过程完成，移动终端与云端断开连接。

5.2.2　边缘缓存

当前的无线网络主要是基于基站的蜂窝接入网络。当用户发出请求时，数据需要从基站传输到远程云服务器，这会导致较大的传输时延。此外，如果有大量用户同时请求相同的热门内容资源，会给核心网络的回传造成巨大压力，也会导致带宽资源的浪费和用户体验的下降。而在边缘网络中对各种服务进行缓存，能够在计算请求到达时迅速启动服务，有效解决服务启动时延和服务下载时延的问题。

1. 边缘缓存的步骤

边缘缓存的步骤通常包括内容的放置和内容的传递。

内容的放置涉及确定缓存的内容、选择缓存位置及将内容下载到缓存节点的方式，而内容的传递则涉及如何将缓存的内容传递给请求的用户。边缘缓存的放置和传递如图 5-6 所示。

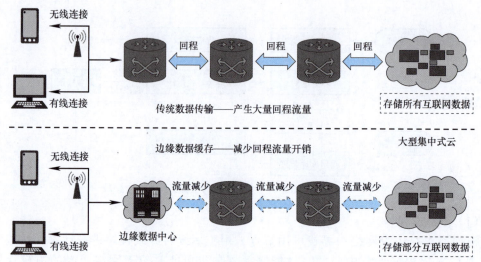

图 5-6 边缘缓存的放置和传递

一般情况下,当网络流量较低、网络资源丰富而廉价时(例如清晨),执行内容的放置;而当网络流量较高、网络资源稀缺且昂贵时(例如晚上),则执行内容的传递。目前的研究主要集中在缓存的位置、缓存的形式和缓存的内容三个方面。同时,考虑到随着小基站的致密化部署及移动设备的激增,用户在小区之间的切换越来越频繁,用户之间的 D2D 通信的机会越来越多,对边缘缓存的影响也越来越大。

2. 边缘缓存的基本特点

边缘缓存的基本特点可以从以下四个方面进行介绍。

(1)缓存形式

缓存通常以编码缓存和非编码缓存两种形式存在。编码缓存将文件分割成互不重叠的编码段,每个基站或移动设备可缓存不同的编码段,通过这些编码段可还原源文件。而非编码缓存则假设文件完全缓存在基站或用户设备上,或者不缓存在基站或用户设备上。

(2)缓存内容

针对缓存内容,首要需要关注的是缓存文件的流行度。缓存文件的流行度指的是在特定区域内,所有用户请求文件库中每个文件的概率。通常情况下,内容流行度的变化速度比蜂窝网络的流量变化速度慢得多,在较长时间内近似为常数。然而,大区域和小区域内流行的内容往往是不同的。用户对内容的偏好程度也对缓存内容至关重要,这是因为用户通常对特定类型的内容有强烈的偏好,通过缓存此类内容,可以提高缓存的命中率。与文件流行度不同,用户偏好指的是特定用户在一段时间内请求文件的概率。可以通过用户请求的历史数据,并借助推荐算法来预测用户对内容的偏好。

(3)缓存位置

在 5G 网络中,边缘缓存的位置主要有基站和用户移动设备。与内容中心网络的缓存不同,边缘缓存需要考虑其特殊性,如基站小区的干扰或用户设备的移动等。对于基站的缓存,可以在非高峰期将缓存内容提前部署在宏基站或小基站上。小基站可以分为两种,一种是具有回传链接的,另一种是没有回传链接的。对于用户移动设备缓存,则是指请求内容的移动设备能够通过 D2D 通信从缓存该内容的其他用户处获取，而不需通过基站等获取。

（4）用户移动性

用户移动性是边缘缓存的一个重要特征。可以从空间和时间两个角度介绍现有工作对用户移动性的描述。空间角度指的是与用户移动模型相关的物理位置信息，用户的移动轨迹可以对用户移动性进行细粒度的描述，通过用户的移动轨迹，可以得到用户与小基站、宏基站之间的距离。时间角度指的是与用户移动模型相关的时间信息，两个移动用户通信的频率和持续时间可以描述用户的移动性，根据已有的工作，任意一对用户的通信频率和通信时间可以使用接触时间（Contact Time）和接触间隔时间（Inter-contact Time）来表示。其中，接触时间定义为一对移动用户在彼此的传输范围内的持续时间；接触间隔时间定义为两次连续接触时间之间的间隔时间。

3. 边缘缓存技术

（1）基站缓存

基站缓存是指在基站部署缓存，通过将移动基站网络抽象成分布式网络模型，能够显著减轻移动核心网络链路的压力。

（2）移动内容分发网络

移动内容分发网络（Mobile CD）将传统 CDN 技术与移动通信网络相结合，在核心网外部建立分布式本地网关，使移动数据流量可以直接通过本地网关接入网络，这种流量卸载方式可以有效减轻核心网的负担。分布式的本地网关为分布式缓存部署提供了基础。

（3）透明缓存

透明缓存主要由互联网服务提供商（ISP）进行管理，部署在离用户非常近的位置。用户并不知道内容是由缓存提供的，即缓存对用户是透明的，对内容提供商是透明的，对应用也是透明的。

（4）资源缓存热度

为了确保边缘缓存服务器中缓存的内容是用户实际需要的，需要采取相应的措施对内容的流行度（即热度）进行预测。在内容流行度预测过程中所采用的方法与预测效果密切相关，常见的预测方法包括静态模型、动态模型、大数据预测模型。

4. 边缘缓存的特性

（1）用户终端的移动性

无线边缘网络的显著特征在于用户终端的移动性，终端位置的持续变化将改变网络的拓扑结构，因此需要具备自适应的缓存策略来应对这种变化。

（2）边缘网络的复杂性

由于信道的衰落和干扰，无线环境存在着不确定性，缓存内容所需的最佳环境可能会在无线环境发生变化时失效。

（3）缓存空间的有限性

无论是单个基站还是用户终端的存储空间相对于核心网的存储空间都是有限的，而且每个基站接入的用户数较少，这可能导致缓存的命中率降低。为了优化全局缓存并满足用户需求，可以采取多个相邻基站之间的边缘网协作缓存的方式。

5.2.3 边缘数据管理与分析

1. 工业边缘数据的构成

工业边缘数据是指工业制造在工业互联网场景下涉及的各种端设备（如数控机床、工业机器人、AGV、智能标签、传感器、工业穿戴设备、智能监控装备等），以及边缘计算系统（如轻边缘设备和轻边缘系统软件）所需管理和分析的各类数据的总称。

根据数据来源，工业边缘数据主要包括以下两类。

（1）机器数据

这类数据由传感器、仪器仪表、智能终端等设备采集，描述生产设备本身在运行过程中的运行状态、过程参数、设备工艺机理、绩效指标、作业环境等状态。这些数据通常以时间序列数据的形式呈现，主要通过时间标签（按照时间的顺序变化，即时间序列化）进行处理。

（2）运营系统数据（交互数据）

这类数据包括工业现场人员通过控制终端输入到设备系统中的设计数据、指标标准、规格数据、工艺数据、命令数据等。随着工业互联网推动的智能制造模式的发展，由人产生的交互数据的比例将逐渐降低，而运营系统自动产生的数据的比例将逐渐增加。

2. 工业边缘数据的特点

与大数据相比，工业边缘数据具有以下五个特点。

（1）数据来源多，异构性特征强

在工业现场环境中，端设备或端边一体化设备会产生大量传感器数据、图像数据、视频数据等。数据来源丰富、类型多样、结构复杂，数据源之间存在异构性、分布性和自治性，数据类型既包括数字、关系型数据等结构化数据，也包括图像、音频等非结构化数据。

（2）数据时序性强

在边缘数据中，端设备尤其是来自传感器设备的数据多为时序性数据。时序性数据通常以亚秒级频次进行采集，经过处理的时序数据是反应被监控设备的各种状态的最基础、最核心的信息。然而，由于采集频次高，受传输设备和现场条件影响，发生时序异常和数据丢失的概率极高。

（3）因果关系强

边缘数据主要面向智能资产，这些系统的运行通常具有明确的输入输出因果关系。

（4）高可靠性

在制造业、交通等领域，模型的准确性和可靠性要求高，否则可能导致财产损失，甚至人身伤亡。工业边缘数据的分析需要结果可解释，因此在某些应用场景中，黑盒化的深度学习方法受到限制。将传统的机理模型与数据分析方法相结合是智能分析的创新和应用方向。

（5）小数据

机床、车辆等资产是由人设计制造的，其运行过程中的大部分数据是可预见的，真正具有价值的是其在异常、边界等情况下的数据。

3. 边缘数据灵活接入管理技术

边缘数据灵活接入管理技术是指包含网关管理、协议管理和点位管理的边缘网关服务技术，它支持边缘网关的在线注册、远程管理和信息管理，支持批量的网关注册、点位的配置与导入。需要在工业边缘，融合网络、计算、存储等核心能力，就近提供边缘数据计算服务，一方面可以充分利用边缘端的算力以减轻平台端的数据处理和计算压力，另一方面可以利用边缘设备更加靠近现场的优势，及时快速响应和处理现场需求和变化，就近提供边缘智能服务。边缘数据灵活接入管理技术具有以下三个方面的能力。

（1）支持下游系统及其他第三方系统所采集数据的转发上报

系统支持下游系统和其他第三方系统采集的数据，在经过汇总和缓存后进行转发上报，实现多系统之间的数据协同，并提供强大的扩展和开发能力。在技术框架内，基于Go、C/C++等语言开发的相关软件开发工具包，可用于定制化开发边缘设备的运行插件，扩展适配私有协议，支持更多的边缘计算功能。

（2）支持数据多级缓存、断点续传

支持多级缓存和断点续传功能，为工况环境停机维护或意外断电等场景提供数据的安全保障机制，此外，在高安全性网络环境下，还能够适应工业边缘安全网闸等单向数据传输场景。

（3）提供点位映射服务

遵循工业协议的参数要求和工业边缘设备数据管理规范，提供点位映射服务。根据现场设备的点位管理表要求，配置数据采集内容，如根据 PLC 等端设备中配置的寄存器地址和偏移量等信息完成点位配置和采集。此外，还支持分组管理和列表管理，允许点位的批量导入导出，并支持多种数据类型（如 BOOLEAN、BYTE、SHORT、INT 等）。

4. 边缘数据管理技术

（1）边缘时序数据管理

边缘时序数据管理指的是通过高性能数据库对时间序列数据进行存储和管理，以提供时序数据的读写、存储、计算、分析能力，以及外部集成开发能力，旨在应对边缘数据多源异构终端的接入挑战，解决边缘时序数据的时效性、多源异构性问题，实现边缘数据的高时效性处理和存储管理目标。

（2）时序数据库

时序数据库作为工业边缘数据管理与分析的重要基础组件，紧靠数据产生源，能够满足毫秒级的实时数据处理需求，同时降低系统整体的关系复杂度和资源需求量，保障数据的时效性、准确性、完整性。通过基于工业设备数据点位的数据管理，能够将多种类型的设备数据抽象为可管理和分析的数据点位，从而支持工业边缘数据的统一数据转换。

（3）基于分布式架构的数据管理

基于分布式架构的数据管理与高性能存储方案适应工业边缘数据的高并发和写多读少的时序数据特点，采用协同计算、分析、存储的全局点位管理，能够提供数据趋势查询、自定义图表统计、数据可视化的配置与呈现能力，还能够适配本地管理模型与云端管理模型的对应和融合（如 Modbus、OPCUA 规范等），为后续的云边协同和边边协同提供基础数据支撑。

5. 边缘数据的批流融合灵活计算

边缘数据的批流融合灵活计算是指在边缘实时数据的处理过程中，需要屏蔽底层复杂的任务划分和集群调度细节，融合有着迥异编程模型和编程接口的批处理框架和流式计算框架，以应对历史分析和及时决策的挑战，实现减少数据资源消耗、降低业务协同难度，从而实现减少数据计算的开发成本和维护成本的目标。

6. 面向边缘设备数据的组态化应用服务

组态化应用服务是指通过面向工业制造的数字孪生方法，基于工业现场的设备、工艺、流程、机理的实时状态数据，映射在工业互联网平台上所构建的对应的数字镜像模型，并赋予模型服务能力（属性、事件、服务、算法），通过类似"搭积木"的组态化方式，实现对应用服务的配置、设置、部署和运行，从而实现工业边缘的及时服务，以及"端-边-云"的应用协同服务，服务模型的组态化编排可以有效降低工艺优化与经验沉淀的门槛与过程工作量，实现数据应用在工业边缘广泛普及，应对生产及运维灵活管理的挑战。

传统工业自动化一般都有组态软件作为用户交互界面进行工业自动化软件的开发，组态简化了自动化工程师在软件层面的开发难度，让他们专注于需求及功能的设计。在互联网领域内，编排一般在云端实现，体量大、依赖关系复杂，难以适应工业互联网边缘。通过组态编排模块下沉到工业边缘，降低与云端间传输数据的时间与资源开销，降低工业现场操作人员的编程能力门槛，实现工业现场的资源调度与管理，降低编排组件对云服务的依赖。

7. 边缘数据管理与分析的微服务化访问技术

边缘数据管理与分析的微服务化访问能力是指在工业边缘数据管理与分析的系统架构中，采用微服务架构，将完整的数据分析应用划分成多个小的服务组件，组件之间采用轻量级的通信机制互相沟通，互相协调、配合，使得应用程序整体更易于在线扩展和独立开发，从而加速更新，缩短发布周期。通过微服务化发布技术，以应对工艺复制与经验传播的灵活数据场景，实现工业边缘数据协同和敏捷开发的要求。

在工业边缘计算资源参差不齐的情况下，边缘数据管理与分析 API 发布的微服务化如果直接使用互联网主流开源微服务 RPC 框架，存在程序语言限制、安全体系不完善及服务资源占用不可控等问题。考虑到微服务架构能够为工业边缘数据管理服务的开发和共享带来复用性、灵活性和扩展性，工业边缘数据管理与分析的框架，将内部的点位管理服务、数据计算服务、数字孪生服务、可视化服务，按照微服务架构进行独立设计和开发，微服务组件之间采用 RESTful API 作为接口，既可以被内部其他微服务调用，又可以对外提供调用服务，方便开发者基于这些接口进行二次开发，实现项目的快速交付。

5.2.4 边缘人工智能

传统基于数据中心的云端人工智能计算与处理模式，受功耗高、实时性低、带宽不足及数据传输中的安全性较低等因素制约，无法充分满足边缘侧的人工智能计算需求。随着工业互联网、智能手机、智能家居、智能网联汽车等产品与应用场景的普及与发展，人工智能正逐渐从云端向边缘侧的嵌入端迁移，智能边缘计算应运而生。一方面，边缘计算的系统环境使得分布式人工智能成为可能，提升了人工智能技术的计算效率和安全隐私；另一方面，人工智能技术可以应用在卸载、缓存、资源管理等的优化过程当中，降低边缘计算系统的运行成本。

1. 人工智能在边缘计算中的典型应用

人工智能能够帮助解决许多边缘场景中的问题,以下是其中四种典型的应用。

(1) 利用机器学习进行计算卸载决策优化

在边缘网络场景中,移动设备和物联网设备通常会将计算密集型任务卸载到边缘服务器上进行处理。在大多数边缘网络场景中,存在多台能够直接与移动设备通信的边缘服务器。然而,由于边缘服务器之间存在异构性,每台服务器的硬件和软件属性不尽相同,导致处理不同类型任务所需的计算资源、计算时间、内存可能存在差异。此外,在不同的需求场景下,每台服务器剩余的资源情况和服务部署情况也各不相同。考虑到场景中多个移动设备会在计算、通信、存储方面产生竞争,合理地安排每个移动设备的任务卸载决策对于减小处理时延和资源消耗至关重要。然而,由于边缘网络场景中用户的移动性和无线信道的波动性,在短时间内往往难以通过传统的分析方法找到最佳的卸载决策。使用基于学习的算法不仅能够制定最小化计算时延的卸载决策,还可以提高边缘系统的可靠性和安全性水平。

(2) 利用机器学习进行服务器部署决策优化

在移动边缘网络场景中,边缘服务器通常会被部署在现有的无线接入点、基站等位置。根据场景中用户产生任务的特性和用户位置分布等因素,不同的边缘服务器部署策略会为用户提供不同的服务质量(QoS)。利用基于机器学习的算法来进行服务器部署决策,可以有效地减小任务的计算时延、降低能耗,并提高边缘服务器的资源利用率。

(3) 利用机器学习进行资源分配决策优化

在边缘网络中,边缘服务器上部署的资源相比云服务器更为紧张。在存在多个用户的场景下,单台边缘服务器往往难以同时为所有用户提供计算和存储服务。因此,合理地分配边缘服务器为用户提供的计算资源、通信资源,以及边缘服务器与云服务器之间的资源,在任务计算时延、能源消耗等方面具有至关重要的作用。利用基于机器学习的算法进行资源分配决策能够更有效地利用边缘计算服务器,降低能源消耗,缩短服务时延,提高任务完成率,为更多的用户提供服务。

(4) 基于边缘计算系统的深度学习应用

通常,由于大多数深度学习模型复杂度很高,并且难以在资源受限的本地设备上进行结果推理,因此深度学习服务往往被部署在云数据中心,用于处理相关请求。但是这种架构难以满足包含视频分析在内的实时深度学习服务的需求。边缘网络距离用户更近,能够在很大程度上减小与移动设备之间的通信开销,能够胜任一些对实时性要求较高的深度学习服务,因此在边缘部署深度学习应用程序可以扩大深度学习的应用场景,实现基于边缘学习的智能制造、实时视频分析、自主车联网和智慧家庭等功能。

2. 人工智能在边缘数据综合分析中的应用

面向边缘数据综合分析的人工智能技术是指将算法模型就近部署在工业边缘的终端设备,将计算资源和算法服务下沉到网络边缘端。这样的部署方式能够实现更低的时延、更低的带宽占用、更高的能效、更好的隐私保护性,服务于工业边缘数据。通过针对海量的工业现场半结构化和非结构化数据进行处理,可以获得高密度的高效分析能力,以应对价值提取和时效性的挑战,应用于工业场景下的智能监控、异常检测、故障预测、故障监控等的应用,改善人工智能应用的性能和成本,使得智能更加贴近用户侧,满足工业边缘数据在实时业务、数据优化等方面的关键需求。

(1)边缘侧智能监控技术

生产过程及环境会随着生产状况的变化而发生变化,如设备全速运转和低速运转时监控的统一参数的阈值可能不一致,工业生产过程中阈值监控需要采用智能监控的方式才能更好地匹配现场的工业生产环境,通过收集现场生产、设备运行状态、物品清单等数据,使用自动化机器学习技术,对各项指标的基准值、阈值做预测和监控,精确地判断需要报警的异常点,实现数据实时分析和监控。

(2)边缘侧异常检测技术

构建基于边缘计算的自动化机器视觉技术架构,以提升前端设备的智能处理能力。通过摄像头、传感器等设备采集数据,在数据采集现场对视频、图像、语音等数据进行深度分析,去除冗余信息。在靠近用户和数据源的网络边缘侧,利用模型压缩技术实现机器学习模型在工业边缘的部署,对产品质量、人员行为等方面进行检测,实现工业边缘的自动异常检测。

(3)边缘侧故障预测技术

基于边缘计算的物联网可以有效完成故障预测工作,将边缘计算架构引入物联网领域,在靠近设备或数据源头的网络边缘侧,搭建融合网络、存储、计算、应用等能力的平台,就近对工业设备运行特有格式的数据、原始日志、图片、多媒体文件等等提供计算服务,通过特征识别、模型训练、演化规律来完成对系统的在线动态智能预测,实现设备故障预测性维护,避免故障或最小化故障时间,优化周期性的维护操作,提高设备运维效率,降低维护成本。

(4)边缘侧故障监控技术

与智能运维相比,人工处理的时效性和可靠性都不稳定。通过在边缘设备上运行微服务架构的组件软件,可以启动边缘设备上的人工智能程序。利用自动控制、专家系统的模拟和推理、知识发现和人工神经网络的学习特性,建立设备维修和决策模型,实施设备维修的智能决策和管理,为设备管理和维修人员提供故障检测与诊断的智能决策,实现智能维护和保养功能,解决资源优化和预测维护等问题。

5.2.5 云边协同

当前的工业场景中存在多种类型的设备,这些设备产生的大量数据被推送到集中式云中心进行数据管理、分析和决策,随后分析结果被传回设备。这种数据往返消耗了大量网络基础设施和云基础设施资源,导致时延增加和带宽消耗问题,影响关键任务的执行。边缘云计算作为一种新型的数据计算架构和组织形态,扩展了网络计算的范畴,将计算从云中心下沉至网络边缘,为用户就近提供智能服务。在制造业数字化、网络化、智能化的转型过程中,边缘云计算可以满足用户的敏捷连接、实时计算、数据优化、应用智能、信息安全、隐私保护等方面的关键需求。

1. 工业云边数据协同

在工业边缘提供数据服务时,数据管理与分析的系统架构需要融合边缘计算与云计算服务的能力,以联动边缘和云端的数据,呈现完整的一体化服务的边缘数据管理与分析解决方案。边缘数据和云之间的协同的核心是工业边缘数据的流转,包括数据的采集、存储(读写和持久化)、流转(流数据技术、文件拷贝技术、异构数据转换技术)。

边缘数据与云端的协同是云边协同的最重要部分,需要云边协同的工业数据包括以下四类。

(1)网络协同中的数据

网络协同中的数据主要是指工业网络设备的数据(包括传感器、网关、交换机、路由器等设备的数据及协议数据的协同),这些数据的采集、保存和流转属于网络技术体系,需要在 SDN 技术架构中实现。例如,可以采用 Telemetry 进行数据采集,并通过 OpenFlow 实现网络云边协同。

(2)计算和存储资源协同中的数据

计算和存储资源协同中的数据主要是指边缘网关、服务器、存储的设备数据,这些数据的采集、保存、流转属于云计算技术体系,需要在云计算架构中实现,针对云边的计算资源、存储资源、网络资源(IP 地址等)进行云边协同处理,此外还包括针对 IT 资源设备的日志数据(时序数据)的采集、保存、流转、分析处理,以实现云边的计算资源协同。

(3)狭义的工业边缘数据

狭义的工业边缘数据包括两类,一类是工业设备数据,主要涉及工业设备状态类数据,这类数据属于时序数据和结构化数据,主要涉及传感器的采集、时序流数据库,该类数据的采集通常采用 MQTT、OPC 协议等,数据协同主要涉及时序数据技术,要适合工业边缘部署的数据流中间件,实现云边的数据流转;另一类是视频文件数据,属于非结构化数据,涉及工业摄像数据的前端处理,适合大视频文件的拷贝和传输的技术,以及推理算法的软件包下发和更新技术等。

(4)业务协同中的数据

业务协同中的数据主要是指工业应用数据,包括原材料、工艺参数、产品信息等,属于结构化数据,通常由具体的工业应用系统产生,并负责数据处理和流转,原则上和不同的工业应用软件系统设计有关。其中,一些数据需要云边协同,例如原材料和工艺数据,而另一些数据则不需要云边协同,只在云端不同的 CPS 应用系统中流转。

针对上述四类数据,工业边缘的数据管理与分析所依赖的系统架构具备多种部署方式,可以以私有云方式直接部署于本地产线侧或车间侧,也可以以边缘云方式,部署于工厂或厂区的小规模 IaaS 平台内,还可以以公有云方式,部署于区域中心或第三方 IaaS 平台内。

因此,工业边缘的数据管理与分析系统架构,南向需要支持同边缘网关和现场控制系统之间的协同,东西向需要支持对边缘云的协同,北向需要支持对公有云的协同。云边协同示意如图 5-7 所示。

在工业边缘数据管理和应用分析算法的双重牵引下,数据管理与分析架构面临三个主要矛盾,分别为分析算法的资源需求与边缘设备资源受限之间的矛盾,服务质量与隐私保护之间的矛盾,应用任务需求多样化与边缘设备能力单一之间的矛盾。云端 IaaS、边端设备与边缘 IaaS 之间协同计算是解决边缘数据管理矛盾的重要手段,其协同模式主要有边云协同、边边协同、边物协同和云边物协同四种,具体如下。

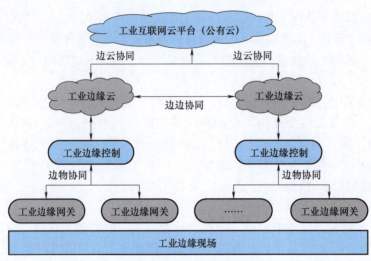

图 5-7　云边协同示意

1）边云协同。在边云协同中，云端基于边缘上传的数据，除了负责数据分析、模型设计、模型训练和升级、算法更新等任务外，还负责一部分预测工作，承担着模型前端的计算任务，并将中间结果传输给边缘。边缘端负责收集数据并使用最新的模型预测实时数据，并得到最终结果。但在边缘导向的边云协同中，边缘侧除了使用模型进行实时预测外，还负责一部分模型训练任务。

2）边边协同。边边协同有多种协同方式。在边边预测协同中，云端负责完成模型训练，依据边缘节点的算力进行模型拆分，并进行分配部署。在边边分布式训练协同中，每个边缘节点承担模型训练任务，模型训练到一定阶段，将训练得出的模型参数更新到中心节点，完成模型的最终训练。在边边联邦训练协同中，由特定边缘节点保存最优模型，其他边缘节点在不违反隐私法规的情况下参与模型训练，并向该节点更新参数。

3）边物协同。在边物协同中，物端负责数据的采集，并将数据发送至边缘节点，边缘节点负责多路数据的集中计算，下达指令，对外服务。

4）云边物协同。云边物协同可分为功能性协同和性能性协同。功能性协同根据设备位置、承担角色进而负责不同的功能。性能性协同根据设备算力，由不同层级的设备负责相应算力的任务。

2. 云边协同管理

边缘计算并非单一的技术，也不是单一的层次，而是涵盖了 IaaS 基础设施、PaaS 能力平台，以及业务应用。云边协同管理涉及多层次的全面协同，包括基础资源管理协同、基础应用管理协同，以及业务应用管理协同三个层面。

（1）基础资源管理协同

在基础资源管理协同方面，边缘节点提供计算、存储、网络、虚拟化等基础设施资源，并具备本地资源调度管理能力。同时，能与云端进行协同，接受并执行云端资源调度管理策略，包括边缘节点的设备管理、资源管理，以及网络连接管理。

边缘基础设施通常由部署在城域网络侧的近场边缘云、5GMEC、工厂的现场边缘节点、工厂的智能设备等提供边缘计算所需的算力、存储、网络资源。

云边资源协同具体而言包括硬件抽象、全局调度、全域加速三个方面。在硬件抽象方面，通过插件框架的形式，对边缘硬件的计算、存储、网络等资源进行模型抽象，使得不同的硬件厂商可以为其产品提供插件化的定义和描述，向应用开发者和运维人员提供统一的资源能力描述、部署、运维管理方式。在全局调度方面，针对需要实现广域化、多节点部署的边缘业务，实现基于策略的全局资源调度，使得应用可以灵活地按照自定义的策略实现应用实例的多节点部署和动态切换。在全域加速方面，实现从中心云到边缘、边缘到边缘的互联互通高效的消息路由，还可以进一步构建全局的 Overlay 网络，实现各节点的优化寻址和动态加速，为基于服务质量和确定性时延的策略调度打下坚实基础。

（2）基础应用管理协同

在基础应用管理协同方面，边缘节点提供应用部署与运行环境，并对本节点多个应用的生命周期进行管理调度，云端主要提供应用开发、测试环境，以及应用的生命周期管理能力。应用协同是边缘计算落地实践的核心，涉及云、边、管、端各个方面。

相比集中在数据中心的云计算，边缘计算的边缘节点分布较为分散。在许多边缘场景中，例如智能巡检、智慧交通、智能安防、智能煤矿等，边缘节点采用现场人工方式对应用进行部署和运维，效率低、成本高。边缘计算的应用协同能力使用户能够很方便地从云端对边缘应用进行灵活部署，大大提高边缘应用的部署效率，降低运维管理成本，为用户的边缘场景实现数字化、智能化提供了基础。

边缘计算基础应用管理协同系统整合边缘节点资源，通过边缘管理模块与云上控制模块合作，共同完成应用协同。目前，边缘计算领域存在多种技术架构，其中基于云原生技术的边缘计算架构发展迅速并逐渐成为主流。边缘计算边云应用协同系统分为云上和边缘两个部分。云上部分包含云上控制面和云端镜像仓库，云上控制面用于接收用户提交的应用部署请求信息并对边缘应用进行生命周期管理，云端镜像仓库主要用于对用户提交的应用镜像进行分级转发缓存。边缘部分主要为边缘节点和边缘镜像仓库，边缘节点用于为边缘应用提供运行环境和资源，边缘镜像仓库为边缘应用提供具体的镜像加载服务。

（3）业务应用管理协同

在业务应用管理协同方面，通过在边缘计算平台提供用户所需的关键组件能力，以及快速灵活的服务对接机制，提升用户边缘应用的构建速度，在边缘侧协助用户快速接入边缘计算平台。

业务应用管理协同主要包括两个方面，一方面是来自中心云的云服务和云生态伙伴所提供的服务能力，包括智能类、数据类、应用使能类能力；另一方面是通过云原生架构，提供一套标准的服务接入框架，为边缘服务的接入、发现、使用、运维提供一套完整流程。

业务应用管理协同涉及两个主体角色，即服务开发者和服务使用者。服务开发者作为服务提供者，根据自身业务需要进行代码开发，然后按照服务接入规范和服务协同框架提供的开发框架进行集成打包，封装出可以部署在边缘计算平台中的服务，并上传到服务市场以向外提供服务。服务使用者则从服务市场订购服务，服务协同框架利用应用协同框架的能力，将服务分发到相应的云端或边缘节点，边缘节点按照云端的策略实现相应服务。通过边缘与云端的协同，实现面向客户的按需边缘服务，云端则负责自身所需的服务能力，以及对边缘节点的分布策略的控制。

5.3 边缘计算应用

5.3.1 在离散制造业中的应用

随着离散制造业的发展，对高质量发展的需求日益凸显，由此带来的对业务时延、隐私及安全等关键性指标的期望不断攀升。这一趋势促使整体作业向着更为精细化、柔性化和智能化的方向发展。在此背景下，不仅需要云计算的整体运筹，也需要边缘计算的本地实时决策职能。边缘计算主要在如下方面给离散制造业带来价值。

1. 有效解决离散制造系统的连接性问题

离散制造领域行业具有的广泛性和碎片化特性导致设备连接协议繁杂多样，给设备间的互联互通带来了挑战。边缘计算凭借其连接配置和管理能力，通过收集系统间实时通信需求和服务质量要求，运行优化调度算法，并将其转化为对时间敏感网络（Time Sensitive Networking，TSN）交换机和 5G 网络的配置，支持多样化的实时数据流传输。在保证信息安全的基础上，不仅实现了对支持传统接口和协议设备的接入，还通过引入数据抽象层，使得原本不能直接互联互通的设备基于边缘计算平台实现互联互通，边缘计算的低时延性能确保设备间的实时横向通信。

2. 为离散制造业提供边缘侧建模与智能工具

不同类型的离散制造工厂都需要不断提高自动化和数字化程度，提升制造质量和效率，不断丰富以数据为中心的各种应用。边缘计算作为物联网架构的中间层，为离散制造业提供了现场级的实时计算、存储和通信机制。通过容器化的边缘计算核心组件和应用程序部署机制、标准化的设备数据采集机制，以及日益完善的边缘应用程序生态，基于边云协同的人工智能模型训练和部署机制，为离散制造领域的专家提供大量平台化、模块化的灵活易用工具，不断提升精益制造能力。

3. 为离散制造业提供决策和效率优化能力

当前，离散制造系统普遍面临数据不完备的挑战，导致设备效率等关键指标的计算较为粗放，难以满足效率优化的需求。边缘计算通过设备信息模型，实现语义级别的制造系统横向与纵向通信，基于实时数据流处理机制，对大量现场实时数据进行汇聚与分析，进而实现基于模型的生产线多数据源信息融合，为离散制造系统的决策提供了坚实的数据支持，有效支持物料标识与追溯、设备与产线实时状态监控、现场操作指导与优化、自适应生产调度与工序优化、上下料和车间物流环节的优化。

4. 为离散制造系统的数字孪生系统提供支撑

数字孪生系统作为数字制造系统的核心，涵盖产品数字孪生、生产过程数字孪生、性能数字孪生。数字孪生系统发挥作用依赖于深入的领域知识与丰富的实际数据。边缘计算基于设备管理壳模型对实时数据进行清洗和预处理，确保数据的完整性和有效性，为模型和数据的融合提供基础支撑。

5. 为老工厂升级和新工厂建设的不同需求提供一致性设计解决方案

针对老工厂数字化转型及新工厂建设的需求差异，边缘计算以其丰富的连接性与灵活的部署能力，提供了多种轻量级的解决方案。不需对自动化装备进行大规模升级，仅需增加边缘网关及必要的边缘数据采集终端等，即可显著提升工厂的数字化水平，加强数据在制造系统各环节间的流动，实现多样化的基于数据的智能应用。

6. 实现离散制造系统实时工业软件开发的软硬件解耦

智能工厂的运行依赖于智能装备和智能流程，需要大量实时软件的支持。然而，目前许多装备实时应用软件过度依赖于具体的控制系统硬件，导致其在不同系统间的迁移变得异常困难。通过引入基于边缘计算的微服务架构，能够将大量实时规划、优化排版、设备监控、故障诊断与分析、自动导引运输车（Automated Guided Vehicle，AGV）调度等功能封装于边缘应用程序中，实现软件与硬件平台的解耦，降低开发难度，提高软件质量，通过边缘计算的灵活部署，促进领域知识的分享。

7. 推进离散制造系统 IT/OT 融合

边缘计算作为连接 IT 与 OT 系统的关键技术，其低时延、高可靠的现场实时数据采集和处理能力，以及丰富的 IT 工具与接口，为离散制造系统实现 IT/OT 融合提供了有效手段。通过提供整体化的数据发布/订阅机制，边缘计算能够根据离散制造柔性生产的需求，实现数据源与多个数据订阅端之间的实时通信，解决传统结构中信息流动不畅的难题。此外，边缘计算还具备现场侧丰富的计算和存储能力，通过边缘计算数据处理组件和边缘 APP，各种工艺算法得以灵活部署，实现边缘与云的协同。

典型应用一：汽车生产制造领域

（1）实践背景

汽车作为现代重要交通工具，对产品质量的要求极为严苛。根据汽车生产的全生命周期进行阶段划分，其质量需求主要聚焦于以下两个阶段。

设计研发阶段：在汽车制造业中，超过 70% 的综合质量成本源于设计问题，如零件安装定位设计得不合理等。

生产制造阶段：此阶段主要来自边缘的现场制造端，与中心端存在物理隔离。为确保产品质量，必须对事前的人员、工装、物料等进行合规校验，对事中的工艺路线、数量进行实时防错管控，对事后的产品资料形成电子档案，供多维度查询与追溯。

鉴于汽车生产制造属于大批量离散制造，对效率同样有着极高的要求，如生产效率、人均产值、设备稼动率、成品周转率、进/出货延误率等。当前汽车生产制造效率主要受到以下因素的制约。

1）各产线生产完工计数及任务布置过度依赖人工，导致效率低下。

2）当产线生产发生停线或其他影响生产的故障时，人工记录停线时长及原因的方式既耗时，又易出错。

3）产线各设备孤立，缺乏联网能力，导致设备、生产相关人员无法实时监控设备的运行状态。

（2）实践方案

智能产线终端系统作为汽车生产制造信息化平台的核心组成部分，是实现边缘计算的重要载体,其功能类似于实施架构中的边缘网关,分别处理各条产线产生的生产数据、异常停线记录、班组绩效等信息,并将数据汇总后传输至制造执行系统(Manufacturing Execution System,MES),从而显著减轻了中心服务器的计算负担,并大幅提升了数据信息处理的效率。具体而言,智能产线终端系统的主要功能涵盖以下几个方面。

1)系统能够接收来自管理系统下发的生产计划。

2)通过采集设备计件信号或扫码枪扫描条码等方式,实现生产任务的实时完工统计。

3)基于实际生产时长和产量的记录,系统能够计算生产效率,进而实现生产绩效考核。

4)通过异常按灯功能,系统能够自动统计停线时长及原因,为计算产线运行效率和分析异常停线情况提供全面的数据支撑。

5)系统记录生产人员的相关信息,为人员考核提供可靠依据。

6)建立产品与工艺之间的对应关系,有效实现工艺防错。

7)系统支持完工标签的打印,实现物流扫码确认入库。

智能产线终端架构如图5-8所示。

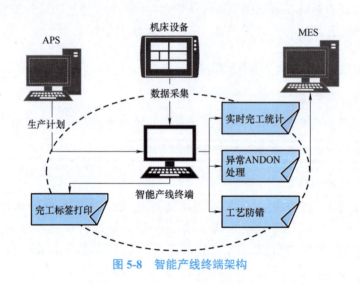

图5-8 智能产线终端架构

(3)实践成效

智能产线终端系统实现了现场可监控、可追溯、可共享目标,并实现了以下几个方面的效率提升。

1)系统实现了任务的自动下发和生产过程全记录,能够监控每小时的生产情况,灵活调整生产任务,并自动统计生产数据供进行指标分析,提高生产效率。

2)系统打通了管理层与车间设备层之间的数据通道,实现了设备全面生产数据的采集。通过数据分析,系统不断优化产线工艺,不仅提高了生产效率,还降低了故障率等,全面提高了生产车间的整体执行效率。

3)系统为企业构建生产信息化平台、扩大系统规模、分布式部署、集中式监控打下基础,提供有力的边缘数据支持和服务保障。

典型应用二：工程机械领域

（1）实践背景

工程机械设备，如混凝土机械、挖掘机械、起重机械、筑路机械、桩工机械、港口机械、石油装备及煤炭设备等，其生产制造过程是典型的离散制造，以多品种小批量生产模式为主，并常伴随着专业定制和个性化需求。典型的机械设备生产流程涵盖材料保管与运输、铸造、锻造、冲压、焊接、热处理、表面处理、喷漆、装配、调试、检验等多个环节。在这种制造模式下，不同生产单元之间分散且独立，原材料复杂，周期与地域差异大，需要大量人力物力的投入。

为提升生产效率，AGV、机械臂、数控机床、PLC 等设备逐渐得到应用。然而，为满足生产现场的高度协同需求，迫切需要引入边缘控制器、边缘网关、边缘云等先进技术来连接人、物料和机器。工程机械设备制造过程面临的挑战主要体现在以下几个方面。

1) 机械设备多品种、小批量、定制化的生产模式频繁出现，制造流程分散且独立，涉及大量人工操作，严重制约了生产效率的提升。

2) 传统机械设备在销售交付用户后往往缺乏后续的连接与监控，导致生产厂家无法实时了解设备运行状况与用户使用情况。同时，由于机械设备使用场景地理位置的分散性，售后人员在到达现场前对故障类型一无所知，无法提前准备所需的维护备件，致使售后维护成本居高不下。

3) 工程机械设备的高度复杂性要求在生产过程效率、能耗及质量控制、后市场运行数据追踪处理反馈等方面实现大量数据的采集、分析与实时反馈。然而，当前工厂的数据处理能力难以满足这些需求。

（2）实践方案

国内某机械装备行业的领军企业借助信息化时代的优势，通过引入智能生产系统（见图 5-9），实现了生产流程的高度柔性化。企业参照离散制造业边缘计算的通用架构，依据现场实际需求，综合应用部署了边缘控制器、边缘网关、边缘云的三层架构体系。在生产车间中导入了自动化制造模式，优化了运行系统，提升了设备生产制造能力。

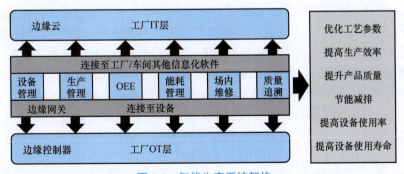

图 5-9　智能生产系统架构

在生产过程中，AGV、机械手臂、数控机床、PLC 以及智能电表、电机振动监控等设备得到了广泛应用，并借助边缘网关和边缘云技术，实现了本地实时可靠的联动与边云数据协同处理，有效地应对了离散制造业在多品种、高效率、高质量、低成本等方面所面临的压力与挑战。

（3）实践成效

在实施生产现场的智能化改造之前，该机械设备生产厂家的车间两条泵车生产线曾经需要超过 800 名工人进行作业。经过智能化升级后，目前仅需 200 余名工人，生产效率得到了显著提升。智能化改造后的工厂在以下四个维度上显著提升了市场竞争力。

1）产能规模：单个工厂 20 个工位、30 余种型号产品的混装生产，单个工厂的年产值达到了 100 亿元。

2）生产效率：流水化装配 5min 下线一台挖掘机，人均产值提高了 24%，制造成本降低了约 1 亿元。

3）品质提升：生产误操作减少了 40%，不良品率下降了 14%，实现了 100% 质检电子化率。

4）库存效率：易损件、备件呆滞库存降低了 40%。

5.3.2 在流程行业中的应用

随着我国工业化和经济的快速发展，流程行业正逐步向数字化、智能化转型。然而，这一转型过程中仍面临着诸多制约因素。在这些挑战面前，边缘计算为流程行业带来的价值，主要体现在以下几个方面。

1. 提升数据处理实时性，缓解云端计算负荷

边缘计算在现场侧直接对设备、传感器和仪表等终端进行数据采集，有效规避了以往将数据远程传输至中心机房或云端所遭遇的网络资源匮乏和信号干扰等潜在风险，从而确保了数据采集的实时性。同时，通过边缘侧提供的计算能力，实现对数据的实时过滤、处理、分析和反馈，显著减轻了云端处理全量数据的算力负担。此外，边缘计算所提供的开放性平台，实现了不同供应商不同时期上线系统的兼容与融合，推动了系统的互联互通。

2. 深挖数据价值，突破行业技术壁垒

边缘计算结合人工智能，对流程行业的数据价值进行了深入挖掘，解决了现有数据模型无法准确反映实际场景的问题，打破了行业内的技术壁垒。通过对传感器和执行器采集的数据进行过滤和预处理，训练人工智能模型并使其不断更新，使模型更贴近实际场景，提高了工艺模型的精确性，减少了误报，提升了数据的价值。

3. 结合预测性维护技术，提高设备生产效率

流程行业中的设备需保证长时间无故障运转，设备维护至关重要。边缘计算通过收集设备数据并进行特征提取与分析，实现了状态识别和设备健康度预测。基于预测可信度的评估，制定并实施维护策略。这种预测性维护技术与边缘计算的结合，降低了维护成本，提高了生产效率，减少了设备停机时间，并延长了设备的使用寿命。随着传感器和边缘计算技术的不断进步，预测性维护的准确性和成熟度将得到显著提升，其在流程行业的应用也将日益广泛。

4. 优化生产工艺，促进节能降碳

流程行业传统的 PID（比例 - 积分 - 微分）控制方法在处理多变量和控制滞后方面

存在局限性。当前,一些工业控制企业集成了模型预测控制软件系统作为系统级边缘计算载体,通过预测模型、系统历史数据及未来输入来预测系统未来的输出。这种边缘计算控制系统能够降低系统响应时的波动幅度,优化整体工艺效果,实现节能降碳的核心目标。同时,利用动态数学模型可以快速进行工程投入,缩短模型学习时间,降低实施成本。

📖 典型应用一:电力(风电)行业

(1)实践背景

风机均配备有风机主控系统(SCADA),该系统不仅允许远程操控风机,还具备对功率、风速、电流、电压及温度等信号的实时监测功能,监测更偏重于电气信号。然而,由于风机大部件在初期阶段的机械损伤对 SCADA 系统所监测的电气信号影响甚微,导致 SCADA 在监测风机大部件机械损伤方面表现出明显的不足,几乎处于失效状态。同时,目前风机塔筒和叶片的监测手段尚显匮乏,这导致了一系列潜在风险的发生。例如,齿轮箱的磨损和塔筒的倾斜往往难以被及时发现,可能引发倒塔等严重事故。

(2)实践方案

1)数据采集与传输:通过安装在风力发电机组上的多样化传感器,采集主轴轴承、齿轮箱、发电机、塔筒、叶片的振动、法兰间隙、螺栓通道信号等关键数据,并实时上传至系统服务器。这一过程不仅确保了数据的全面性和准确性,还为后续的分析和诊断提供了坚实的基础。借助边缘端辅助诊断功能,系统能够自动触发报警机制,一旦检测到潜在隐患,即可迅速通知现场操作人员和远程诊断中心。通过对主轴轴承、齿轮箱、发电机、塔筒和叶片的各项指标进行分析,为设备的检修与维护提供了科学的技术支持,使设备管理人员能够实时、准确地掌握设备运行状态,从而有效提升企业的设备管理水平,实现事前预防、预知检修的目标,保障生产的安全、可靠和稳定运行。

2)高频数据清洗与分析:运行在工控机硬件设备上的高频数据清洗分析系统,具备一系列关键功能以满足数据分析应用的实时需求。这些功能包括实时高频数据的采集、清洗和处理,数据存储引擎(包括但不限于时序数据库),算法运行支撑环境,设备元数据管理,以及用户和权限管理。数据采集模块负责从各种数据源获取实时高频数据,并将这些数据传递给数据处理模块。数据处理模块对接收到的高频数据进行预处理,有效解决数据缺失和数据异常等问题,显著提高数据质量。

3)智能分析服务:包括数据处理服务、数据存储服务和数据分析服务。数据处理服务支持多种协议的数据接入,如 MQTT、HTTP/HTTPS、WebSocket、OPC/OPCUA,为海量设备提供毫秒级、高并发接入能力。同时,通过设备元数据管理,系统能够定义设备关联及层级关系,保存设备相关元数据信息,为其他应用和服务提供统一、完整、准确的源数据。数据存储服务能够实现高实时的吞吐和批量写入,以及高性能的读取,支持在查询结果上快速构建各种展示图表,并能够管理至少 2 年以上的当前项目所涉及的风机数据。数据分析服务能够提供对多语言开发及运行环境的支持,包括 R、Python 和 Scala 等,支持生成实时的数据分析任务,以及对设备产生的实时数据流进行实时分析。

4)智能决策应用:通过封装数据采集、数据处理、数据分析等功能模块,形成具体的应用,根据不同的场景和用户需求,包装成可视化和交互式的完整应用功能。

风电行业边缘计算实施架构如图 5-10 所示。

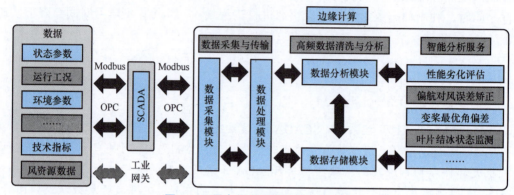

图 5-10 风电行业边缘计算实施架构

(3) 实践成效

在风力发电机组运行过程中,通过实时采集振动、转速、塔筒晃动、叶片振动、油液状态、螺栓应力等关键信号,系统依据预设的数据采集与报警策略,能够精准地监控设备状态。一旦检测到任何异常状态,系统将自动触发设备异常报警机制,确保故障信息的迅速传达。通过即时短信、邮件等通信手段,系统将及时通知风机管理人员和远程诊断专家,以实现对风力发电机组运行状态的快速判断与响应。基于风力发电机组智能远程监测系统是解决风机大部件故障的最佳方案。

典型应用二:有色金属行业

(1) 实践背景

在有色行业中,由于季节更替、催化剂失效以及传感器老化等原因,工业过程往往展现出显著的时变特性。在此情境下,传统依赖固定参数的静态模型已无法准确描述此类过程,从而引发了大量的误报现象,迫使工厂或设备单元不得不停产以进行与安全相关的检查。以株洲冶炼集团的关键设备鼓风机为例,其 X 轴振动和 Y 轴振动特性具有明显的时变特征,这使得传统的监测方法难以适应,要求不断对现有模型进行更新与调整。

(2) 实践方案

首先,通过云端进行模型训练,输入训练数据,输出模型,模型包含一个字典(矩阵或二维数组)及一个控制限(浮点数)。模型在云端训练完成后,便会被发送至边缘端进行部署。至此,训练过程结束,训练数据和训练算法的使用也相应终止。

此时,云端与边缘有相同的模型,测试过程开始。测试数据和训练数据类型相同,一条一条地发送到边缘端(使用循环进行模拟),边缘端的检测代码会针对每条测试数据进行故障检测与诊断。若数据不符合预设条件,则直接判定为故障数据,并触发相应的报警机制;若数据符合条件,则会被发送至云端。

云端此时由更新模型的代码接收该数据,此段代码输入上次更新的模型和新接收到的符合条件的测试数据,输出新的模型。当云端更新固定步数后,云端会将最新版本的模型发送到边缘端，替换边缘端的模型。

（3）实践成效

通过边云协同的实施，建立动态变化的模型，显著降低了误报的数量。本项目所涉及的工厂现状、需求分析、解决方案以及案例场景，均具有较高的代表性和普适性，为其他有色冶炼企业提供了可借鉴的范例。

边云协同功能架构如图 5-11 所示。

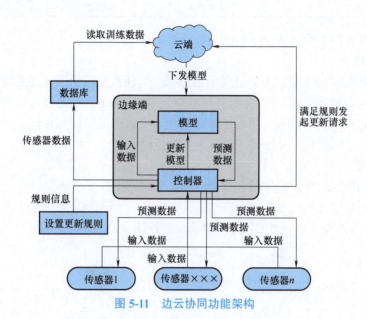

图 5-11 边云协同功能架构

5.4 实验：数据采集与可视化

1. 实验目的

1）熟练使用边缘计算平台的基本功能。

2）掌握并完成边缘计算基础实例。

2. 实验相关知识点

1）边缘计算的概念。

2）边缘计算的基本架构。

3）数据传输与处理技术。

实验

3. 实验任务

某实训中心有一条智能产线，以印章产品和笔筒产品为示范产品。智能产线由 4 个智能工站——智能仓储工作站、智能加工工站、智能装配工站、视觉检测工站，及配套的中央控制台组成。在智能仓储工作站中，对堆垛机的坐标（X、Y、Z）数据进行实时采集，从而能随时监控数据变化情况，防止出现超出限位的情况。本实验任务如下：

任务一：采集堆垛机的坐标（X、Y、Z）。

任务二：数据可视化展示与实时预警。

4. 实验工具

实验工具信息见表 5-1。

表 5-1　实验工具信息

实验工具名称	型号 / 版本	品牌	数量	单位
工业互联网平台	XP-IIAP v2.0	上海犀浦	1	套
智能仓储工作站	XPET-S1-WH1	上海犀浦	1	台

本实验主要使用工业互联网平台的边缘计算工具。

5. 实验原理

将计算任务和数据处理能力下沉到网络边缘，实现数据的快速处理和实时响应。在本实验中，边缘端负责采集数据，并通过网络将数据传输到边缘服务器。边缘服务器接收到数据后，进行初步处理和分析，再将结果传输到云平台或返回给边缘设备，减少了数据传输的时延，提高了实时性，并降低了对云平台的依赖。

6. 实验步骤

实验开始前确保边缘计算工具和智能仓储正常启动。

任务一：采集堆垛机的坐标

1）使用边缘计算工具通过 OPCUA 协议连接智能仓储工作站，如图 5-12 所示。

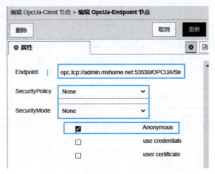

图 5-12　连接智能仓储工作站

区域 1 为智能仓储工作站对应的 OPCUA 地址，安全策略默认为无，使用匿名方式连接（具体以实际情况为准）。

2）使用边缘计算工具配置堆垛机 Y 轴对应的 OPCUA 地址，如图 5-13 所示。

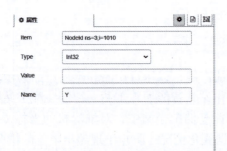

图 5-13　配置堆垛机 Y 轴对应的 OPCUA 地址

3）拖拽相应的节点，编写采集流程，通过 MQTT 协议上传至边缘服务器。采集流程如图 5-14 所示。

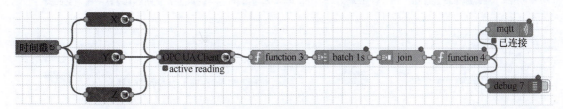

图 5-14　采集流程

4）在边缘计算工具上录入基础数据，包括产品信息、设备信息、物模型等，如图 5-15 所示。

图 5-15　录入基础数据

5）配置网络组件：定义设备数据上传到边缘服务器的协议，根据实际情况进行选择，支持 MQTT 协议、HTTP 协议等。配置网络组件如图 5-16 所示。

6）数据采集测试。

运行堆垛机，查看转速和振动数据是否实时采集。

任务二：数据可视化展示与实时预警

1）运行堆垛机，查看历史数据展示可视化界面，如图 5-17 所示。

2）配置 X 轴预警阈值，选择 X 轴，查看实时可视化监控界面，如图 5-18 所示。

图 5-16 配置网络组件

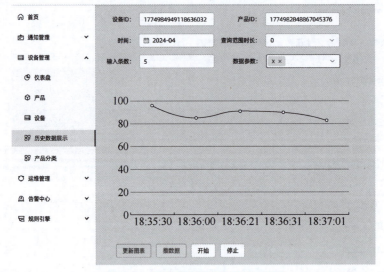

图 5-17 历史数据展示可视化界面

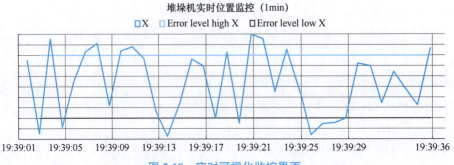

图 5-18 实时可视化监控界面

> 习 题

1. 简要描述边缘计算的定义与特征。
2. 边缘计算与工业互联网平台之间的关系是什么?
3. 边缘计算与智能制造之间的关系是什么?
4. 简要描述边缘计算的计算卸载过程。
5. 边缘缓存的基本特点是什么?
6. 简要描述边缘计算能给离散制造业和流程行业带来的价值。
7. 人工智能在边缘计算中的作用是什么?
8. 参考"5.4 实验:数据采集与可视化",采集产品相关信息并实现可视化。

科学家科学史
"两弹一星"功勋
科学家:杨嘉墀

第 6 章

平台层的重要技术

PPT 课件

学习目标

① 了解工业数据管理与分析技术。
② 了解工业数据建模方法。
③ 了解数字孪生技术。
④ 能够进行简单的数据处理与集成操作。

工业互联网平台关键技术如图 6-1 所示,包含边缘层的工业边缘技术,平台层的工业数据管理与分析技术、工业数据建模技术和工业 PaaS 与应用开发技术。其中,平台层的工业 PaaS 与应用开发技术以工业 APP 开发技术为代表,将在第 7 章中进行学习,本章针对平台层的工业数据管理与分析技术、工业数据建模技术进行学习。

6.1 工业数据管理与分析

当前,工业数据管理与分析已经从依赖开源工具逐步向成熟的商业解决方案转变,各平台都专注于满足工业领域的特定需求,普遍开展定制化开发以增强工业数据管理能力。工业现场对实时性业务需求的迫切要求,推动着平台加大对实时流分析能力的发展。同时,人工智能技术的应用进一步拓展了平台解决工业问题的广度和深度。平台还不断丰富数据分析和可视化工具,催生工业数据 PaaS,有望显著降低数据分析的门槛,提高分析效率。

6.1.1 数据预处理

工业大数据因其噪声大的特点,呈现出"低质"和"高频"现象,即包含大量噪声数据、缺失数据及异常数据等。因此,必须对这些数据进行有效的预处理,即降噪、补全、纠错等。

1. 数据预处理方法

目前主流的数据预处理方法包括如下几类。

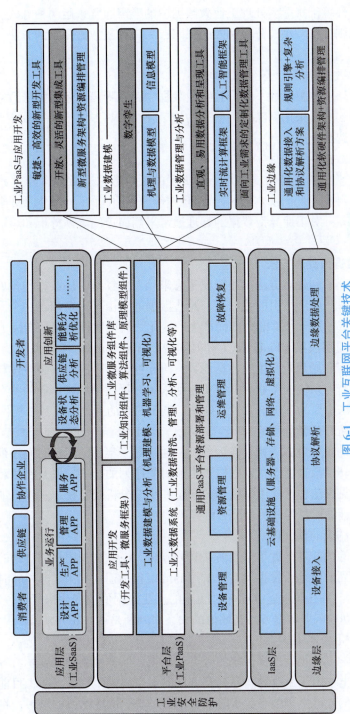

图 6-1 工业互联网平台关键技术

(1) 工业数据降噪处理

在复杂的工业生产环境中,工业数据采集过程中常常混入各种噪声,例如工厂背景噪声、工业园区环境干扰等。处理工业大数据中的噪声通常采用两种方式。一种是基于规则的方法,如规则分箱、小波分析和匹配跟踪;另一种是数据驱动的方法,如分类过滤和回归分析等。

(2) 工业数据补全处理

工业生产环境的复杂性不仅导致工业数据中存在噪声,还可能导致数据缺失。对于缺失数据的处理,通常采用删除缺失值、均值填补法、热卡填补法等。在具体处理时,需要根据实际情况选择合适的方法。

(3) 工业数据纠错处理

同样,由于工业环境的复杂性,采集到的工业数据通常包含异常数据,即离群值数据,这些异常数据通常是由设备故障或不稳定等原因引起的。异常数据的特点是相对真实数据存在较大误差。对工业异常数据的处理通常采用简单的统计分析和箱形图判断异常值等方法。

2. 时序数据预处理方法

除了上述一般预处理方法,还需要考虑采用专门针对时序数据的预处理方案。时序数据是一组按照时间顺序索引的数据点,这些数据通常由同一来源在一个固定的时间间隔内的连续测量组成,用于跟踪随时间而产生的变化。时序数据由测量指标(Metric)、标签集(Tag Set)、测量字段集(Field Set)和时间戳(Timestamp)构成。

绝大多数工业场景中产生的数据均具有时序性,即带有时间戳并按顺序产生。这些来源于传感器或监控系统的工业数据被实时地采集并反馈系统或作业的状态。目前主流时序数据预处理方法主要为基于统计的预处理、基于约束的预处理和基于机器学习的预处理。

(1) 基于统计的预处理

基于统计的预处理方法相对较为传统,通过对采集到的工业时间序列求取统计量、拟合模型参数或转换数据形态,旨在提取工业时间序列的趋势,以及检测和清洗低质量的工业数据点。常见方法包括使用有效分数向量和小波分析统计量、基于滑动窗口的异常检测方法以及带有辅助信息的非负矩阵分解等。

(2) 基于约束的预处理

基于约束的预处理是近年来逐渐兴起的方法,该方法利用相邻序列的相关性或统计量来确定工业序列的值是否发生异常。常用的约束包括速度约束(即相邻时间戳的数据值速度变化)、顺序约束(假设连续相邻时间点的工业数据值的变化幅度在一定范围内)、方差约束(根据区间内工业数据方差与阈值的关系来判断是否存在异常)。

(3) 基于机器学习的预处理

基于机器学习的预处理将传统的分类、聚类、异常检测和深度学习等思想应用在工业时间序列数据上。由于工业时间序列模型比向量空间模型更为复杂,目前这类方法在工业时间序列数据的处理上仍处于起步阶段。例如,基于惰性学习的思想,将距离度量和具有遗忘因子的最小二乘法结合,以解决距离度量对于历史工业信息模式的缺失问题。

随着深度学习的兴起,基于变分自编码器、长短期记忆(Long Short-Term Memory,LSTM)网络、生成式对抗网络等的深度学习方法也逐渐应用于工业时间序列数据的异常检测。这类方法性能优越，但是其需要大量带标签的训练数据及较长的训练时间，无法满足工业场景的实时性需求。因此，如何对基于深度学习的预处理技术进行优化与升级，使其能够应用于实际工业场景，是数据预处理领域研究的重要挑战。

6.1.2 时序数据

1. 时序数据库的分类

时序数据库是一类专门用于管理时序数据的数据库，其至少应当具备写入（Write）和查询（Query）操作功能，而一些时序数据库还可能提供更新（Update）和删除（Delete）等操作。写入操作将单个或批量的时序数据点存储到时序数据库中；查询操作用于从数据库中检索数据，通常需要支持基于时间范围和标签组合的过滤查询；更新操作用于更新具有相同标签值和时间戳的时序数据；删除操作则允许根据时间范围、标签值和字段删除数据库中的数据。时序数据库可分为以下几类。

（1）内存型时序数据库

内存型时序数据库使用内存作为存储介质，将连续采集的时序数据缓存在内存中。相较于基于磁盘存储的时序数据库，内存型时序数据库具有更高的写入吞吐量和更低的访问时延。通常，内存型时序数据库被用作时序数据的高速缓存，能够在内存中实现数据的写入、查询和聚合，适用于对热数据访问频次高的场景。

（2）基于关系数据库的时序数据库

基于关系数据库的时序数据库是在关系数据库的基础上进行扩展，以优化时序数据的存储，这种时序数据库继承了关系数据库的生态，例如原生支持标准 SQL。TimescaleDB 通过对 PostgreSQL 进行扩展实现时序数据的管理。这种类型的时序数据库适用于那些对数据分析高度依赖结构化查询语言（Structured Query Language，SQL）功能并且对数据一致性要求高的场景。然而，由于关系数据库使用行存储模型，与采用列存储的时序数据库相比，在数据压缩效率上存在较大差距，而且其部署和运维的复杂度更高。

（3）基于 KV 存储的时序数据库

基于 KV 存储的时序数据库是通过扩展 NoSQL 数据库来实现时序数据的存储，将采集的时序数据构建成 KV 模型，底层以 KV 形式将数据持久化在分布式文件系统（Distributed File System，DFS）上。由于采用了分布式文件系统，这类时序数据库具有很高的扩展性，但是面临着部署复杂和运维困难的挑战。

（4）原生时序数据库

原生时序数据库是面向时序数据存储而全新研发的时序数据库。这种类型的时序数据库不依赖于第三方存储，采用列存储模型，提供极致的数据摄取、查询和压缩能力，使得部署和运维更加简单。但是，原生时序数据库通常仅支持有限的数据模型，通常只支持整型、布尔型、浮点型和字符串这四种数据类型。相较于基于关系数据库的时序数据库，原生时序数据库在数据模型的丰富度及对 SQL 的支持程度上存在一定的不足。此外，原生时序数据库通常不支持事务，因此难以处理对数据一致性要求较高的任务，更适合于工业物联网场景。

2. 时序数据管理

工业生产过程的连续性产生了大量的工业时序数据，对工业时序数据的管理可以从数据的写入、索引和压缩三个方面展开论述。

（1）时序数据写入

工业时序数据在数据写入上有三个特点：写入平稳、持续、高并发高吞吐。首先，工业时序数据的写入是比较平稳的，这点与应用数据不同，应用数据通常与应用的访问量成正比，而应用的访问量通常存在波峰和波谷。其次，工业时序数据通常是以一个固定的时间频率产生的，不受其他因素的制约，其数据生成速度相对比较平稳。最后，工业时序数据是由每一个个体独立生成的，如传感器，当个体数量众多时，通常写入的并发和吞吐量较高。针对上述特点，主流时序数据库建模的方式分为按数据源建模和按指标建模两种。

1）按数据源建模。在这种模型中，同一数据源在特定时间点的所有指标测量值存储在同一行中。这种模型融合了实时在线数据分析、全文检索系统和时间序列系统的特点，满足不同工业时序数据使用场景的写入需求。

2）按指标建模。在这种模型中，每行数据存储特定数据源在特定时间点的某个指标的测量值，实现对一个生成工业时序数据的工业设备的持续高速写入。

（2）时序数据索引

工业时序数据具有非常典型的冷热特征，即越是历史的数据，被查询和分析的概率越低。在这种情况下，索引的作用显得尤为重要。索引可以帮助快速定位要读取的数据，从而降低查询执行的时延。然而，在分布式环境和海量工业时序数据的情况下，传统数据库索引技术往往难以直接应用在工业时序数据的管理上，因此需要采用特定的索引技术。在时序数据管理中，常用的索引技术包括时序索引和倒排索引。

1）时序索引。时序索引是指以时间为轴，数据只有增加没有变更，并且必须包含时间字段。时序查询场景会有很多聚合查询，对于特定场景，如果其使用频次高且数据量非常大，采用物化视图进行预聚合，能够有效提高查询效率。

2）倒排索引。倒排索引是指被用来存储在全文搜索下某个字段在一个文档或者一组文档中的存储位置的映射。工业时序数据类型多样、来源复杂，可能存在多条时间线。采用倒排索引进行管理能够有效提升查询效率。

（3）时序数据压缩

在不同的应用领域中，针对不同的数据应用特征，通常会采用不同的数据压缩技术。在工业领域中，由于工业实时时序数据具有一定的变化规律，因此需要针对这些规律采用特定的数据压缩算法。工业时序数据的特征主要包括以下几个方面：第一，工业实时数据的变化通常呈现出一定的波形规律；第二，只有少数测点的数值会频繁发生改变；第三，许多测点的数值变化较为缓慢；第四，数值变化与时间变化具有共同变化特性；第五，用户在一定范围内，可以容忍数据的精度损失。基于这些特征，在工业应用领域中，常用的压缩算法主要分为三类：无损压缩、有损压缩和二级压缩。采用不同的时序数据压缩技术，能够有效地减少工业数据管理开销。

1）无损压缩：一般基于通用压缩理论，采用哈夫曼算法等经典的压缩算法。

2）有损压缩：更加注重工业实时数据的特点，采用一些特殊舍点算法。

3）二级压缩：同时利用无损压缩和有损压缩技术。

6.1.3 数据处理

数据处理的问题复杂多样,单一的计算模式无法满足不同类型的计算需求,大数据计算模式及其代表产品见表 6-1。

表 6-1 大数据计算模式及其代表产品

大数据计算模式	解决问题	代表产品
批处理计算	大规模数据的批量处理	MapReduce、Spark 等
流计算	流数据的实时计算	Flink、Storm、S4、Flume、Streams、Puma、DStream、Super Mario 等
图计算	大规模图结构数据的处理	Pregel、GraphX、Giraph、PowerGraph 等
查询分析计算	大规模数据的存储管理和查询分析	Dremel、Hive、Cassandra、Impala 等

1. 批处理计算

批处理计算主要应对大规模数据的批量处理需求,这是日常数据分析工作中非常常见的一类数据处理需求。

MapReduce 是最具代表性和影响力的大数据批处理技术,可用于并行执行大规模数据处理任务,用于大规模数据集(大于 1TB)的并行计算。MapReduce 极大地方便了分布式编程工作,将复杂的、运行于大规模集群上的并行计算过程抽象为两个主要函数——Map 和 Reduce。即使对于不具备分布式并行编程知识的人员,也能轻松将其程序在分布式系统上运行,完成海量数据集的计算任务。

Spark 是一种针对超大规模数据集的低时延集群分布式计算系统,它比 MapReduce 速度更快。Spark 采用内存分布式数据集,除了能够支持交互式查询外,还能够优化迭代工作负载。在 MapReduce 中,数据流从一个稳定的来源经过一系列加工处理后,会流出到一个稳定的文件系统(如 HDFS),而 Spark 利用内存替代 HDFS 或本地磁盘来存储中间结果,因此 Spark 的速度比 MapReduce 快许多。

2. 流计算

流数据也是大数据分析中的重要数据类型。流数据(或数据流)是指在时间分布和数量上无限的一系列动态数据集合体,数据的价值随着时间的流逝而降低,因此必须采用实时计算的方式给出秒级响应。流计算可以实时处理来自不同数据源的、连续到达的流数据,经过实时分析处理,给出有价值的分析结果。目前业内已涌现出许多流计算框架和平台。第一类是商业级的流计算平台,包括 IBM InfoSphere Streams 和 IBM StreamBase 等;第二类是开源流计算框架,包括 Twitter Storm、Yahoo S4(Simple Scalable Streaming System)、Spark Streaming、Flink 等;第三类是公司为支持自身业务开发的流计算框架,如百度开发的通用实时流数据计算系统 DStream。

Storm 是 Twitter 开源的分布式实时大数据处理框架,被业界誉为"实时版 Hadoop"。随着越来越多的场景对 Hadoop MapReduce 的高时延无法容忍,例如网站统计、推荐系统、预警系统、金融系统(如高频交易、股票等),大数据实时处理解决方案(即流计算)的应用日益广泛。流计算技术已成为分布式技术领域的新爆发点,Storm 则是流计算技术中的佼佼者和主流。

3. 图计算

在大数据时代，许多数据呈现为大规模图或网络的形式，例如社交网络、传染病传播途径及交通事故对路网的影响等。此外，许多非图结构的大数据也常常会被转化为图模型后再进行处理和分析。MapReduce作为单输入、两阶段、粗粒度数据并行的分布式计算框架，在表达多迭代、稀疏结构和细粒度数据时显得力不从心，不适合用于解决大规模图计算问题。因此，针对大型图的计算，需要采用图计算模式。目前已经涌现出许多图计算产品，例如谷歌公司的Pregel就是一个用于分布式图计算的计算框架，它主要应用于PageRank计算、最短路径和图遍历等任务。其他代表性的图计算产品还包括Spark生态系统中的GraphX、Flink生态系统中的Gelly及图数据处理系统PowerGraph等。

4. 查询分析计算

针对超大规模数据的存储管理和查询分析，需要提供实时或准实时的响应，以满足企业经营管理需求。谷歌公司开发的Dremel是一种可扩展的、交互式的实时查询系统，用于只读嵌套数据的分析。通过结合多级树状执行过程和列式数据结构，Dremel能够在几秒内完成对万亿张表的聚合查询。该系统可以扩展到成千上万的CPU上，以满足谷歌上万用户操作PB级数据的需求，并且可以在2~3s内完成PB级数据的查询。此外，Cloudera公司参考Dremel系统开发了实时查询引擎Impala，它提供了SQL功能，能够快速查询存储在Hadoop的HDFS和HBase中的PB级大数据。

6.1.4 数据可视化

数据可视化技术是一种关于数据视觉表现形式的科学技术研究，它主要利用图形、图像处理、计算机视觉及用户界面等手段，将数据以某种概要形式呈现出来，包括相应信息单位的各种属性和变量，并对这些数据加以可视化解释。这种技术使人们能够更加清晰、直观地理解数据的结构与关系，从而实现多角度的分析与观察。

数据可视化技术主要包括三个方面：数据空间、数据的开发和数据的分析。其中，数据空间是一个由元素与属性组成的用来收集数据的信息空间，它不受多维空间的限制；数据的开发通过使用大数据工具和算法来实现对数据的计算和推导；数据的分析则利用多维空间，进行数据的切换和旋转等，以实现对数据的多角度观察与剖析。

1. 数据可视化特点

一种优秀的数据可视化技术需具备以下几个特点。

（1）新颖

优秀的数据可视化技术不仅仅是一种有效的数据渠道，还需要具备新颖性，能够以新的视角观察数据，或以一种激发观者兴趣、引发新理解的方式呈现数据。通常情况下，吸引人的设计是为了更有效地传达信息。

（2）充实

对于一种数据可视化技术而言，其成功关键在于提供获取信息的途径，使人们能够借以增长知识。若无法达到这一目的，可视化则失去了意义。信息传递能力是判断可视化技术整体成功与否的重要指标，因此应成为可视化设计的主要驱动力。

(3) 高效

一种优秀的数据可视化技术应具备清晰的目标，能够传递信息或提供特定视角来表达信息。用户应能够直截了当地获取这些信息，而不需要牺牲必要的相关复杂性。

(4) 美感

图形设计应主要服务于信息的表现目标。在图形处理过程中，任何与信息呈现无关的微小细节都可能成为传达信息的障碍，这些细节可能会降低效率，阻碍可视化的成功。在图形设计方面，通常情况下，展示的数据越少，信息表达越丰富。

2. 数据可视化类型

数据可视化的分类方式有很多，最基本的分类方法是根据所要呈现的数据类型进行分类。按照数据类型的不同，可将数据分为低维数据、高维数据、时态数据、层次数据和网络关系数据。针对每种数据类型，可以将数据可视化技术分为以下几类。

(1) 低维数据的可视化

低维数据包括一维线性数据、具有两种属性的二维数据和具有立体属性的三维数据。这类数据的可视化通常简单易行，但在展现数据背后隐藏信息方面的效果有限。

(2) 高维数据的可视化

高维数据描述了具有三种以上属性的数据，每种属性在视图上大体相同。高维数据在日常生活中随处可见，如商品的价格、名称、型号、颜色、生产日期等属性。高维数据可视化技术旨在利用可视化手段呈现高维度数据，并结合交互手段，帮助分析和理解高维数据。

(3) 时态数据的可视化

时态数据是随着时间序列的变化而持续产生的数据。时态数据与人们的日常生活密切相关，例如某一地区的年降雨量、渤海海水表面的温度等。使用可视化技术来展示时态数据可以使用户更直观地理解数据的变化趋势。

(4) 层次数据的可视化

层次数据实质上是树状结构的数据，其中每个节点都有一个父节点（根节点除外），节点又分为兄弟节点（拥有相同父节点的节点）和孩子节点（从属于某个父节点的节点）。在数据可视化技术中，利用树图（TreeMap）可视化技术可以更好地展现层次数据的结构关系。

(5) 网络关系数据的可视化

网络关系数据是指与网络中任意数据存在直接或间接关系的数据节点。由于网络数据结构中的节点不受与之相关的节点的约束，因此网络关系数据没有固定的层次结构，节点之间可以存在多条路径，其属性数量也可能会变化。在数据可视化技术中，基于力学模型的网络图数据可视化能更好地表达网络数据之间的关系。

3. 数据可视化技术

主流数据可视化技术有以下几种。

(1) 文本可视化

文本信息包括所有的字母、数字和符号，是大数据时代非结构化数据类型的典型代表，也是互联网中最主要的信息类型。在人们日常工作和生活中，接触最多的就是文本信息。文本可视化的意义在于能够直观地展示文本中所蕴含的语义特征。典型的文本可视化技术是标签云，标签云根据词频或其他规则对关键词进行排序，然后按照一定规律进行布局排列，利用大小、颜色、字体等图形属性实现关键词的可视化的技术。

（2）网络可视化

在大数据时代，针对具有海量节点和边的大规模网络，如何在有限的屏幕空间内进行可视化，成为可视化研究的难点和重点。除了对静态的网络拓扑关系进行可视化外，由于大数据相关的网络往往具有动态演化性，因此，如何对动态网络的特征进行可视化，也是不可或缺的研究内容。

（3）时空数据可视化

时空数据指的是带有地理位置与时间标签的数据。在现实世界中，超过80%的数据与地理位置有关。随着传感器和移动终端的普及，时空数据成为大数据时代典型的数据类型，它具备多源、海量且更新迅速的特点。将时空数据可视化与地理制图学相结合，重点在于对时间、空间维度及相关信息对象属性的可视化表征，展示与时间和空间密切相关的模式和规律。人们通常通过信息对象的属性可视化反映信息对象随时间进展和空间位置所发生的行为变化。

（4）多维数据可视化

多维数据是指具有多个维度的数据变量，相对于传统的关系数据库而言，多维数据多了一个时间维度。多维数据分析的目标是探索多维数据项的分布规律和模式，并揭示不同维度属性之间的隐含关系。近年来，基于几何图形的多维可视化方法备受关注。散点图是目前最常用的多维可视化方法之一，适用于对有限数目的重要维度进行可视化，但通常不适用于需要同时展示所有维度的情况。其他常见的多维可视化方法包括投影法、平行坐标法，以及平行坐标散点图法。投影法能够同时展示多维信息，平行坐标法是研究和应用最为广泛的一种多维可视化方法，通过对维度与坐标轴建立映射关系，在多个平行轴之间以直线或曲线映射表示多维信息。而平行坐标散点图法则将散点图和柱状图集成在平行坐标图中，支持分析者从多个角度同时使用多种可视化技术进行分析。

6.1.5 工业机器学习与智能认知

工业机器学习与智能认知指的是将机器学习等人工智能技术应用于工业场景，以赋予工业主体一定的认知能力。对工业环境当中的制造主体实现智能化，是提升工业认知能力的重要手段。下面将介绍工业机器学习与智能认知相关技术及其在工业中的应用。

一方面，在工业场景中，针对不同形式的工业数据和具体需求场景，通常会采用不同的技术来实现工业机器学习与智能认知学习。例如，使用深度学习技术中的卷积神经网络（Convolutional Neural Networks，CNN）处理用于工业产品瑕疵检测的工件图像数据。具体而言，首先使用高精度工业相机对待检测产品进行拍照，然后使用卷积神经网络对得到的产品照片进行处理和分析，以判断产品表面是否存在瑕疵。又如，使用深度学习技术中的循环神经网络（Recurrent Neural Network，RNN）处理工业声音数据，其在工业环境现场监听中得到应用。具体来说，首先在工业环境中部署高精度声音收集设备，然后使用循环神经网络对声音序列进行处理，通过LSTM网络结合短期记忆和长期记忆，利用更加优秀的长期记忆能力分析是否产生了危险事件，并及时进行干预。

另一方面，工业环境复杂多变，工业主体已习得的智能可能会由于环境的变化而不再适用，这时需要利用迁移技术将原环境中的知识迁移到新环境中，以实现跨领域的智能认知，在如跨域的故障诊断等工业应用中发挥作用。迁移学习作为一种机器学习方法，它的作用是将一个领域（即源领域）的知识迁移到另一个领域（即目标领域），从而使目标领域能够获得更好的学习效果。

综上所述，在生产环境中，诸如机床、运输车、工业机器人等工业主体需要了解自身的运行状态，并对周围环境数据进行认知和决策。利用机器学习等人工智能技术强大的数据处理能力，经过赋能的工业主体能够处理由广泛部署的工业传感器产生的海量数据，并根据这些数据对当前制造设备的状态和环境进行智能认知，以指导制造设备的运行。特别是随着深度学习模型的出现和应用，工业数据可以得到更准确的认知。根据深度学习模型的认知结果，制造主体能够做出更为合理的决策，从而极大地提升了生产效率和生产质量。

6.2 工业数据建模

数据建模是根据工业实际元素与业务流程，在设备物联数据、生产经营过程数据、外部互联网等相关数据的基础上，构建供应商、用户、设备、产品、产线、工厂、工艺等数字模型，并结合数据分析提供诸如数据报表、可视化、知识库、数据分析工具及数据开放功能，为各类决策提供支持。

模型的沉淀、集成与管理成为平台核心能力。信息模型的集成与统一是提升平台工业要素管理水平的关键，为平台资产、功能提供统一的语义描述。而机理模型、数据模型、业务模型在平台中沉淀，使平台化提供工业个性服务成为可能。

6.2.1 信息模型

工业互联网信息模型是指工业互联网全要素、全价值链、全产业链在信息空间的标准化表达。通过定义统一的框架和描述形式，工业互联网信息模型能够实现信息标准化，从而为异构信息之间的交互提供解决方案。

1. 基于 OPCUA 规范的信息模型

OPCUA 作为一种垂直方向的设备互操作协议，通过 14 种系列规范来定义元信息模型。在元信息模型中，基于基本节点，定义应用过程中的数据类型及地址空间中的组织结构类型等。OPCUA 的地址空间采用分层结构，所有服务器的顶层都以标准化的形式存在，用户可以通过这个层次结构来访问地址空间中的所有节点。同时，在元模型的基础上，用户可以通过继承内置节点和增加定义的语义来扩展类型定义。各个行业也可以基于 OPCUA 元信息模型来定义自己的信息模型，如机器人信息模型、机床信息模型、机器视觉信息模型和塑料加工机械信息模型。为了实现更多实体的互联互通，有时需要针对特定的行业应用制定特殊的信息模型。OPCUA 信息模型的呈现形式如图 6-2 所示。

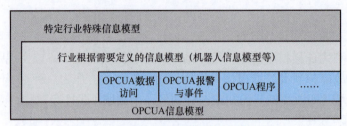

图 6-2　OPCUA 信息模型的呈现形式

OPCUA 系列规范覆盖对象类型、变量类型、数据类型和引用类型，每种类型都代表着特定的语义。相应的规范涵盖多种过程控制的垂直领域，如油气、智能建筑、公共设备等。同时，OPCUA 还定义了数据编码、安全协议和传输协议的映射。数据编码方面，可以通过使用 UA 二进制、UA XML 或者 UA JSON 来定义系列信息模型。因此，基于 OPCUA 的信息模型主要用于实现设备和系统信息的标准化，出现在信息化应用层，可以解决语义互操作问题。

为了实现信息模型的功能，OPCUA 服务器需要将信息模型实例化，从而构建地址空间，使客户端能够访问和管理信息模型中定义的节点信息。客户端通过访问服务器的地址空间来获取信息模型定义的数据和信息。具体的建模过程为需求获取、类型定义、模型实例化。

2. 基于 AutomationML 标准的信息模型

基于 AutomationML 标准的信息模型核心以连接不同数据格式的顶层数据格式 CAEX（IEC 62424）为框架，整合其他已有的基于 XML 的数据格式。AutomationML 工程数据交换格式总览如图 6-3 所示。

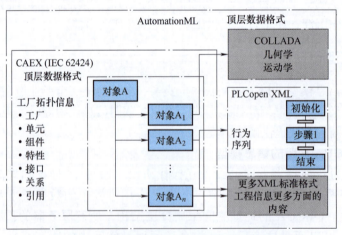

图 6-3　AutomationML 工程数据交换格式总览

通过 CAEX（IEC 62424）对工厂拓扑，能够实现顶层数据结构的建模。在模型中，工厂拓扑按照工厂、单元、组件、特性、接口、关系及引用等层次进行分层，这些分层对象包含属性及该层结构与其他对象的关系。COLLADA（ISO/PAS 17506：2012）可以对模型对象的几何学和运动学特性建模进行描述及格式存储；PLCopen XML 用于描述模型对象中的行为和序列特性的逻辑信息。基于 AutomationML 标准的信息模型主要用于实现生产系统间工程信息的标准化，解决工程过程中的信息交换和集成问题，例如实现产线上的机器人、机械臂等对象间的信息互通。AutomationML 对引用与关系进行了区分，其中引用描述了从 CAEX 对象到外部存储信息的链接，关系描述了 CAEX 对象之间的联系。因此，AutomationML 对象还预留了与其他工程信息相关的引用机制。

AutomationML 定义的基于 XML 的数据格式可实现异构工程信息的存储和交换，并支持运行环境数据源的建模。同时，AutomationML 描述的数据模型与 OPCUA 表示的信息模型之间可以相互转换，通过 AutomationML 与 OPCUA 统一架构的结合，可以实现更多应用的互操作。

3. 基于 InstrumentML 标准的信息模型

基于 InstrumentML 标准的信息模型描述语言提供统一的信息模型框架，将面向对象处理的各个模型片段抽象出来，并提出一种支持这种通用模型框架的软件。基于 InstrumentML 标准的信息模型架构如图 6-4 所示，具体包括身份属性（仪表的身份标识）、结构属性（仪表的结构属性）、功能属性（仪表的功能属性）、性能属性、位置属性和商业属性。

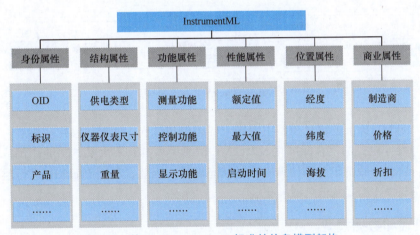

图 6-4 基于 InstrumentML 标准的信息模型架构

在异构工业仪表网络中，各种监测数据、各种类型的传感器、中间交换的信息格式之间存在着差异性。为了有效屏蔽这种差异性并实现异构工业仪表网络的互操作，可以构建 InstrumentML 工业仪表信息模型。基于 InstrumentML 标准的信息模型可实现仪表信息的标准化，包括仪表身份标识信息和仪表应用属性信息，以及仪表基本特性的描述。

构建不同工业仪表信息模型时，可以根据不同仪表单元数据标准或处理模型标准，在抽象模型的基础上标准化地定制其信息模型模板。在基于模板的工业仪表处理建模过程中，专业的建模人员将特定的工业仪表模型汇总单元数据字段映射到 InstrumentML 单元数据描述字段，从而在抽象的工业仪表公共模型中建立对应的单元数据组合参数模板。将已建好的标准模板可视化后，填入相应的值到标准字段中，最终生成完整的工业仪表信息模型。

4. 基于 PackML 标准的信息模型

基于 PackML 标准的信息模型涵盖包装行业设备的多种运行状态和模式，如维修运行模式、手动运行模式、自动运行模式等。PackML 定义了 17 种模式，可以根据需要设定其中的部分状态，这 17 个状态模式基本能够满足除了包装行业以外的其他行业。图 6-5 为 PackML 状态模型，其中方框表示设备的运行状态，箭头方向表示设备的运作流程，每当完成一个阶段，设备会自动跳转到下一个运行状态。

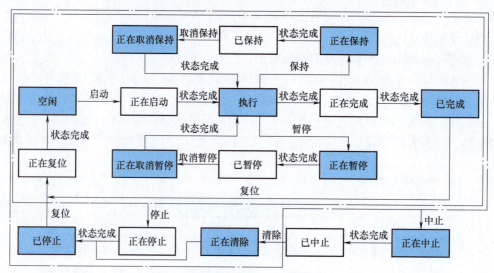

图 6-5　PackML 状态模型

基于 PackML 标准的信息模型主要用于描述包装过程，处于信息化应用层，可以实现机器状态与操作模式的信息标准化。PackML 信息模型具有三大基本功能，包括统一的操作员界面、协调一致的信息和协调一致的状态转移。因此，利用 PackML 进行建模可以实现机器状态与操作模式的信息标准化。

6.2.2　机理和数据模型

工业机理模型是一种通过数学描述表现工业过程的"白盒"模型，它通过将物理世界的资源要素在数字化空间内进行全要素重建，形成工业数字孪生，形成模块化的制造能力，并在工业互联网平台内以服务的方式体现，从而实现对工业资源的基础管理、动态调度、优化配置等。

工业机理模型汇集了工业领域生产过程中的原理、定理、定律等专业知识，结合实际工业生产经验，形成机理并构建成模型。工业机理模型将工业经验知识进行提炼和封装，推动行业知识经验在平台的沉淀和集聚，工业机理模型位于工业互联网平台层（工业 PaaS 层），作为工业互联网平台的核心竞争能力。围绕平台化的运营管理，工业机理模型管理平台提供一体化的开发、部署、测试、运维和管理职能。

1. 工业机理模型能力描述

工业机理模型通过设计开发专业的数据模型和算法组合，对特定的工业数据输入进行计算处理，输出与工业控制相关的参数。工业机理模型的能力描述包含模型名称、模型分类（包括行业、领域、业务使用范围、产品生命周期、应用场景等分类）、模型功能、模型原理、模型归属、模型输入参数、数据模型和算法、模型输出参数（包括含义和示例）、模型版本、运行环境、模型应用效果等信息，如图 6-6 所示。

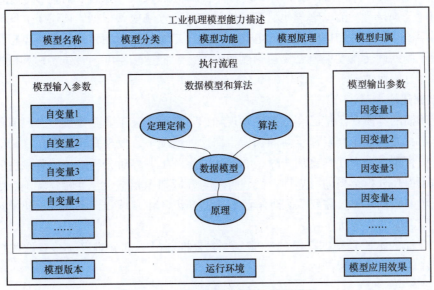

图 6-6　工业机理模型的能力描述示意

输入数据包括应用场景或对象的本体几何、动态响应、工艺、质量、管理、环境、场景等可标注源数据。数学模型和算法注重模型的准确性、覆盖度、复杂度、鲁棒性、可解释性和持续学习能力（包括离线和在线学习），以及对算力的需求等，以确保工业机理模型的应用效果。模型输出是通过工业机理模型进行计算和分析后，对外部输出设备控制参数或者对工业场景应用输出的决策数据。

2. 工业机理建模过程

工业机理模型包括基础理论模型（如制造过程涉及的流体力学、热力学、空气动力学等模型）、流程逻辑模型（如 ERP、SCM 供应链管理等业务流程中蕴含的逻辑关系）、部件模型（如零部件三维模型）、工艺模型（如生产过程中涉及的多种工艺、配方、参数模型）、故障模型（如设备故障关联、故障诊断模型等）、仿真模型（如风洞、温度场模型等）。

工业机理建模是通过分析和解释工业过程中的物理机理、化学机理等，构建各个变量之间的数学关系，最终成为工业 PaaS 层上的平台化服务。工业机理建模过程示意如图 6-7 所示。

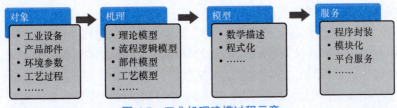

图 6-7　工业机理建模过程示意

工业机理建模是一个投入较大且需要持续修正完善的过程。为了将其转化为平台化服务并实现市场化，可以通过共享实现更大的价值收益。目前，已经有许多线上工业模型市场，用户可以在其中搜索到许多已完成的工业机理模型。例如，熔镁炉电耗预测模型。熔镁炉各微服务组件通过采集生产过程中的用电数据和设备数据，结合三种先进控制算法（PI前馈补偿控制、自优化补偿控制、自愈补偿控制），实现了过程状态监控、电流趋势监控、单吨能耗预报等功能的远程化监控。熔镁炉电耗预测模型根据当前熔炼时间和电极电流，预测熔镁炉在熔炼结束时消耗的电能。又如，二质量低速轴转矩计算模型根据低速轴阻尼、转子侧的旋转角度偏差、变速箱侧角度偏差、低速轴刚度、转子转速和低速轴转速等参数，计算低速轴转矩。

3. 数据建模表述

数据建模的本质在于从已有数据中发现知识。然而，在工业企业领域，已有的知识通常相当丰富，人们很少会发现全新的知识。在这种情况下，发现知识的本质在于对已有知识进行辩证否定，进而使其更加清晰、准确和可靠。工业界对分析结论的可靠性要求尤为严格，为了提高分析结果的可靠性，必须将其与领域知识相结合，并相互验证。因此，针对工业领域的数据建模，需要深入理解已有领域知识。将领域知识融入数据建模过程，是确保高质量建模的关键所在。

数据建模的本质是根据已有的一部分数据来推断另一部分难以直接获取的数据。因此，数据建模可以表述为：

$$F(X)=Y$$

式中，X 为可以获得的数据，Y 为希望得到的数据，F 是 X 到 Y 的映射。

建模就是选择 X，确定其定义域并获得映射 F 的过程。

对于工业系统而言，人们通常具有相对丰富的领域知识。在许多情况下，X 的内容和 F 的形式都是已知的。例如，传热过程可以用热传导方程表示。然而，对原理的清晰理解并不意味着建模工作简单。因为模型所需的许多数据和参数往往并不清楚。例如，在计算传热时，边界条件通常是未知的。在现实中，数据缺失是一种常见情况。工业过程数据建模的实际困难往往可以归结为如何处理数据缺失的问题。

数据建模中最常见的困难之一是部分数据无法获得。针对这种情况，一般的解决方法是从已经获得的数据中找到与之相关的数据，并通过间接手段确定模型。这种思维方式是很常见的，如古人常常根据鸡鸣来判断时间。

4. 数据建模过程

数据建模过程本质上是一个寻优过程，旨在找到最合适描述对象的模型。在这一过程中，选择特征、确定模型结构和算法是关键步骤。选择特征即确定模型的输入变量；模型结构本质上是用于框定优化范围的模型集合；算法则决定优化目标和实施策略，以在特定模型集合内找到误差最小的模型。

对于复杂的工业过程而言，人们的领域知识往往不足以选择最优的变量和模型结构。因此，需要根据数据建模的实际结果对之前的选择进行调整，并重新进行优化。在这一过程中，常常会面临新的困难，包括如何理解从数据分析结果中获得新的认知及如何根据这些认知来调整模型。为了解决这个问题，必须将领域知识和数据分析方法进行有机融合。

在某种意义上，决策树是一种能够较好地融合机理知识和统计算法的算法，因此在实际问题中应用较为广泛。然而，决策树主要用于寻找特定问题发生的原因，难以建立连续的数学模型。因此，需要寻找新的方法，以推进融合。

（1）模型融合的方法

为了有机地融合领域知识和数据分析过程，可以基于分解的综合方法将复杂的建模过程分为两步。

1）建立子模型。针对特定场景和少数变量建立简单的子模型。模型的复杂本质上是场景的复杂，在大数据环境下，数据具有遍历各种场景的可能性。

2）子模型的迭代与综合。为了在各种不同场景中应用模型，需要将子模型综合起来。综合过程通常是一个求精的迭代过程，通过发现问题，不断修正和完善子模型，实现实用化的综合。

经典统计分析方法存在的问题在于先验知识不足，并且统计分析结果的适用性基础在于独立同分布。因此，推荐的方法是首先在数据分析过程中确定先验知识，然后利用统计分析方法建立子模型。其要点包括：将判断模型是否符合某些先验条件作为前置工作；通过对数据进行选择和处理，使其符合先验条件。

经典统计建模的最基本要求是干扰的随机性，即不存在系统性的干扰。因此，实现上述思想的基本方向是剔除系统干扰。通常来说，所谓的系统干扰指的是未纳入模型输入变量的因素。剔除系统干扰的方法有两种：一是将系统干扰因素固定为"常数"；二是计算并剔除系统干扰的影响。

对于复杂的工业过程，人们的领域知识往往不足以选择出最优的变量和模型结构，因此需要根据数据建模的实际结果对前述选择进行调整和重新优化。这时，人们将面临新的困难，包括如何从数据分析结果中获得新的认知及如何根据新的认知调整模型。要实现领域知识和数据分析方法的有机融合，就必须解决这些问题。

（2）模型的优化过程

模型的优化过程常常是认识更加深入的过程，也是模型精度和可靠性不断提高、适用范围逐渐扩大的过程。这个过程的驱动力通常来自于模型在某些场景下出现的"异常"或者"误差"，优化的过程即是找出产生误差的具体原因的过程。引起这种现象的原因大致可归结为以下两类。

1）间接原因。所谓"间接原因"，即是隐藏在背后的更深层次的原因。例如，检测过程中的差错导致模型的错误。越是深层次的原因，越不容易发现，但是深层次的原因往往更加重要，因为解决了深层次的问题，往往可以根除很多其他问题。

2）多个因素共同作用。当模型遇到特殊的奇点时，应该首先与领域专家讨论，然后用数据来验证可能的情况。

6.2.3 人工智能大模型

随着科技迅猛进步，人工智能已经成为当今社会和科学研究领域的焦点之一。在这股浪潮中，ChatGPT的出现无疑标志着人工智能领域迎来了一次划时代的变革。人工智能大模型以其卓越的计算效能和广泛的应用前景，已经成为解决各种复杂问题的有力工具。

1. 人工智能大模型分类

人工智能大模型依据其应用范围，主要可划分为通用大模型和垂直大模型两大类别。

（1）通用大模型

通用大模型是具备广泛跨领域适用性的大型人工智能模型，其训练成本高昂，但拥有卓越的特征提取和规律发现能力。此类模型基于大规模无标注数据进行训练，通过不断迭代和学习，挖掘数据的潜在特征，发现数据间的潜在规律。这使得通用大模型具备了出色的泛化能力，即能够在多种不同场景下，不需或仅需少量微调，即可完成多样化任务。这一特性使通用大模型类似于接受过广泛"通识教育"的人工智能实体。

（2）垂直大模型

垂直大模型是指在特定行业领域中训练和优化的大规模深度学习模型。这些模型通过深入学习行业相关的海量数据和专业知识，结合特定行业任务的训练目标和优化策略，提供高度精准、专业化的解决方案和预测结果。垂直大模型在特定领域内表现出色，相当于该领域的专家，能够为行业应用提供定制化的智能支持。

2. 人工智能大模型主要技术

（1）Transformer 模型

Transformer 模型由 Google 在 2017 年提出，该模型彻底摒弃了传统的循环神经网络和卷积神经网络，完全基于注意力机制。相较于循环神经网络和卷积神经网络，Transformer 模型在训练效率上实现了显著的提升，显著缩短了训练时间。其次，Transformer 模型能够在不同的表示子空间中有效捕捉长距离依赖关系，从而提升了模型的表达能力。此外，Transformer 模型展现了高度的并行性，其多头注意力机制允许模型同时关注不同信息，从而提升了计算效率。Transformer 模型的适应性广泛，不仅在自然语言处理领域取得了显著成果，而且展现出了广泛的应用潜力。

（2）近端策略优化技术

近端策略优化（Proximal Policy Optimization，PPO）是一种强化学习算法，旨在训练智能代理程序以执行多样化任务和决策，从而最大化累积奖励。该算法的核心思想在于，通过约束每次训练迭代中策略更新的幅度，确保训练过程的稳定性和性能提升。

PPO 的训练流程如下：

1）数据收集阶段：代理程序与环境进行交互，收集观测值、采取的动作和获得的奖励。

2）优势函数估计：计算每个状态 - 动作对的优势函数，以衡量选择每个动作相对于平均水平的好坏程度。

3）策略更新：使用 PPO 的目标函数来更新策略，以增加优势函数。

4）策略更新幅度控制：PPO 通过引入剪切优化来控制策略更新的幅度，以确保策略改进不会过于剧烈。

（3）人类反馈强化学习技术

人类反馈强化学习（Reinforcement Learning from Human Feedback，RLHF）是一种将强化学习与人类反馈相结合的先进人工智能系统训练方法。强化学习旨在通过与环境的交互学习最优的行为策略，即通过不断尝试和接收环境给予的奖励或惩罚，模型逐渐学会在给定状态下选择最佳行为。RLHF 通过将人类训练师的智慧和经验纳入模型训练过程中，创建更健壮的学习过程的方法。该技术涉及使用人类反馈创建奖励信号,通过强化学习来改善模型的行为。RLHF 通过用人类生成的反馈替换或补充预先定义的奖励函数,使得模型能够更好地捕捉复杂的人类偏好和理解。

RLHF 的过程如下:

1)问题识别:需要明确项目中存在的问题或待改进之处。这些问题可能来源于用户反馈、专家评估或其他途径。

2)原因分析:在识别问题后,需深入剖析可能导致问题的各种潜在原因。这些原因可以是潜在的缺陷、不足的设计或其他因素。

3)假设提出:基于分析出的可能原因,提出一个或多个合理的假设,用以解释问题的根本原因。这些假设可以是关于问题产生的机制、影响因素等。

4)假设验证:通过实验验证或数据分析来检验提出的假设。若假设得到证实,则采取相应的措施解决问题;若假设不成立,则需重新识别问题并迭代上述过程,直至找到问题的根本原因并采取有效的解决措施。

3. 典型人工智能大模型

(1)GPT 系列模型

2018 年,OpenAI 公司推出了 GPT-1 模型,它主要包括无监督预训练和有监督微调两个阶段。2019 年,OpenAI 发布了 GPT-2 模型,其核心在于提升了模型的容量和训练数据的多样性,使语言模型具备了解决广泛任务的能力。2020 年,OpenAI 在 GPT-2 的基础上推出了 GPT-3 模型,对于所有的 NLP 任务,GPT-3 在应用时无须进行梯度更新或微调,仅需通过任务说明和少量示例与模型进行文本交互。与 GPT-2 追求零样本学习的目标不同,GPT-3 参数量达到 1750 亿个,并在众多 NLP 数据集上取得了优异的表现。GPT-3 的功能多样,不仅可以撰写文章和故事,还能进行多轮对话、编写代码、制作表格和生成图表等,具有极高的商业价值。2023 年,OpenAI 发布了 GPT-4,它是首款支持多模态能力的模型,可以处理多种媒体数据并将其整理到统一的语义空间中。

(2)BERT 系列模型

2018 年,Google 提出了 BERT 系列模型,它主要有两大创新:一是借助 Transformer 学习双向表示,将多个 Transformer 编码器(Transformer Encoder)堆叠在一起,其中,BERT base 使用的是 12 层的 encoder,BERT large 使用的是 24 层的 encoder,Transformer 是一种深度学习组件,旨在通过控制上下文中共有的条件来预先训练来自无标号文本的深度双向表示;二是在预训练方法的基础上,使用掩码语言模型(Masked Language Model,MLM)和下一句预测(Next Sentence Prediction,NSP)分别捕捉词语和句子级别的语义表征。因此,经过预先训练的 BERT 模型只需一个额外的输出层就可以进行微调,从而为各种自然语言处理任务生成最新模型。BERT 模型成功在 11 项 NLP 任务中取得目前最高水平(State of the Art)的结果,为 NLP 发展史上里程碑式的成就。

4. 工业大模型

在工业领域,各大公司发展自己的大模型,指标不断创出新高。谷歌、百度、微软等国内外企业已投入巨大的人力与财力,竞相推出各自具有庞大参数的模型。

在国外,除了 Google 的 BERT 模型和 OpenAI 的 GPT 系列模型。2019 年,英伟达推出了 83 亿个参数的 Megatron-LM,谷歌紧随其后,推出了参数规模达 110 亿个的 T5 模型,微软则发布了参数量为 170 亿个的图灵 Turing-NLG。2020 年，微软与英伟达联手发布了参数达 5300 亿个的 Megatron-Turing 自然语言生成模型（MT-NLG）。2021 年，谷歌推出了 Switch Transformer 模型，其参数量高达 1.6 万亿个，成为首个达到万亿级别的语言模型。同年 12 月，谷歌又发布了 1.2 万亿个参数的通用稀疏语言模型 GLaM，其在 7 项小样本学习领域的性能超越了 GPT-3。

在国内，2021 年 4 月，华为云与循环智能联合发布了盘古 NLP 超大规模预训练语言模型，其参数规模达到 1000 亿个，并与北京大学共同推出了参数规模翻倍的盘古 α 超大规模预训练模型。同月，阿里达摩院也发布了 270 亿个参数的中文预训练语言模型 PLUG，并联合清华大学发布了参数规模 1000 亿个的中文多模态预训练模型 M6。2021 年 6 月，北京智源人工智能研究院发布了参数规模达到 1.75 万亿个的超大规模智能模型"悟道 2.0"，成为当时全球最大的预训练模型。2021 年 7 月，百度推出了参数规模达百亿的 ERNIE3.0 知识增强大模型。同年 10 月，浪潮发布了参数约为 2500 亿个的超大规模预训练模型"源 1.0"。2021 年 11 月，阿里达摩院的 M6 模型参数跃迁至 10 万亿个，将大模型参数提升到了一个全新的量级。同年 12 月，百度推出 ERNIE3.0 Titan 模型，其参数规模达到了 2600 亿个。

6.2.4　业务模型

数据分析的关键步骤之一是业务理解，也被称为商业理解，以及业务建模。根据业务理解建立业务规则，并将业务规则映射到数据模型中，最终利用算法来预测、分析或控制业务的运行。

业务建模是数据分析中至关重要且复杂的环节，它高度依赖于业务专家的领域知识。例如，净资产收益率通常被用来衡量某企业的盈利能力，若要了解或预测某公司的盈利能力，可以将问题转化为计算或预测该公司的净资产收益率。可以采用杜邦分析法计算净资产收益率，根据计算公式，只需知道或预测有限的几个数据即可得到最终结果。然而，需要注意的是，经营层面的数据和维度属于小数据，且具有确定的业务规则，而工业大数据主要是对机器及生产过程的工艺进行分析，相关业务规则和工作机理较为复杂。工业大数据的业务模型在不同领域之间存在着很大差异，有赖于其机理模型，但总体步骤和方法有以下两种。

1. 系统上下文模型

工业大数据分析的系统上下文模型包括人、机、料、法、环及工艺原理、流程等。例如，在设备运维管理中，组成设备的物料清单（Bill of Material，BOM）是很好的系统上下文。通过拆解设备整机，可以了解组成设备的每个部件的机理，以及部件之间相互影响的机理。

2. 系统动力学模型

系统动力学模型是由麻省理工学院的福瑞斯特（Forrester）教授于 20 世纪 50 年代创立的。最初主要应用于企业管理、城市管理、经济管理等领域，后来被广泛用于各个领域（包括工程技术领域），用于非线性、复杂系统的建模和系统运行的预测。根据描述的对象状态种类不同，系统动力学模型可分为动态模型和静态模型。动态模型指的是对象的状态随时间变化，静态模型指的是对象的状态与时间无关。例如，设备健康管理通常采用动态模型。根据使用目的的不同，系统动力学模型可以分为监控模型、描述模型、预测模型、规划模型等。

系统动力学模型的建立步骤及描述见表 6-2。

表 6-2 系统动力学模型的建立步骤及描述

步骤	描述
明确问题的边界	确定分析的主题：希望达到的目标 关键变量是什么 时限：考虑历史和未来的时间长度 参考模式：关键变量的历史行为是什么
提出关于问题因果关系的动态假设	现有理论解释：对存在的问题的现有理论解释是什么 聚焦于系统内部：提出一个由系统内部的反馈结构导致动态变化的假设 绘图：根据初始假设、关键变量、参考模式和其他可用的数据建立系统的因果结构图、存量流量图等
写测试动态假设的方程	明确决策规则 确定参数、行为关系和初始条件 测试目标和边界的一致性
测试模型直到满意	与参考模式比较：模型是否能完全再现过去的行为模式 极端条件下的健壮性分析：在极端条件下模型的行为结果是否符合现实 灵敏度：模型的各个参数、模型边界和概括程度的灵敏度如何
策略设计及评估	具体化方案：可能产生什么样的环境条件 策略设计：为了达到期望目标应该采用哪些策略 IF…THEN 分析：如果实施这次策略，将会产生什么效果 灵敏度分析：在不同方案和不确定性条件下，采用的策略健壮性如何

6.3 数字孪生

数字孪生（Digital Twin）是制造技术、信息技术、融合性技术相互交织融合的产物。它可以实现不同数据源的实时同步，并高效整合多种建模方法和工具，实现多学科、多维度、多环境的统一建模和分析。因此，数字孪生可以被视为工业互联网技术发展的集大成者。

6.3.1 数字孪生的定义与内涵

1. 数字孪生的定义

数字孪生是指在信息化平台内建立和模拟物理实体、流程或系统。通过数字孪生，可以在信息化平台上监测物理实体的状态，并对其预定义的接口元件进行控制。数字孪生通过集成物理反馈数据，结合人工智能、机器学习和软件分析，在信息化平台内建立数字化模拟。该模拟会根据反馈数据自动调整，以反映物理实体的变化。在理想状态下，数字孪生可以根据多重反馈源数据进行自我学习，并几乎实时地在数字世界中呈现物理实体的真实状况。数字孪生的反馈源主要依赖于各种传感器，如压力传感器、角度传感器和速度传感器等。数字孪生的自我学习（或称机器学习）除了可以依赖于传感器的反馈信息，也可以通过历史数据，或者是集成网络数据学习。后者通常是指多个同批次的物理实体同时进行不同操作，并将数据反馈到同一个信息化平台，数字孪生根据海量的信息反馈进行迅速的深度学习和精确模拟。

工业数字孪生是通过多类数字化技术集成融合和创新应用，基于建模工具在数字空间构建起精准物理对象模型，再利用实时 IoT 数据驱动模型运转，进而通过数据与模型集成融合构建起综合决策能力，推动工业全业务流程闭环优化。

2. 数字孪生的内涵

数字孪生的概念最早提出是用来描述产品的生产制造和实时虚拟化呈现，但由于当时的技术水平限制，这一理念并未得到足够的重视。随着传感技术、软硬件技术水平的提高及计算机运算性能的增强，数字孪生的概念得到了进一步的发展，特别是在产品、装备的实时运行监测方面。

从产品全生命周期的角度来看，数字孪生技术能够在产品的设计研发、生产制造、运行状态监测和维护、后勤保障等各个阶段为产品提供支持和指导。

（1）产品设计研发

在产品设计研发阶段，数字孪生技术能够将产品全生命周期的健康管理数据的分析结果反馈给产品设计专家，帮助其判断和决策不同参数设计情况下的产品性能情况，在综合考虑整个生命周期发展变化的情况下得到更加完善的设计方案。

（2）产品生产制造

在产品生产制造阶段，数字孪生技术通过虚拟映射的方式将产品内部不可测的状态变量进行虚拟构建，以细致地刻画产品的制造过程，解决产品制造过程中存在的问题，降低制造难度，提高产品生产的可靠性。

（3）产品运行状态监测和维护

在产品运行状态监测和维护阶段，数字孪生技术能够全面监测和评估产品的各项运行参数和指标，并丰富反馈系统的早期故障和部件性能退化信息，指导产品的维护和故障预防工作，延长产品生命周期。

（4）产品后勤保障

在产品后勤保障阶段，数字孪生技术通过多批次全生命周期数据的支持，以及虚拟传感方式采集的内部状态变量数据，能够精确定位分析和诊断产品故障，使后勤保障工作更加简单有效。通过数字孪生技术在产品整个生命周期的应用，产品从设计阶段到维修阶段都能够变得更加智能有效。

数字孪生的实现主要依赖于高性能计算、先进传感采集、数字仿真、智能数据分析、VR 呈现几方面技术的支撑，实现对目标物理实体对象的超现实镜像呈现。通过建立数字孪生体，不仅可以完美、细致地刻画目标实体的健康状态，还能够通过数据与物理的融合实现深层次、多尺度、概率性的动态状态评估、寿命预测及任务完成率分析。数字孪生体以虚拟的形式存在，能够高度真实地反映实体对象的特征、行为过程和性能，如装备的生产制造、运行及维修等，同时以超现实的方式实现实时的监测评估和健康管理。

6.3.2 工业数字孪生功能架构

工业数字孪生功能架构如图 6-8 所示,它包含连接层、映射层和决策层。

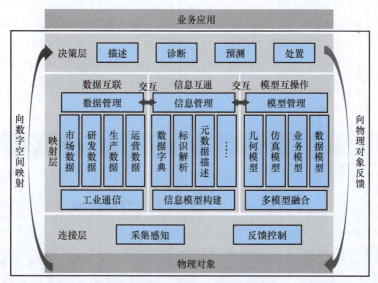

图 6-8 工业数字孪生功能架构

1. 连接层

连接层具备两类主要功能:采集感知和反馈控制。作为数字孪生闭环优化的起始和终止环节,连接层通过深层次的采集感知获取物理对象的全方位数据,并利用高质量的反馈控制完成物理对象的最终执行。

2. 映射层

映射层具备三类重要功能:数据互联、信息互通和模型互操作。在映射层中,数据、信息和模型之间实现实时融合。数据互联通过工业通信技术实现物理对象市场数据、研发数据、生产数据、运营数据等全生命周期数据的集成;信息互通利用数据字典、标识解析、元数据描述等功能,构建统一的信息模型,实现物理对象信息的统一描述;模型互操作能够通过多模型融合技术将几何模型、仿真模型、业务模型、数据模型等多类模型进行关联和集成融合。

3. 决策层

决策层在连接层和映射层的基础上,通过综合决策实现描述、诊断、预测、处置等不同深度应用,并将最终的决策指令反馈给物理对象,从而支撑实现闭环控制。

数字孪生的发展具有三大典型特征:全生命周期实时映射、综合决策和闭环优化。首先,全生命周期实时映射指的是孪生对象与物理对象能够在整个生命周期内进行实时映射,并持续通过实时数据修正和完善孪生模型。其次,综合决策是指通过数据、信息和模型的综合集成,建立智能分析的决策能力。最后,闭环优化指数字孪生能够实现对物理对象从采集感知、决策分析到反馈控制的全流程闭环应用。它的本质在于设备可识别指令、工程师的知识经验及管理者的决策信息在操作流程中的闭环传递,最终实现智慧的累积和传承。

6.3.3 数字孪生技术

1. 数字孪生技术体系架构

工业数字孪生技术并非近期新生的技术,而是一系列数字化技术的集成融合和创新应用,包括数字支撑技术、数字线程技术、数字孪生体技术、人机交互技术等四大类型(见图6-9)。其中,数字线程技术和数字孪生体技术是核心技术,数字支撑技术和人机交互技术是基础技术。

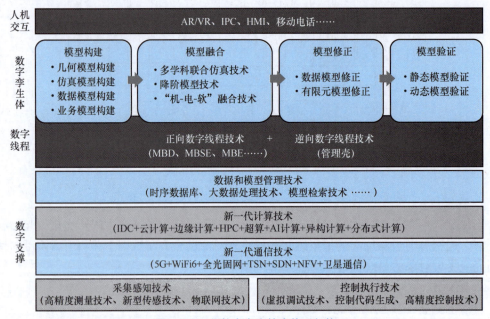

图 6-9 工业数字孪生技术体系架构

2. 数字支撑技术体系

数字支撑技术具备数据获取、传输、计算、管理一体化能力,支撑数字孪生高质量开发利用全量数据,涵盖了采集感知、控制执行、新一代通信、新一代计算、数据和模型管理五大类型技术。未来,集五类技术于一身的通用技术平台有望为数字孪生提供"基础底座"服务。

其中,采集感知技术的不断创新是数字孪生蓬勃发展的原动力,支撑数字孪生更深入获取物理对象数据。一方面,随着传感器向微型化发展,可以将其集成到智能产品中,实现更深层次的数据感知。例如,GE研发的嵌入式腐蚀传感器,将其嵌入到压缩机内部,能够实时显示腐蚀速率。另一方面,多传感器融合技术不断发展,可以将多类传感能力集成到单个传感模块中,从而支撑实现更丰富的数据获取。例如,第一款L3自动驾驶汽车奥迪A8的自动驾驶传感器搭载了七种类型的传感器,包括毫米波雷达、激光雷达、超声波雷达等,确保汽车决策的速度和准确性。

3. 数字线程技术体系

数字线程技术作为数字孪生技术体系中最为关键的核心技术,能够屏蔽不同类型数据和模型格式,支撑全类数据和模型的快速流转和无缝集成,主要包括正向数字线程技术和逆向数字线程技术两大类型。

正向数字线程技术以基于模型的系统工程(MBSE)为代表(见图 6-10),在用户需求阶段就基于统一建模语言(UML)定义各类数据和模型规范,为后期全量数据和模型在全生命周期集成融合提供基础支撑。目前,基于模型的系统工程技术正在加速与工业互联网平台的集成融合,未来有望构建"工业互联网平台+MBSE"的技术体系。例如,达索已经将 MBSE 工具迁移至 3DEXPERIENCE 平台,一方面基于 MBSE 工具统一异构模型语法语义,另一方面可以与平台采集的 IoT 数据相结合,充分释放数据与模型集成融合的应用价值。

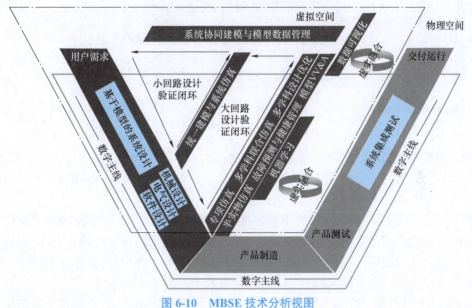

图 6-10　MBSE 技术分析视图

逆向数字线程技术以管理壳技术(见图 6-11)为代表,依托多类工程集成标准,对已经构建完成的数据或模型,基于统一的语义规范进行识别、定义、验证,并开发统一的接口支撑进行数据和信息交互,从而促进多源异构模型之间的互操作。管理壳技术通过高度标准化和模块化方式定义了全量数据和模型集成融合的理论方法论,未来有望实现全域信息的互通和互操作。例如,中国科学院沈阳自动化研究所构建跨汽车、冶金铸造、3C、光伏设备、装备制造、化工和机器人七大行业的管理壳平台工具,规范定义元模型等标准,可支撑进行模型的统一管理、业务逻辑建模及业务模型功能测试。

4. 数字孪生体技术体系

数字孪生体是数字孪生物理对象在虚拟空间的映射表现,重点围绕模型构建、模型融合、模型修正、模型验证等技术开展一系列创新应用。

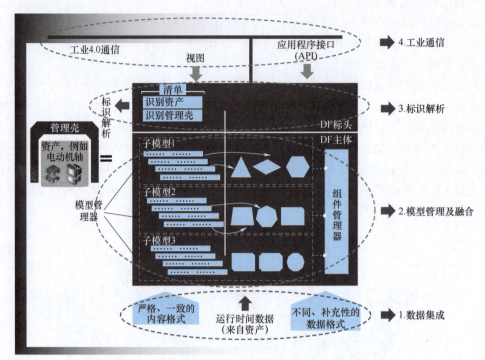

图 6-11　管理壳技术分析视图

（1）模型构建技术

模型构建技术是数字孪生体技术体系的基础，各类建模技术的不断创新提升了对孪生对象外观、行为和机理规律等方面的刻画效率。

在几何建模方面，基于人工智能的创造式设计技术提升了产品几何设计的效率。例如，上海及瑞工业设计有限公司利用创造式设计帮助北汽福田设计前防护、转向支架等零部件，通过人工智能算法优化产生了超过上百种设计选项，并综合比对用户需求，使零件数量从四个减少到一个，质量减小了 70%，最大应力降低了 18.8%。

在仿真建模方面，仿真工具通过融入无网格划分技术降低了仿真建模的时间成本。例如，Altair 基于无网格计算优化求解速度，解决了传统仿真中几何结构简化和网格划分耗时长的问题，能够在几分钟内分析全功能 CAD 程序集而不需进行网格划分。

在数据建模方面，传统的统计分析结合人工智能技术，增强了数字孪生的预测建模能力。例如，GE 通过迁移学习提升了新资产设计的效率，有效提高了航空发动机模型开发速度，并实现了更加精确的模型再开发，以确保虚拟和实际的精准映射。

在业务建模方面，业务流程管理（BPM）和流程自动化（RPA）等技术加快推动了业务模型的敏捷创新。例如，SAP 发布了业务技术平台，在原有的 Leonardo 平台基础上，创新地引入了 RPA 技术，形成了"人员业务流程创新—业务流程规则沉淀—RPA 自动化执行—持续迭代修正"的业务建模解决方案。

（2）模型融合技术

完成模型构建后，需要通过多类模型"拼接"打造更加完整的数字孪生体，而模型融合技术在此过程中发挥了重要作用,主要涉及跨学科模型融合技术、跨类型模型融合技术和跨尺度模型融合技术。

在跨学科模型融合技术方面,多物理场和多学科联合仿真技术加速了更完整数字孪生体的构建。例如,苏州同元软控采用多学科联合仿真技术为嫦娥五号的能源供配电系统量身定制了"数字伴飞"模型,精确度高达90%~95%,为嫦娥五号的飞行程序优化、能量平衡分析、在轨状态预测与故障分析提供了坚实的技术支持。

在跨类型模型融合技术方面,实时仿真技术促进了仿真模型与数据科学的集成,推动数字孪生体从"静态分析"向"动态分析"的演进。例如,ANSYS与PTC合作构建了实时仿真分析的泵孪生体,利用深度学习算法进行流体动力学(CFD)仿真,获取整个工作范围内的流场分布降阶模型,极大地缩短了仿真模拟时间,并能够实时模拟分析泵内流体力学运行情况,进一步提升了泵的安全稳定运行水平。安世亚太也利用实时仿真技术优化了空调的节能效果,将IoT采集的数据作为仿真计算的边界条件和控制变量,大幅降低了空调的能耗。

在跨尺度模型融合技术方面,通过融合微观和宏观的多方面机理模型,打造更复杂的系统级数字孪生体。如西门子持续优化汽车行业Pave360解决方案,构建系统级汽车数字孪生体,整合传感器电子、车辆动力学和交通流量管理方面的不同尺度模型,构建汽车生产、自动驾驶到交通管控的综合解决方案。

(3)模型修正技术

模型修正技术基于实际运行数据持续修正模型参数,是确保数字孪生不断迭代精度的重要技术,涵盖了数据模型实时修正、机理模型实时修正技术。

从IT的视角来看,在线机器学习基于实时数据不断完善数据模型的精度。如流行的TensorFlow、Scikit-learn等人工智能工具中都嵌入了在线机器学习模块,能够基于实时数据动态更新机器学习模型。

从OT的视角来看,有限元仿真模型修正技术可以基于试验或实测数据对原始有限元模型进行修正。如达索、ANSYS、MathWorks等领先厂商的有限元仿真工具都提供了有限元模型修正的接口或模块,支持用户根据试验数据对模型进行修正。

(4)模型验证技术

模型验证技术是数字孪生模型从构建、融合到修正的最终步骤,只有经过验证的模型才能够安全地应用于生产现场。目前,模型验证技术主要分为静态模型验证技术和动态模型验证技术两大类,通过评估已有模型的准确性,提升数字孪生应用的可靠性。

5. 人机交互技术体系

虚拟现实技术(AR/VR)的发展带来了全新的人机交互模式,提升了可视化效果。尽管传统平面人机交互技术在不断发展,但它仅限于平面可视化。新兴的AR/VR技术则具备了三维可视化效果,正在加速与几何设计、仿真模拟的融合,有望持续提升数字孪生应用的效果。例如,西门子推出的Solid Edge 2020产品新增了增强现实功能,能够快速将OBJ格式导入AR系统,从而提升了3D设计的外观体验。同时,将COMOS Walkinside 3D虚拟现实与SIMIT系统验证和培训的仿真软件紧密集成,有助于缩短工厂工程调试时间。PTC Vuforia Object Scanner可以扫描3D模型并将其转换为兼容AR引擎的格式,实现数字孪生沉浸式应用。

6.4 实验：数据处理与集成

1. 实验目的
1）理解平台层数据集成的基本概念和技术。
2）掌握数据仓库的概念。
3）掌握数据可视化方法。

2. 实验相关知识点
1）数据仓库。
2）工业大数据计算。
3）可视化技术。

实验

3. 实验任务

设备综合效率（OEE）是评估设备绩效的指标。提高 OEE 可以帮助企业持续改进，提高生产效率，有效减少浪费。

计算 OEE 需要设备的有效率、表现性、良品率等数据，其中：

$$有效率 = 设备实际生产时间 / 设备计划生产时间$$

$$表现性 = 理论周期时间 / 实际周期时间$$

$$良品率 = 合格数量 / 总数量$$

现有一份 OEE 数据源，要求计算设备的 OEE 指标，需将 OEE 数据源导入工业大数据应用平台，并建立数据仓库，满足多种应用场景分析。包括以下任务：

任务一：OEE 源数据导入。

任务二：OEE 数据仓库设计。

任务三：数据服务。

任务四：数据可视化。

4. 实验工具

实验工具信息见表 6-3。

表 6-3 实验工具信息

实验工具名称	型号/版本	品牌	数量	单位
工业互联网平台	XP-IIAP v2.0	上海犀浦	1	套
OEE 样例数据	—	上海犀浦	1	份

本实验主要使用工业互联网平台的工业大数据应用工具。

5. 实验原理

通过使用工业大数据应用平台进行数据处理与集成，利用平台提供的数据集成技术、数据处理技术和数据可视化技术，实现对工业数据的整合、清洗、分析和可视化。本实验旨在提高数据的质量和可用性，同时为企业的决策支持和业务优化提供有力的数据支撑。

6. 实验步骤

任务一：OEE 源数据导入

1）连接数据源，如图 6-12 所示。

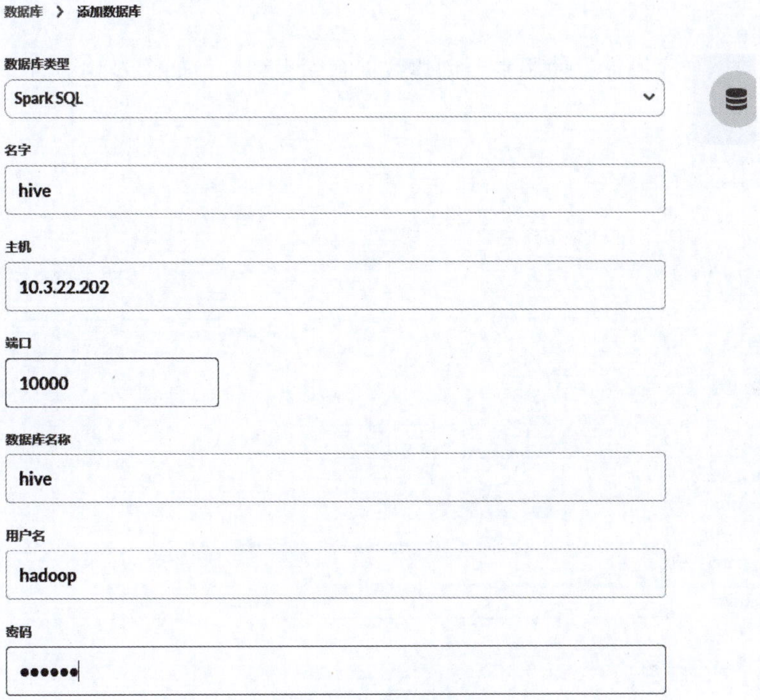

图 6-12 连接数据源

2）将 OEE 样例数据导入工业大数据平台中，如图 6-13 所示。

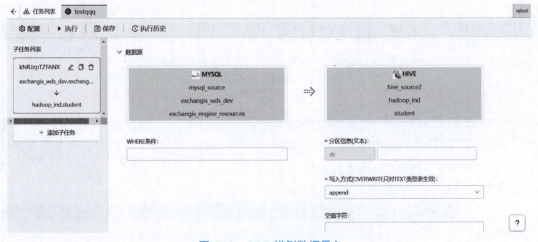

图 6-13 OEE 样例数据导入

任务二：OEE 数据仓库设计

数据仓库简单分为以下三层：

第一层：数据源层。主要存储原始数据。

第二层：中间层。主要存储中间计算结果，主要维度有工站、日期、有效性、表现性、良品率。

第三层：应用层。主要存储设备的具体时间段内 OEE 的指标，主要维度有工站、日期、OEE 指标。

1）OEE 数据仓库设计：使用平台创建数据仓库表结构，如图 6-14 所示。

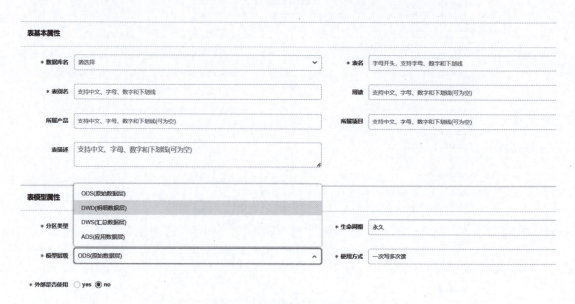

图 6-14　OEE 数据仓库设计

2）创建数据表后，对原始数据进行数据处理，将处理后的结果存储到表中，如图 6-15 所示。

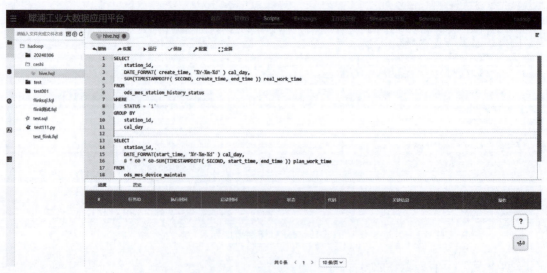

图 6-15　数据处理与存储

第6章 平台层的重要技术

任务三：数据服务

1）查询应用数据层的数据，发布为数据 API，填写 API 名称、路径、选择协议类型和请求方式等，如图 6-16 所示。

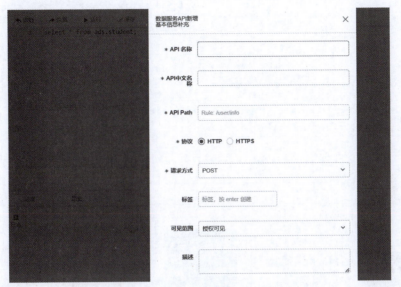

图 6-16 发布数据 API

2）使用 API 测试工具，测试应用层接口返回的数据。API 测试如图 6-17 所示。

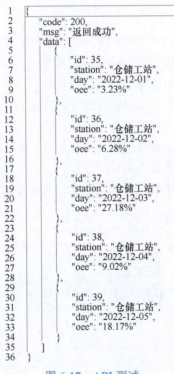

图 6-17 API 测试

任务四：数据可视化

使用数据可视化工具配置任务三中的接口地址，如图 6-18 所示，展示仓储单元 2021-12-01 至 2021-12-05 每天的 OEE 柱状图，如图 6-19 所示。

图 6-18　配置接口地址

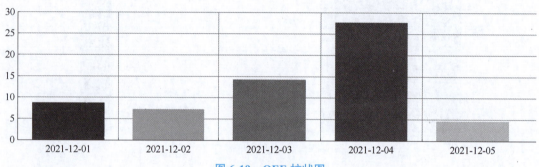

图 6-19　OEE 柱状图

习题

1. 数据预处理方法都有什么？
2. 为什么绝大多数工业场景中产生的数据均具有时序性？
3. 流计算在工业互联网数据处理中的作用是什么？
4. 在工业数据管理与分析中为何要进行数据可视化？
5. 简要描述机器学习在工业数据分析中的作用。
6. 简要描述机理建模与数据建模过程。
7. 简要描述数字孪生的定义与内涵。
8. 参考"6.4 实验：数据处理与集成"，导入其他工业数据源，并进行数据处理与集成。

科学家科学史
"两弹一星"功勋
科学家：钱学森

第 7 章

工业 APP

PPT 课件

视频课程

学习目标

① 了解工业 APP 的定义与分类。
② 了解工业 APP 的特征与价值。
③ 掌握工业 APP 开发的基本流程。
④ 了解工业 APP 开发的关键技术。
⑤ 能够进行简单的工业 APP 开发。

工业互联网平台定位于工业操作系统,是工业 APP 的重要载体;工业 APP 则支撑了工业互联网平台的智能化应用。工业互联网平台为工业 APP 提供必要的接口及存储、计算、工具、资源等环境支持;工业 APP 则是实现工业互联网平台价值的最终出口。

7.1 工业APP概述

7.1.1 工业APP的定义与分类

1. 工业 APP 的定义

工业 APP 是基于松耦合、组件化、可重构、可重用思想,面向特定工业场景,解决具体的工业问题,基于平台的技术引擎、资源、模型和业务组件,将工业机理、技术、知识、算法与最佳工程实践按照系统化组织、模型化表达、可视化交互、场景化应用、生态化演进原则而形成的应用程序,是工业软件发展的一种新形态。

工业 APP 强调解耦、标准化与体系化。强调解耦是要解决知识的沉淀与重用,通过工业技术要素的解耦才能实现工业技术知识的有效沉淀与重用。强调标准化是要解决数据模型和工业技术知识的重用及重用效率,通过标准化使得工业 APP 可以被广泛重用,并且可以让使用者不需要关注数据模型和知识本身,直接进行高效使用。强调体系化是要解决完整工业技术体系的形成,以便通过整个体系中不同工业 APP 的组合,完成复杂的工业应用。工业 APP 解决特定的问题,当需要解决复杂问题时,必须通过一系列的 APP 组合来支撑,所以要形成面向不同工业、不同行业的工业APP生态才能完成对复杂对象的描述与应用。

工业APP是一种特殊的工业应用程序,是可运行的工业技术知识的载体,承载了解决特定问题的具体业务场景、流程、数据与数据流、经验、算法、知识等工业技术要素,可以让工业技术经验与知识得到更好的保护与传承、更快的运转、更大规模的应用,从而放大工业技术的效应,推动工业知识的沉淀、复用和重构。

工业APP所依托的平台可以是工业互联网平台、公有云或私有云平台,也可以是大型工业软件平台,还可以是通用的操作系统平台,例如用于工业领域的移动端操作系统、通用计算机操作系统、工业操作系统和工业软件操作系统等。

2. 工业APP的分类

进行工业APP分类是工业APP开发、共享、交易、质量评测、应用,以及构建工业APP标识体系等各项活动的基础。可以按业务环节、适用范围和知识类型3个维度对工业APP进行分类,如图7-1所示。

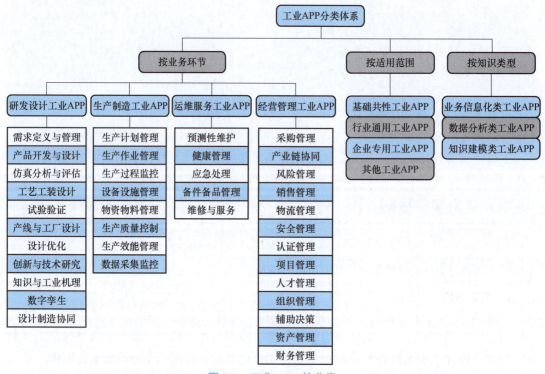

图7-1 工业APP的分类

1)按业务环节分类:分为研发设计工业APP、生产制造工业APP、运维服务工业APP、经营管理工业APP。

2)按适用范围分类:分为基础共性工业APP、行业通用工业APP、企业专用工业APP,以及其他工业APP。

3)按知识类型分类:分为业务信息化类工业APP、数据分析类工业APP、知识建模类工业APP。

7.1.2 工业APP的典型特征

工业 APP 借鉴了消费 APP 方便灵活的特性，又承载了工业技术软件化的理念，作为工业软件的新形态，不仅具有软件的特性，同时依托平台也具有生态化的特征，工业 APP 的典型特征如图 7-2 所示。

1. 特定工业技术知识载体

工业 APP 作为特定或若干具体的工业技术知识的软件形态的载体，体现了其独特的本质特征。工业 APP 所承载的工业技术知识只解决具体的问题，而不是抽象后的问题。一般的工业软件虽然也承载工业技术知识，但这些工业技术知识通常是抽象后的通用机理。例如，几何建模技术与知识解决的是一大类工业问题。

图 7-2 工业 APP 的典型特征

2. 特定适应性

每个工业 APP 承载针对某项具体问题的工业技术知识，通过表达一项或多项特定功能，解决特定的具体问题，具有典型的特定适应性。例如，某类齿轮设计 APP 仅适用于该特定类型的齿轮设计任务，一旦齿轮类型发生变化，将不再适用。

3. 小、轻、灵 / 易操作

每个工业 APP 均针对特定问题或少数几项任务进行设计，功能明确且专一，并且工业 APP 的开发与运行均依托平台所提供的资源，不需考虑完整的技术引擎、算法等基础技术要素，因此工业 APP 的体量相对较小。工业 APP 是富集的工业技术知识载体，通过知识封装与驱动，使得普通用户也能利用专家的知识，通过简洁直观的操作，完成以往只有专家才能完成的工作。正是这一特性，使得工业 APP 能够得到广泛的推广与应用。

4. 可解耦 / 可重构

每个组件化的工业 APP 均拥有明确的边界和接口，这使得工业 APP 不再被紧耦合约束到某一个具体的应用软件中，而是与其他应用程序或 APP 通过接口交互实现松耦合应用。

5. 依托平台

工业 APP 自概念提出到开发、应用及生态的构建与形成，均依托平台进行。每个工业 APP 旨在解决特定的具体问题，因而急需一个庞大的生态系统作为支撑。生态系统的建设离不开社会化力量的共同努力，平台为此提供了工业 APP 生态快速建设的基础，有效避免了各 APP 在开发过程中重复进行基础技术开发和资源构建的情况，从而降低了开发门槛，同时通过平台的统一规范与标准，实现了工业 APP 的广泛重用。

6. 集群化应用

每个工业 APP 均针对特定问题提供解决方案，对于复杂的工业问题可通过问题分解将其转化为一系列单一问题，每个问题均有对应的工业 APP 进行解决。通过多个边界和接口明确的工业 APP，按照一定的逻辑与交互接口进行系统性组合，形成工业 APP 集群，从而能够解决更为复杂的系统性问题。例如，索为的飞行器总体设计 APP 将飞行器总体设计细分为数百个具体问题,通过超过 300 个工业 APP 的集群化组合应用,成功实现了复杂飞机系统的总体设计应用。

7.1.3 工业APP辨析

工业 APP 作为一种新兴的工业软件形态,借鉴了消费 APP 的表述方式,兼具多种工业软件的属性,但与传统的工业软件存在显著差异。工业 APP 的开发、应用及生态建设均需依托平台,多种属性的交叉与融合使得人们容易混淆其概念界定。

1. 工业 APP 与消费 APP

在工业互联网诞生之前,互联网已在消费领域与服务业中广泛应用,消费领域与服务业相关的 APP 数量已相当可观,并涵盖了社交互动、出行交通、购物消费、餐饮服务以及休闲娱乐等多个方面,深度融入了人们的日常生活。工业 APP 借鉴了消费 APP 的概念,二者间既有共通之处,又存在显著区别。在 APP 的特征方面,工业 APP 充分借鉴了消费 APP 的体量小、轻、灵,易操作,易推广重用的特性。工业 APP 与消费 APP 的区别主要有 3 个方面,见表 7-1。

表 7-1 工业 APP 与消费 APP 的区别

工业 APP	消费 APP
基于工业机理	基于信息交换
服务于企业用户(to B)	服务于个人用户(to C)
专业用户 (用户是产品设计生产经营者)	非专业用户 (用户是消费者)

1)消费类 APP 基于信息交换来实现其功能,工业 APP 则必须建立在工业机理之上。在工业应用中存在着因果关系,这些表达因果关系的工业技术知识一般通过机理模型、经验模型、数据模型等承载,是企业重要的数据资产和核心价值。

2)消费 APP 主要服务于个人用户(to C),旨在满足个体的通用需求,广泛应用于商品流通、服务提供等环节。工业 APP 则服务于企业用户(to B),解决工业问题,多应用于工业产品的研发设计、生产制造、维修服务及企业经营管理等环节。

3)消费 APP 主要针对非专业用户,为他们提供在商品流通和服务过程中的流程管理、信息获取、资金支付及评价反馈等应用服务。例如,这些非专业用户可能频繁购买服装,但对于服装的设计和生产过程并不熟悉。工业 APP 则聚焦于专业用户,为他们提供企业产品设计、生产制造、维修维护等专业领域的应用支持。因此,这些专业用户通常具备产品设计和生产的专业能力。工业 APP 所承载的正是这些设计、生产等专业领域内的工业技术知识。

2. 工业 APP 与工业软件

工业软件是集成人类基础科学与工程知识的综合体系,它涵盖领域广泛,包括基础科学、技术科学、工程科学及工程技术等,同时融入了丰富的工程实践经验和专业知识。作为一种复合型知识载体,工业软件建立在数学、物理、计算机技术和工业技术的基础之上。工业软件服务于产品的全生命周期业务过程及企业的经营管理活动,可根据产品生命周期划分为研发设计类、生产制造类、维修服务类、嵌入式软件及经营管理类 5 个类别。

在工业软件中既包括传统的工业软件,也包括云化工业软件,还包括工业 APP 这种新形态的工业软件。工业 APP 与工业软件是从属关系,两者的关系如图 7-3 所示。

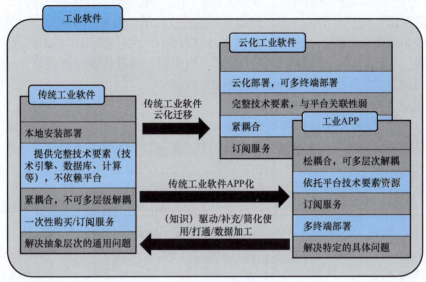

图 7-3　工业 APP 与工业软件的关系

传统工业软件与工业 APP 既存在差异,又紧密相连。传统工业软件可以通过云化迁移转化为云化工业软件,或者通过 APP 化转化为工业 APP 集合。在实际应用中,多数工业 APP 依赖于平台(如工业互联网平台和云平台)运行。然而,也有一部分工业 APP 在个人计算机上运行,或者依赖于大型工业软件。因此,工业 APP 与云化工业软件之间存在交叉关系。此外,传统工业软件可以通过 APP 化形成工业 APP 集合,工业 APP 也可以通过驱动、功能补充、简化使用等多种方式推动传统工业软件的应用和发展。

(1) 工业 APP 与传统工业软件的区别

工业 APP 与传统工业软件在部署方式、工业软件要素完整性、体量、操作难易程度、技术架构及解决问题的类型等方面存在明显的区别,见表 7-2。

表 7-2　工业 APP 与传统工业软件的区别

工业 APP	传统工业软件
通常以工业技术知识为核心	基础科学、IT 技术是核心
开发以工程技术人员为主	以基础科学工作者和 IT 人员为主
多种部署方式	通常本地化安装部署
必须依托平台提供的技术引擎、资源、模型等完成开发与运用	包含完整工业软件要素,如技术引擎、数据库等
小、轻、灵,易操作	体量巨大,操作使用复杂,需要具备某些专业领域知识才能使用
可以多层次解耦	可以分模块运行,不可多层级解耦
只解决特定的、具体的工业问题	解决抽象层次的通用问题

在部署方式方面,传统工业软件,诸如 CAD、CAE、CAM、PLM、ERP、MES 等,通常采用本地化安装部署。这些软件各自具备完整的工业软件要素,包括几何引擎、求解器、业务建模引擎、数据库等,形成了一个个独立且完整的系统,不需依赖其他平台即可运行。由于传统工业软件体积庞大、操作复杂,因此需要操作人员具备一定的专业领域知识才能有效使用。在技术架构方面,传统工业软件往往呈现出紧耦合的特点,虽然可以分模块运行,但很难实现多层级解耦。传统工业软件主要解决抽象层次的通用问题,例如,CAD 软件通过提供面向几何建模的高度抽象功能应用,使得具备专业领域知识的用户能够完成不同种类产品的几何建模与设计任务。

(2) 工业 APP 与传统工业软件的联系

工业 APP 与传统工业软件虽然存在显著差异,但二者并不互斥或相互孤立。工业 APP 并不旨在替代传统工业软件或企业现有的信息系统,而是旨在与传统工业软件形成相互促进与补充的关系。工业 APP 通过知识驱动、简化使用、异构集成及数据挖掘 4 个方面,对传统工业软件产生促进作用。

1) 知识驱动。工业 APP 作为针对特定工业场景和问题的富集工业技术知识载体,能够通过"知识驱动"的方式高效驱动传统工业软件完成特定任务。通过与传统工业软件的结合,工业 APP 能够进一步丰富、强化和提升传统工业软件的功能和性能。例如,飞行器总体设计 APP 可以显著缩短飞行器总体布局方案的设计周期,由传统的数周缩短至数天。

2) 简化使用。工业 APP 通过简化传统工业软件的使用流程与步骤,显著降低了其技术应用的门槛。例如,某款舵机设计 APP 采用统一的工作环境,将原本复杂的结构建模的 17 个步骤和有限元建模的 16 个步骤大幅简化为 3 个步骤。这意味着,即便是不具备有限元专业知识的普通设计人员,也能在 2min 内迅速完成结构建模、仿真等全部工作,从而极大地提高了工作效率和便捷性。

3) 异构集成。在工业领域中,工业软件被广泛应用于不同的工业应用场景和环节中。使用工业 APP 能够打通不同工业软件之间的数据与逻辑关系,实现异构工业软件、数据及模型集成。例如,海尔互联工厂从用户定制下单到设计、生产,再到物流配送和后续服务的整个流程,使用了订单处理、CAD/CAE、工厂仿真、APS、MES、MRP、设备监控、WMS、SCM 等不同的工业软件。这些软件在运行过程中需要交换大量数据,如订单信息、计划排程、成品数据、物料信息、采购信息、物流信息及设备状态信息等。通过工业 APP,这些数据和逻辑关系得以在互联工厂内部实现横向打通,有效提升了生产效率与信息管理效率。

4) 数据挖掘。使用工业 APP 对传统工业软件或生产线设备产生的数据进行深度加工从而优化业务过程。在当前的工业领域中,工业数据已经成为企业不可忽视的核心资产,因此如何有效地处理和利用这些数据成为企业需要解决的关键问题。通过工业 APP,企业能够完成数据的采集、分析、处理及优化决策等一系列流程。例如,工业 APP 可以深度挖掘采购软件产生的数据,进而提升采购业务的效率和效果。

(3) 工业 APP 是传统工业软件的新形态

工业 APP 是传统工业软件的新形态,如图 7-4 所示。与传统工业软件一样,工业 APP 也是工业技术知识经过软件化路径所形成的人类智慧的瑰宝。从传统工业软件的发展路径来看，随着计算机技术、信息技术与通信技术的不断演进，特别是互联网、大数据、云计算、微服务技术和容器技术等新技术的涌现，传统工业软件正在经历一场深刻的变革。这种变革在传统软件架构的基础上，通过深入剖析软件功能与结构，并引入微服务架构进行重构，逐步实现传统工业软件的松耦合（例如 REST 接口）和高内聚（多个服务可相互组合以构建更高级别的服务或应用程序），即实现传统工业软件 APP 化。

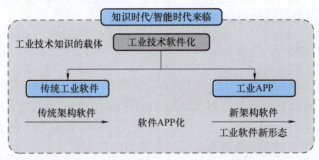

图 7-4　工业 APP 是传统工业软件的新形态

经过解耦的传统工业软件展现出卓越的敏捷性、灵活性和可伸缩性，在软件开发、部署、使用和迭代过程中表现得更为出色。随着这种转变不断进行，传统工业软件逐渐演化为众多松耦合的工业 APP。这种松耦合特性可以进一步借助社会力量，依托工业互联网平台，推动传统工业软件实现更高程度的平台化。因此，从工业技术知识软件化的视角来看，工业 APP 不仅是传统工业软件的新形态，更是传统工业软件在新技术架构下解耦后的发展结果。

3. 工业 APP 与工业互联网平台

工业互联网平台参考体系架构 2.0 明确指出，边缘层是基础，平台层是核心，而工业 APP 应用层则是实现最终工业价值的关键所在，这一定位突显了工业 APP 在整个工业互联网产业中的重要性。工业互联网平台的特性、性能及最终价值都将通过工业 APP 的应用得以充分体现。因此，工业 APP 无疑是工业互联产业发展的关键所在，工业互联网平台最终也将聚焦于工业 APP 的应用与发展。

（1）工业 APP 是工业互联网平台实现价值的关键

工业互联网平台作为工业数据分析和应用开发的载体，在实际应用中，其核心价值在于所承载的一系列工业 APP。工业互联网平台的价值不仅在于数据分析、应用开发等使能环境的构建，更在于能够为工业企业提供的具体 APP 的数量。一个缺乏工业 APP 的工业互联网平台，就如同一个没有应用程序的计算机，难以有效地解决实际问题。因此，从这个角度看，工业 APP 是实现工业互联网平台价值的关键所在。

（2）工业互联网平台为工业 APP 提供工业操作系统

从长远的视角来看，工业互联网平台将充当工业操作系统的角色，为工业 APP 等工业应用提供坚实的支撑。工业互联网平台将提供工业 APP 开发与建模、测试、运行等环境支撑和资源支持。在工业 APP 开发过程中，需要使用到的开发环境、组件化的 API 接口、工业建模引擎等都由工业互联网平台提供，或通过工业互联网平台调用所接入的工业软件与工业引擎，完成不同类型、不同工业领域的工业 APP 建模。

（3）工业互联网平台为工业 APP 生态提供载体

在工业领域，人们所面临的问题往往错综复杂，需要多个工业 APP 组合才能得以解决，这就要求工业 APP 具备完整的生态。工业互联网平台凭借其强大的互联互通功能，能够有效地聚合社会化的各种资源构建资源池，其中工业 APP 的整合不仅促进了复杂工业问题的有效解决，还显著提升了工业 APP 应对实际工业问题的能力。此外，工业互联网平台还可以聚合工业人才资源。工业人才资源是形成工业 APP 的核心要素，越来越多的工业人才可以促进工业 APP 生态的快速形成。

7.1.4 工业APP的价值

作为工业技术知识的载体，工业 APP 不仅承载着工业的基础，更预示着工业的未来发展趋势，通过不同层面展现出多样化的价值和深远意义。工业 APP 从本质上有效解决了工业技术应用效率的问题，对工业、制造业模式、软件行业等产生了广泛而深远的影响，同时工业 APP 对于国家和企业而言也具有重要的现实意义。

1. 工业 APP 对中国制造的价值

在宏观层面，从中国制造和数字工业的视角来看，工业 APP 对中国制造和数字工业的发展起到了核心驱动作用。

（1）工业 APP 是制造业的核心驱动力

中国经济正由消费驱动型数字经济向工业驱动型数字经济转变，中国制造已步入数字工业时代。然而，工业技术始终是制造业发展的核心驱动力，作为承载工业技术要素的工业 APP 是工业驱动的数字中国的核心驱动力。

（2）工业 APP 提高中国制造业的起点

根据新产品开发的一般规律，约 70% 的工作涉及对已有产品要素的重新利用，20% 则需要对原设计进行修改，仅有 10% 属于真正的创新范畴。然而，正是这 30% 的修改与创新部分，构成了产品价值提升的关键。如图 7-5 所示，工业 APP 在新产品开发过程中显著提升了产品研发的起点。作为工业技术知识的载体，工业 APP 正逐渐丰富，沉淀的工业技术知识不断增多，通过工业 APP 可重用的工业技术知识部分将会越来越多，进而推动中国制造业的起点不断攀升。

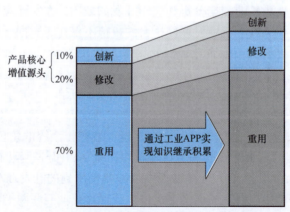

图 7-5　工业 APP 在新产品开发中的起点提升

2. 工业 APP 对产业的价值

从产业的角度来看，工业 APP 的应用能够极大地解放人力，特别是解放制造业中的高端人才，使他们能够将更多的精力聚焦于创新活动，进而推动制造业的创新发展。

（1）工业 APP 将人解放出来，有利于产业创新

以 APP 为代表的工业技术知识应用日臻成熟和高效。在实际工作场景中，APP 作为人机交互的媒介，将复杂工具下沉至后台，可以帮助工程师完成过去需要花费大量时间和精力来完成的事务性、重复性工作，将他们从低效、低价值的劳动中解放出来，使他们能够专注于更具创新性和价值的工作。工业 APP 的应用极大地提升了工作效率，为中国的创新研发及从中国制造向中国创造的转变提供了人力基础，对整个制造业领域具有深远的影响。通过利用工业 APP，企业可以有效缓解国内高端人才短缺的问题，实现由机器替代人类进行重复性劳动，为产业升级和转型提供有力支持。

（2）工业 APP 实现知识解耦，使得产业知识价值倍增

工业 APP 将知识与人解耦、知识与系统/工具解耦，有利于实现知识更广泛的共享，使知识价值倍增。工业技术软件化作为支撑这一过程的技术基础，不仅促进了知识的社会化和广泛传递，还为构建工业技术 APP 生态体系奠定了坚实的基础，进而影响着整个工业价值链体系。工业技术软件化可以应用于从产品需求分析到概念设计、方案设计、产品设计、试制试验、工艺设计与生产、交付与运行服务，乃至回收的全过程管理及组织管理，其成熟度直接反映了一个国家的工业化能力和水平。工业技术软件化作为知识和机器技术的广泛融合过程，为知识自动化和人工智能的发展提供了有效的途径。

3. 工业 APP 对企业的价值

从微观层面来看，工业 APP 可以给企业带来如图 7-6 所示的价值，包括沉淀企业知识，解决组织能力不均衡问题，避免知识流失，缩短员工培养周期，提高研发、设计、生产与运维的效率，促进体系化专业建设等。

图 7-6　工业 APP 对企业的价值

（1）沉淀企业知识

为了应对企业知识沉淀的挑战，部分企业开始探索知识管理和知识工程系统的应用，这些系统主要依赖于信息化手段来促进知识的沉淀与转化。然而，这些系统往往因为过于依赖信息化技术，导致工程技术人员在工业技术知识输入方面遇到困难。另外，也有专家选择通过著书立说的方式来记录和传承他们的经验与知识。尽管写书是一种有效的知识沉淀方式，但同样面临着知识转化与应用的挑战。相比之下，工业 APP 作为一种新的知识沉淀与转化方式，提供了完整、快捷的将工业技术知识结构化、形式化和轻代码化表达的手段，容易被掌握工业技术知识的工业人士接受。同时，工业 APP 可以直接应用，从而显著提高了知识转化与利用的效率。

（2）解决组织能力不均衡问题

在任何企业或部门中，员工能力差异是普遍存在的。因此，当领导分配任务时，任务完成的结果和质量往往难以预测，完全取决于执行任务人员的能力水平。为了解决这个问题，可以通过工业 APP 将团队内部能力较强的员工在解决工程问题时的方法、流程、经

验及一些开发的算法等工业技术进行梳理、结构化表达和封装。这样,所有同类型的工程问题都可以使用这个工业 APP 完成,相当于将优秀员工的工程经验与知识复制并应用到不同的工程场景中。通过这种方式,能力相对较差的员工也能够通过使用工业 APP 达到相对较好的结果和质量,从而提升整个团队的能力水平,弥补团队成员之间的能力差距,补齐团队的能力短板。如此,领导对于任务结果和质量的担忧也能够得到一定程度的解决。

(3) 避免知识流失

在企业运营过程中,员工退休和离职是常见的现象。然而,这些事件往往伴随着知识的流失,因为许多宝贵的经验和知识都存储在员工的头脑中。因此,对于企业而言,如何在员工在职期间有效地固化和传承他们的知识,成为企业发展和成长过程中亟待解决的问题。相比于传统知识管理系统采用的写成文档或数据的知识沉淀方法,工业 APP 提供了一种更加直观和有效的知识沉淀方式,能够有效地帮助企业避免因员工退休或离职而引发的知识真空期。员工留下的工业 APP 可以继续被其他同事直接使用,从而避免了因员工离职或退休导致的项目结果不可控或质量下降的问题,显著减少企业知识的流失。

(4) 缩短员工培养周期

对于企业而言,培养一名合格的员工通常需要投入大量的时间和资源。通过工业 APP 的开发与应用,新员工可以站在前人的经验和知识基础上,以更高的起点和效率进行学习和成长,从而显著缩短成长的周期。

(5) 提高研发、设计、生产与运维的效率

工业 APP 将工程实践中各种成熟的工业技术流程、方法、经验及知识等封装成可执行的工业应用程序,其中大量重复性、事务性工作都是由工业 APP 驱动相应的工具软件完成的。由此,工业 APP 实现了操作的便捷化,使后台工程师无须亲自执行工具软件中的复杂操作,极大地提升了产品研发、生产制造与运维的效率。

(6) 促进体系化专业建设

在工业 APP 的开发过程中,首先需要根据企业的专业领域构建相应的工业 APP 体系。在此基础上,对工业技术知识进行系统梳理与定义。这一过程有助于企业深入分析自身的专业知识与技能,识别并弥补短板,同时促进外部合作,进而实现本企业的体系化专业建设。

7.2 工业APP开发

工业 APP 开发的过程是将工业技术与信息技术融合的过程,通过工业技术软件化的技术途径实现两者的融合。基于特定工业场景和应用目标,将特定的工业技术知识软件化,通过结构化描述、系统化组织、模型化表达、可视化交互等过程完成软件化过程。

7.2.1 工业APP开发的基本流程

根据软件工程方法,开发一款 APP 的全过程被称作软件生命周期。软件生命周期包

括三个主要时期：软件定义时期、软件开发时期和运行维护时期（也称为软件维护时期）。每个时期进一步细分为若干个阶段，如图 7-7 所示。

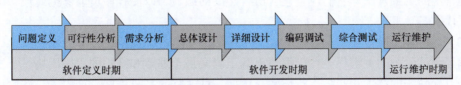

图 7-7　软件生命周期

1. 软件定义时期

软件定义时期的核心任务是明确软件开发工程所需实现的总目标，评估工程的可行性，制定达成工程目标的策略，并明确系统必须具备的功能。此外，此时期还需估算完成工程所需的资源和成本，并制订相应的工程进度计划。软件定义时期通常细分为三个阶段：问题定义、可行性分析和需求分析。

（1）问题定义阶段

问题定义阶段的关键在于明确所开发软件需解决的问题。若在未明确问题的情况下盲目进行软件开发，将难以取得有意义的成果，并导致人力、物力和财力的浪费。

（2）可行性分析阶段

在可行性分析阶段，针对问题定义阶段所确定的问题，研究该问题的范围和解决此问题的价值，同时探讨是否存在可行的解决方案。这一阶段主要包括技术可行性、经济可行性和操作可行性三个方面的分析。技术可行性分析旨在确定现有技术是否足以实现该系统；经济可行性分析评估系统的预期经济效益是否超过其开发成本；操作可行性分析关注系统的操作方式是否便于用户使用。此外，如有必要，还应当从法律、社会效益等更广泛的视角审视软件整个生命周期的可行性。

（3）需求分析阶段

需求分析阶段的主要任务是准确地确定目标系统为解决问题所必须具备的功能。为了开发出能够真正满足用户需求的软件产品，软件开发人员需在需求分析阶段与用户紧密合作，进行充分的信息交流，以确保得出的系统模型得到用户的确认。需求分析中的一个关键任务是将用户对目标系统的需求以正式文档的形式准确记录下来。这份文档通常被称为软件需求说明书（Software Requirement Specification，SRS），它也是软件需求分析阶段的最终成果。

2. 软件开发时期

软件开发时期的主要任务是具体地设计和实现软件定义时期所定义的软件。这一时期通常包括四个阶段：总体设计、详细设计、编码调试和综合测试。其中，前两个阶段合称为系统设计，后两个阶段则合称为系统实现。

（1）总体设计阶段

总体设计也称为概要设计。此阶段首先涉及设计实现目标系统的方案，其次包括设计程序的体系结构，即确定程序由哪些模块构成，以及这些模块之间的关系。

（2）详细设计阶段

在总体设计阶段，解决方案是以较为抽象和概括的方式提出的。详细设计阶段的任务则是将这些解决方案具体化，即明确如何具体实现该系统。这一阶段的任务并非直接编写程序代码，而是设计出程序的详细规格说明。这类规格说明的作用类似于其他工程领域中工程师常用的工程蓝图，它们应当包含所有必要的细节，以便程序员能够据此编写出实际的程序代码。

（3）编码调试阶段

编码调试阶段的关键任务在于编写出既正确又易于理解和维护的程序模块。开发人员应根据目标系统的特性和实际运行环境，选择一种适宜的高级程序设计语言，然后将详细设计阶段的成果转换成用所选语言编写的程序代码，并对编写的每个模块进行细致的调试工作。

（4）综合测试阶段

综合测试阶段的关键任务是利用各类测试方法，确保软件达到既定的要求。在此，需区分调试与测试的不同：调试是在开发过程中，由开发人员对所开发内容进行测试，以验证其正确性和完整性；测试则是由专业测试人员对开发的应用程序的所有功能进行全面测试，以发现潜在的错误。

3. 运行维护时期

运行维护时期的主要任务始于向客户提供服务，确保系统能够持续稳定运行。在此期间，通常需要有计划地对系统进行修改，这些修改旨在解决系统的可维护性问题、降低运营成本、改进系统缺陷、提升系统性能，或延长系统使用寿命。

7.2.2 工业APP开发层次、技术路径与技术架构

1. 工业 APP 开发层次

从工业 APP 的开发与技术实现的角度出发，工业 APP 的开发至少涵盖三个层次，如图 7-8 所示。

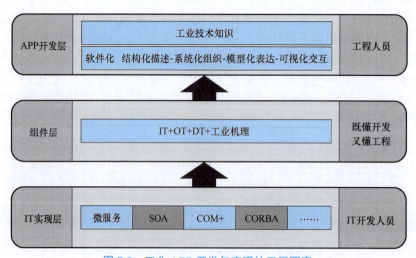

图 7-8　工业 APP 开发与实现的三层要素

第一层为 IT 实现层。IT 实现层专注于集成和应用各种 IT 实现技术，是 IT 技术的集

中汇聚,它涵盖了传统的服务导向架构 SOA、COM+、CORBA 等技术,以及微服务技术架构。

第二层为工业技术与信息技术融合的组件层。这是工业 APP 开发的关键环节,它融合了信息技术(IT)、运营技术(OT)、数据技术(DT)及工业机理。组件层的开发需要既掌握工业技术又精通 IT 技术的人员来完成。此外,组件层构成了工业 APP 开发平台的核心部分。

第三层是面向工程技术人员的 APP 开发层。工业 APP 开发层中,工程技术人员可以使用各种预制的组件,通过低代码化的开发方法,迅速完成工业 APP 的开发工作。

2. 工业 APP 开发技术路径

工业 APP 的开发过程起始于获取并掌握工业技术知识,进而对这些知识进行结构化描述(包括已知和未知领域的知识或数据),并通过系统化组织与建模、软件化过程、场景化应用及数据挖掘,形成一个完整的闭环。整个开发过程包括四个阶段:获取/掌握与描述工业技术、系统化与模型化、软件化、应用及数据挖掘。图 7-9 展示了基于"工业技术软件化"理念的工业 APP 开发技术路径。

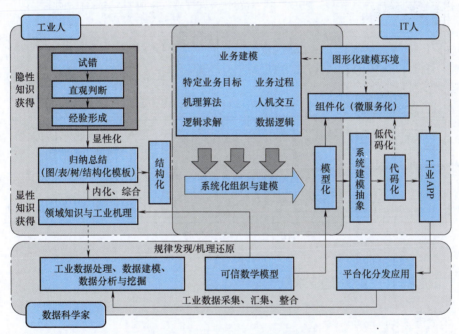

图 7-9 工业 APP 开发技术路径

工业 APP 的开发涉及三类关键主体:工业人、IT 人和数据科学家。他们参与工业 APP 开发的四个阶段,运用各自的专业工具和技术,将工业技术融合到软件载体中。这些工业 APP 会被应用于各种场景,产生的数据通过大数据分析和人工智能技术进行处理,实现对未知领域趋势的预测和工业机理的还原,形成一个完整的闭环逻辑。

基于认知闭环,工业 APP 开发的技术路径可以分解为两条主线。第一条主线是基于现有工业技术知识的软件化转换,从而形成工业 APP。第二条主线是基于工业应用数据,通过数据分析和挖掘构建可信的数据模型,探索事物运行的规律和趋势,以及机理的还原,并将这些成果软件化,以得到具体的工业应用。

3. 工业 APP 开发技术架构

工业 APP 的开发实现了工业技术与信息技术的深度融合,兼具工业和软件的双重属性,需要 IT 人和工业人的协同合作,其开发技术架构如图 7-10 所示。IT 人负责前端开发和后端服务等 IT 技术,懂工业的 IT 人利用组件化开发环境和工具包,实现基于前后端技术的工业软件接口与适配器组件、驱动器开发业务组件、模型组件等业务组件开发,实现工业技术与信息技术的融合,并基于业务组件提供面向工业人的低代码工业 APP 开发环境,工业人在低代码开发环境中实现工业技术知识快速转化为工业 APP。

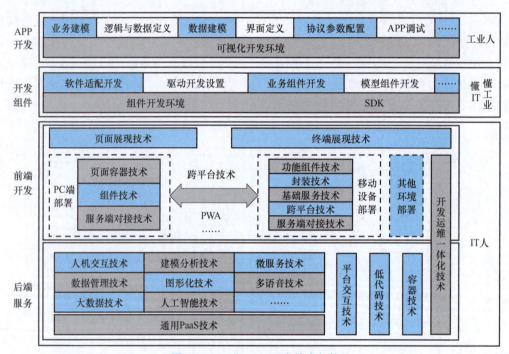

图 7-10　工业 APP 开发技术架构

7.2.3　工业APP开发关键技术

1. 微服务

(1) 微服务架构

微服务的理念是将单体应用程序分割为更小的、与项目相关联的独立服务。与单体应用不同,在微服务架构中,每个服务都在自己的进程中运行,并通过轻量级的通信机制进行通信。构建微服务体系需要一整套方法论和工程实践,而微服务架构则代表实现这一体系的架构模式,即提供了方法论和工程实践。

微服务架构将大型应用分解成多个独立的组件,每个组件都有各自的责任领域,实现一组独立的特性或功能,包含自己的业务逻辑和适配器。在处理用户请求时,基于微服务的应用可能需要协调多个内部服务来共同生成响应。微服务架构将应用程序构建为独立的组件,并将每个应用程序进程作为一项服务运行。这些服务通过轻量且明确定义的 API 进行通信。这些服务围绕业务功能构建,即每项服务执行一项独立的功能,因此可以独立进行更新、部署和扩展,以满足对应用程序特定功能的需求。这些服务能够部署在不同的虚拟机系统和应用服务器上。

微服务架构具有以下重要特征:

1)整个应用程序被分解为多个相互独立的子进程,每个子进程包含多个内部模块。
2)微服务应用程序根据业务范围或领域进行垂直拆分。
3)微服务的边界是外部的,微服务之间通过网络调用(RPC或消息传递)相互通信。
4)微服务作为独立的进程存在,可以独立部署。
5)采用轻量级的通信方式,不需任何智能通信通道。

微服务架构具有以下优点:

1)通过将单体应用分解为一组服务,微服务架构有效地解决了复杂性问题。尽管功能总量保持不变,但应用程序被划分为易于管理的模块或服务。这些服务定义了清晰的RPC或消息驱动的API边界,提高了应用的模块化水平,这在单体代码库中是难以实现的。因此,微服务开发的速度得以提升,且更容易理解和维护。

2)每个微服务都可以由专注于该服务的团队独立开发。只要符合服务API契约,开发人员可以自由选择开发技术。这意味着开发人员可以采用新技术来编写或重构服务,由于服务规模较小,这种做法对整体应用的影响有限。

3)微服务可以独立部署,开发人员无须协调服务升级或更改的部署。这些更改在测试通过后可以立即部署。微服务架构使得持续集成和持续交付(CI/CD)成为可能。

4)微服务支持独立扩展,只需定义满足服务部署要求的配置,如容量和实例数量等约束条件。

(2)微服务治理

微服务促进了应用开发中的技术多样性,允许各个开发团队自由选择不同的开发语言、工具和数据存储技术来构建所负责的服务,通过基于网络的API接口与其他团队服务进行交互。

随着业务的发展,服务逐渐增多,如何协调线上运行的各个服务,保障服务的品质和性能,对服务架构和运维人员来说是很大的挑战。随着业务规模的不断扩大,小服务资源浪费等问题逐渐显现,因此有必要基于服务调用的性能KPI数据进行容量管理,合理分配各服务占用的资源,提高机器利用率。业务发生故障时,需要对故障业务做服务降级流量控制、流量迁移等,快速恢复业务。同时,随着开发团队的不断扩大,可能出现功能相同、服务名不同的服务同时上线,因此有必要规范服务的上线,在每项服务发布之前,需要遵循服务预发布流程,由架构师或者项目经理审核通过。为了满足服务线下管控的需求,并保障线上高效运行,需要统一的服务治理框架对服务进行有效管控,保障服务高效、健康地运行。

微服务治理对微服务计划的成功起着至关重要的作用。缺乏恰当的治理机制可能导致架构难以管理且不稳定,而恰当的治理则能在为用户提供业务支持的同时,避免服务的分布式混乱。强大的微服务治理基础包括三个关键要素:人员、流程和技术。为了确保微服务治理的成功实施,这三个要素必须保持一致性和协调性。

（3）基于组件的可复用技术

微服务架构从应用服务化到组件服务化，实现了组件库的积累和组件的可复用，同时加快了敏捷开发迭代的速度。这些改进显著提高了工业 APP 开发的效率，并减少了开发工作量。

1）软件复用技术。复用是计算机软件工程中的一种方法和理论。其核心理念是将软件视为由多个功能组件组成的有机体，每个组件都根据工作类型设计成通用的工具。因此，一旦完成各类工作组件的开发，软件开发就变成将这些组件组织连接起来的简单任务，这使得软件产品的最终质量和维护工作都发生了本质的改变。

从表现形式上看，复用是利用已编写的代码来支持新的功能或业务。提高复用程度可以显著节省研发资源，增强系统的稳定性和可维护性。更重要的是，复用可以提升项目质量，推动技术进步，是驱动技术团队实现技术和效能良性循环的最佳途径。

从实践应用上看，复用包括通过拷贝或引用现有代码来实现，它还包括通过复用原有设计、逻辑、框架、服务等，使原有代码的能力得到有效扩展，以支持新功能或新业务。在微服务架构中，这意味着某一服务能够支持更广泛的业务范畴。软件设计经验、面向对象的原则等都可以作为指导复用实践的方法论。

2）组件的服务化复用。在微服务架构中复用的粒度提升至服务级别，即服务复用。通过将标准化的功能分解为独立的服务组件，实现了组件级别的服务化复用。在服务体系架构中，服务复用将底层的标准功能直接抽离为微服务组件，独立提供特定功能，如计数服务、音频资源服务、图片服务等，也可以将被多种场景用到的业务能力抽离为微服务组件，如支付、订单、会员、进度、留言、优惠券等这类服务的复用。

（4）基于微服务构建工业 APP 的模式

在企业中，传统的工业应用软件，如 CAD、CAE、DCS、MES、ERP、SCM 等，通常是基于基础流程或服务进行设计和开发的，并在部署阶段根据用户的具体情况进行调整。这种方法导致软件的研发成本高、周期长，且难以灵活适应用户的个性化需求。在工业互联网平台中，可以通过工业微服务的方式将这类软件拆分为独立的功能模块，实现对原有生产体系的解构，在平台上构建包含各类功能与服务的微服务组件库，并根据实际需求调用相应的微服务组件，以高效且个性化的方式面向用户进行工业 APP 的研发。这种方法显著降低了整个软件研发的技术门槛和成本投入，使得原本需要专业团队和大量资金支持的精英化软件研发，开始向更加普及的大众化研发转变。

基于微服务开发工业 APP 主要有以下 4 种模式。

1）聚合器微服务设计模式。聚合器微服务设计模式是工业 APP 开发中最常用的模式。在这种模式下，工业 APP 的功能表现为在一个浏览器页面上对多个服务的调用，其中工业 APP 的浏览器页面充当了聚合器的作用。每个服务通过轻量级的 REST 机制公开，使得在浏览器页面上可以检索数据，并相应地处理或显示这些数据。此外，聚合模式可以扩展为分支微服务设计模式，或者变形为代理微服务设计模式。

2）链式微服务设计模式。链式微服务设计模式对请求产生单个合并响应。在这种模式下，微服务 A 首先接收客户端的请求，然后与微服务 B 进行通信，微服务 B 可能还会与微服务 C 通信。这些服务之间可能通过同步的 HTTP 请求/响应机制进行消息传递。

3）共享数据微服务设计模式。微服务设计的一个核心原则是自治性，即每个服务都是全栈式的，并能够控制所有相关的组件。例如，某些数据可能更适合存储在 NoSQL 数据库中，因为 SQL 数据库可能会影响数据的独立性。在从单体应用向微服务架构的过渡过程中，可以采用共享数据微服务设计模式。

4）异步消息微服务设计模式。异步消息微服务设计模式可以实现异步通信，但这是通过特定方式完成的。因此，一些微服务架构可能会选择使用消息队列而不是 REST 请求/响应机制来进行消息传递。

2. 低代码开发

低代码开发是一种利用图形化用户界面和少量代码快速开发应用软件的方法。低代码工具简化了工业 APP 的开发过程，减轻了对专业知识和技能的要求，主要通过拖拽组件和模型驱动逻辑来快速创建所需的应用系统和移动应用程序。这不仅帮助企业节省了大量的技术研发人工成本，还缩短了产品研发周期，提高了开发效率。此外，它还允许业务人员参与甚至主导部分或全部的产品开发工作。低代码开发在未来有望成为企业降低成本、提高效率和实现数字化转型的关键途径。

（1）低代码的优势

低代码开发具备以下优势。

1）加速企业数字化转型。在企业进行数字化转型的过程中，对云计算的需求日益增长。低代码开发能够通过公有云或私有化部署赋能业务部门，凭借其高集成度、低编程门槛及丰富的模板和插件等特点，帮助企业快速构建业务中台，实现系统间的互联互通，从而加速企业的数字化转型进程。

2）企业降本增效的有力工具。低代码平台的使用显著降低了软件开发的成本，减轻了由于软件开发人员薪资增长带来的巨大人力成本压力。低代码平台减少或消除了对原生代码编写的需求，允许开发者通过最少的手工编码，以及在配置、培训和部署等方面的低初期投入，快速交付业务应用。这大幅降低了软件开发行业对开发者技能的要求，实现了企业人力成本的有效降低。

3）为开发人员提供高效技术。随着人工智能时代的到来，IT 行业面临较大的人才缺口。低代码平台的出现为开发人员提供了一个高技术集成度的开发平台，开发人员只需了解技术的函数实现和掌握项目的基础逻辑，就能通过简单的逻辑和可视化的界面进行各种业务的开发，几乎不需要编写代码即可构建应用程序和流程。

4）加强开发过程的沟通协作。在传统开发模式下，业务、产品、设计、开发、测试和运维人员各自承担不同职责，并使用各自领域的工具和语言。这种情况下，跨职能沟通变得困难且低效。采用低代码开发平台进行开发，各类团队成员可以在同一平台上紧密协作，从而克服职能沟通的障碍。通过统一的可视化语言和单一的应用表示（如页面、数据、逻辑等），项目各方可以轻松统一对应用形态和项目进度的理解。

（2）低代码的关键技术特征

低代码开发工具具备以下关键技术特征。

1）一键搭建云应用开发环境。开发者无须自行搭建本地开发环境，项目管理员可在云端一键创建应用项目，并对团队成员进行分工授权。每位开发者可以选择相应的应用项目，打开"云 IDE"，从而获得完整的应用开发环境。在应用开发过程中，所需的数据库、中间件、IDE 工具等所有运行环境和服务资源，均由低代码开发工具自动分配和调度。

2）云端 IDE 和桌面 IDE 无缝切换。开发者不仅可以通过浏览器直接访问云端 Web IDE，实现随时随地的应用开发，还可以使用自己熟悉的桌面 IDE 进行专业的编程调试。云端 IDE 和桌面 IDE 环境可以随时进行无缝切换，以适应开发者的不同需求。

3）云端调试、发布、部署自动化。在云端应用开发过程中，开发者可以随时调试并预览应用的运行结果。设计完成后，只需一键操作即可将应用发布或更新至应用市场。应用市场负责将其部署到多租户运行环境中。整个过程中，应用的编译、构建、发布、部署等工作全部由平台自动化完成。

4）多人协作、版本管理。低代码开发工具内置了 GitLab 版本管理工具，支持云端多项目、多团队的协作开发。

5）支持多种应用类型。低代码开发工具支持网页应用、移动应用、小程序应用及纯后端服务等多种类型的应用软件设计，能够实现一个应用的跨端设计，即一个后端对应多个前端，以满足多端用户的交互体验需求。

6）提供多种开发模式。提供三种开发模式：低代码、无代码和专业开发。低代码模式为开发人员提供了模型化、组件化、可视化的应用开发工具，适用于快速开发各种复杂的企业应用。无代码模式则提供简单易用的表单和流程设计工具，使非 IT 技术人员也能实现软件的扩展和定制。专业开发模式支持主流开源技术框架，支持专业的 IDE 编程工具。

7）简化开发。采用业务模型驱动设计模式，提供数据建模、服务建模、流程建模、页面建模等模型设计工具。在应用设计过程中，主要业务逻辑通过模型配置方式实现，从而减少代码量，提高了应用的灵活性和可扩展性。设计工具简单易用，具有高可视化程度，采用拖拽式设计模式，实现所见即所得，降低了学习成本。即使是没有编程经验的 IT 人员也能快速掌握，设计出复杂的应用功能。平台提供丰富的设计组件，并开放源码，支持设计人员通过组件市场发布自定义组件，不断扩展平台的可视化设计能力。

3. 容器

容器化是目前最为流行的软件分发部署方式。与传统的虚拟机相比，容器更加轻量级，且启动速度更快。此外，容器镜像技术使得应用软件可以轻松地在任何环境中分发和部署，确保开发、测试和生产环境的高度一致性。这一特性有效解决了因环境差异而导致的各种问题，显著减轻了开发和运维人员的工作负担。

从狭义的角度来说，企业级云计算就是将业务服务部署在云主机上，而云主机实际上是在互联网机房中的虚拟机。虚拟机通过硬件虚拟化技术，将一台物理服务器分割成多个逻辑隔离的单元，每个单元都是一个虚拟的完整计算机，虚拟机与真实的计算机一样，由 CPU、主板、内存、硬盘等设备组成，可以安装操作系统。因此，通过虚拟化技术，一台物理服务器能够同时运行多台虚拟机，即多个操作系统及上层的业务系统。这不仅提高了计算资源的利用率，还降低了采购成本和电能消耗。虚拟机技术是云计算平台的基础元素，而虚拟化则是支撑云计算的基础技术。

虽然虚拟化为日益多样化的上层操作系统屏蔽掉了底层基础设施，带来了一定的规模经济效益和资源利用率的提升,但虚拟机仍然需要依赖软件来模拟硬件功能。从表面上看,这些虚拟机的服务器看似独立,实际上它们共享物理服务器的 CPU、内存、硬件和网卡等资源。这给一些应用场景带来了问题:当不同的用户需要运行简单的程序,而这些程序只需要少量资源且不应相互影响时,建立一个完整的虚拟机就会造成资源浪费,操作也比较复杂,且时间和维护成本较高。为了解决这些问题,更为灵活的容器技术应运而生。

容器也是一种虚拟化技术,但属于轻量级的虚拟化。与虚拟机一样,容器也用于创建"隔离环境"。但是,容器与虚拟机之间存在显著差异,虚拟机提供的是一种操作系统级别的资源隔离,而容器本质上是基于进程级别的资源隔离。虚拟机和容器的区别如图 7-11 所示。

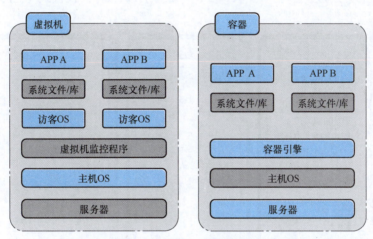

图 7-11　虚拟机和容器的区别

容器作为一种更轻量级、更灵活的虚拟化手段,它将应用程序所需的所有内容打包在一起,包括所有代码、依赖项和操作系统,使得应用程序几乎能够在任何环境中运行。虚拟机和容器的特性对比如下。

(1)启动速度

虚拟机是一个重量级的由"硬件"和内核组成的完整操作系统;容器则是一种轻量级的虚拟化技术,它仅打包了应用程序及其所有依赖项。由于容器只需启动一个进程,因此它的启动速度更快。

(2)运行性能

虚拟机引入了 Hypervisor 层(运行在物理服务器和操作系统之间的中间软件层,也称为虚拟机监视器),这一层负责硬件的虚拟化,从而带来了一定的性能开销,导致运行性能有所下降。相比之下,容器直接运行在物理操作系统上,与系统上的其他进程并无太大差异,因此其运行性能接近于原生水平。

(3)运行数量

虚拟机需要一个完整的操作系统,因此与容器相比,同一台服务器上能够运行的虚拟机数量至少比容器的数量差一个数量级。

（4）磁盘占用

虚拟机包含一个完整的操作系统，其大小通常为 GB 级别；而容器仅包含应用程序及其依赖项，其大小通常为 MB 级别。

（5）隔离性

虚拟机实现的是操作系统级别的隔离，其隔离性要优于容器。容器则是进程级别的隔离，隔离效果并不完美，因为多个容器共享同一宿主机的操作系统内核。

（6）可移植性

作为虚拟化技术，虚拟机和容器都具有一定的可移植性。然而，虚拟机更为重量级，而容器的迁移更为便捷。

4. 混合 APP 开发技术

APP 开发主要分为原生 APP、Web APP 和混合 APP 三种开发模式（见图 7-12）。

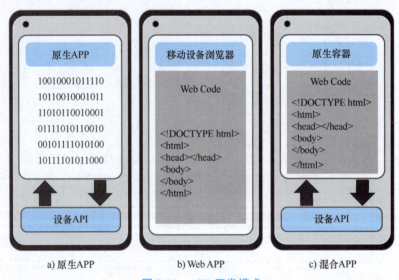

图 7-12　APP 开发模式

（1）原生 APP

原生 APP 在内部运行的是二进制代码，如图 7-12a 所示，即原生语言最终会直接转换为二进制数据执行，并且能够直接调用底层设备的 API，如手机振动、摄像、日历和地理位置等。原生 APP 是通过使用相应平台特有的开发工具和编程语言开发的，这使得应用程序在界面和性能方面有着出色表现。然而，这种模式开发的每个移动操作系统都需要独立的开发项目，导致开发成本较高。对企业而言，这意味着需要更多的人力资源来满足不同操作系统的开发需求。

（2）Web APP

Web APP 指的是运行在移动设备浏览器中的网页应用，如图 7-12b 所示。Web APP 依赖于移动设备中的浏览器来运行，其内部执行的是标准的网页代码，可以理解为是在移动设备浏览器中运行的 Web 应用。Web APP 主要采用 HTML5 移动 Web 技术进行开发，涉及 HTML5、CSS3 和 JavaScript 等。由于这类应用程序仅依赖于移动设备浏览器，因此实现了"一次编写,多设备运行"的特性。尽管开发人员仅使用 HTML5 和 JavaScript 就可以构建功能复杂的应用程序,但目前 Web APP 仍存在一些局限性,例如无法直接访问原生设备的 API。

(3)混合 APP

混合 APP 依赖于原生容器(Native Container)运行,原生容器内部不仅可以运行网页代码,还能够调用设备 API。混合 APP 主要采用 Web 前端技术实现,它是介于 Web APP 和原生 APP 之间的开发方式。混合 APP 的开发是将一个轻量级浏览器内嵌到一个原生 APP 中,并使用 HTML5 开发部分原生功能。这些功能可以在不升级 APP 的情况下进行动态更新。由于混合 APP 嵌套在原生 APP 中,因此能够访问原生设备的 API。混合 APP 的"一次开发,多平台运行"的特点,使其在不牺牲用户体验的同时,还降低了开发成本。

以上三种移动 APP 开发模式的对比见表 7-3。

表 7-3 三种移动 APP 开发模式的对比

对比点	原生 APP	Web APP	混合 APP
开发成本	高	低	中
维护更新	复杂	简单	简单
用户体验	优	差	中
商店或市场认可	认可	不认可	认可
安装	需要	不需要	需要
跨平台	差	优	优

7.3 实验:产品信息追溯APP的开发

1. 实验目的

1)掌握 APP 开发工具。
2)熟悉产品追溯原理。

2. 实验相关知识点

1)产品信息追溯。
2)低代码开发。

实验

3. 实验任务

本实验主要通过工业互联网平台实现产品信息追溯 APP,开发人员拿到界面设计后,通过本平台将界面进行实现。

任务一:界面开发。
任务二:数据绑定。

4. 实验工具

实验工具信息见表 7-4。

表 7-4　实验工具信息

实验工具名称	型号/版本	品牌	数量	单位
工业互联网平台	XP-IIAP v2.0	上海犀浦	1	套
样例数据	—	上海犀浦	1	份

本实验主要使用工业互联网平台的低代码开发工具。

样例数据：供追踪追溯的样例数据源。

5. 实验原理

产品信息追溯 APP 的工作原理主要依赖于数据采集、存储和查询技术。在生产过程中，系统通过采集各种关键数据和信息，如原材料供应商、生产日期、生产工艺、操作人员等，并将这些数据和信息存储在中央数据库中。当需要追踪产品的信息时，可以通过查询中央数据库来获取相关信息。此外，还可以使用 RFID、二维码等技术来追踪产品的位置和移动情况，提高追踪的准确性和效率。

6. 实验步骤

在实验开始之前，保证各系统正常启动。

任务一：界面开发

从 UI 设计得到如图 7-13 所示的效果图。

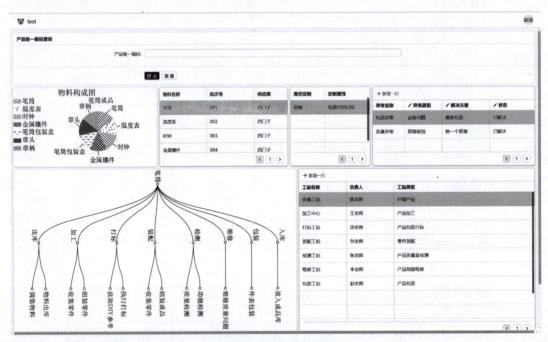

图 7-13　UI 设计效果图

根据产品编码追溯产品的构成、物料的批次号、个性化定制信息、是否有生产异常问题、生产的工艺流程，以及具体的生产工站。步骤如下：

1）拖入文本输入查询框，如图 7-14 所示，用于输入产品编码进行查询。

第7章　工业APP　203

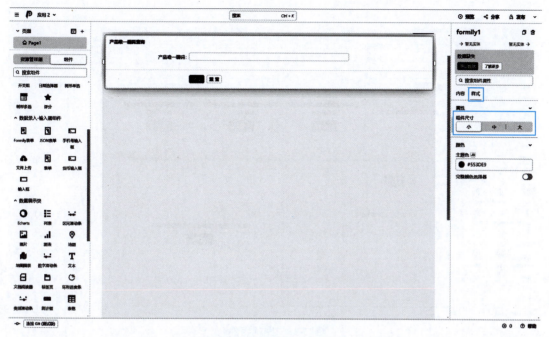

图 7-14　文本输入查询框

2）拖入四个表格组件，分别展示物料的批次号、个性化定制信息、是否有生产异常，以及具体的生产工站，如图 7-15 所示。

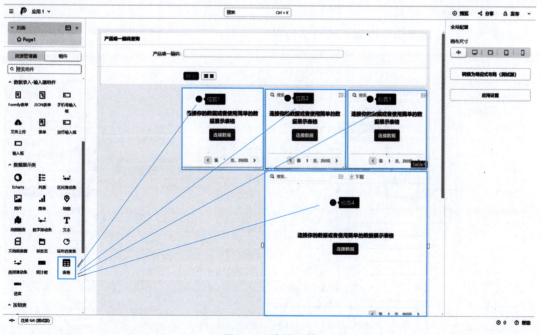

图 7-15　表格组件

3）拖动图标组件到模板中，分为用于展示产品的物料构成以及产品的工艺流程信息，如图 7-16 所示。

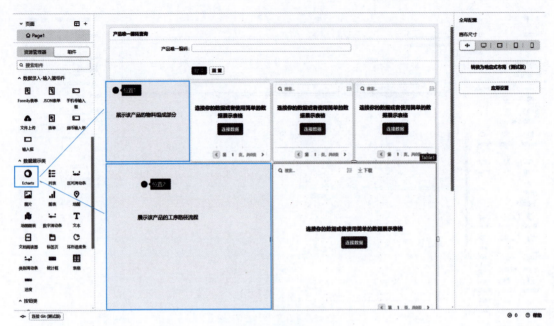

图 7-16 图标组件

4）拖拽、微调每个组件的大小，至此界面设计完成。

任务二：数据绑定

任务一实现了界面设计，任务二完成数据渲染。

1）配置连接数据源。

2）渲染产品物料构成数据，如图 7-17 所示。

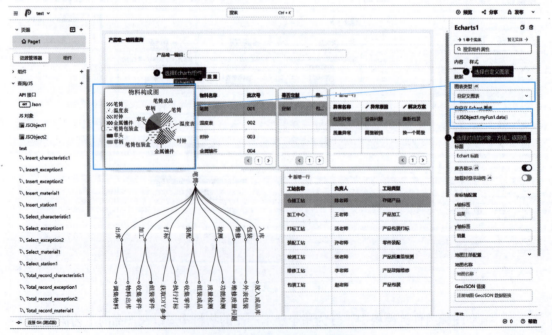

图 7-17 渲染产品物料构成数据

3）同理，分别渲染其他图表数据，如图 7-18 所示。

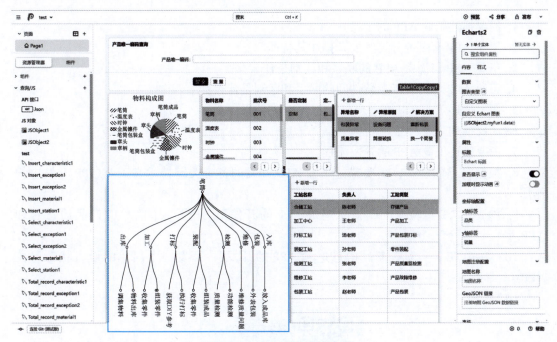

图 7-18　渲染其他图表数据

4）数据全部渲染后进行产品发布，如图 7-19 所示，输入产品编码，正向追溯相关生产数据。

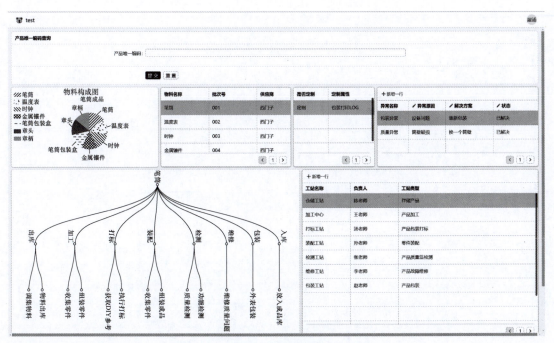

图 7-19　产品发布

习题

1. 简要描述工业 APP 的定义。
2. 工业 APP 有哪些分类？展开描述其特征。
3. 工业 APP 与消费 APP 的联系和区别是什么？
4. 工业 APP 与传统工业软件间的联系和区别是什么？
5. 简要描述工业互联网平台与工业 APP 的关系。
6. 简要描述工业 APP 的价值。
7. 简要描述工业 APP 的开发流程。
8. 根据自己的理解，简要描述工业 APP 开发的各个关键技术在工业 APP 开发中的作用。
9. 参考"7.3 实验：产品信息追溯 APP 的开发"，开发一个简单的产品质量管理 APP。
10. 参考"7.3 实验：产品信息追溯 APP 的开发"，开发一个简单的设备状态监控 APP。

科学家科学史
"两弹一星"功勋
科学家：屠守锷

第 8 章

工业互联网应用与展望

PPT 课件

学习目标

① 了解工业互联网平台的应用模式。
② 了解各行业领域应用工业互联网平台的方法与取得的成效。
③ 了解工业 APP 的应用模式。
④ 了解各行业领域应用工业 APP 的方法与取得的成效。
⑤ 了解工业互联网发展面临的挑战与带来的机遇。

工业互联网平台的应用推动了企业的信息化能力提升、数据分析水平增强和资源的灵活调配,促进了从信息化到智能化的多层次应用发展,实现了从信息化到网络化、智能化的全覆盖,以信息化为基础,呈现出三大发展层次。

层次一:基于平台的信息化应用。传统的生产管理类信息化应用通过平台的"连接+数据可视化"能力得到更为广泛的应用。在客户关系管理、供应链管理及部分企业计划资源管理领域,通过应用基于平台的"软件上云+简单数据分析",能够有效地降低中小型企业的软件使用成本。

层次二:基于平台大数据能力的深度优化。在设备运维、产品售后服务、能源消耗管理、质量控制及工艺优化等领域,基于平台提供的大数据能力,广泛应用"模型+深度数据分析"模式,取得了较为显著的经济效益。

层次三:基于平台协同能力的资源调配和模式创新。通过平台整合产业链资源,探索制造能力交易、供应链协同等应用,成为部分企业的实践选择。

8.1 工业互联网平台应用模式

《工业互联网创新发展行动计划(2021—2023 年)》指出,我国工业互联网发展成效显著,2018—2020 年起步期的行动计划全部完成,部分重点任务和工程超预期。同时,该文件还明确规划了新型模式培育的行动内容。

工业互联网相关的产业体系正在逐渐形成,这不仅为生产系统的智能化发展提供了新的思路和动力,也推动了商业系统的智能化发展。创新的产业应用模式主要包括制造业领域的智能化制造、协同制造、个性化定制、服务化延伸等新模式,还包括基于工业互联网的产融结合、产教融合等新型业态。

8.1.1 智能化制造

传统制造业模式受到设备故障、废品返工、用户需求变更等生产过程中的不确定因素的影响,面临着内部经营管理存在的问题,导致生产效率难以有效提高。此外,部门之间、生产各环节之间缺乏有效的沟通渠道,造成资金流、物流、信息流不能顺畅流动。

智能化制造通过运用物联网、大数据及云计算等技术,实现了设备、产品、产线、车间、人员、信息系统的连接。产品生产制造的各个环节及各生产要素都被纳入智能网络中。通过数据的采集、集成、分析、交互,智能化制造实现了生产过程的自动化控制、智能化管理、定制化生产。智能化生产需要聚焦设备互联、流程集成、数据实时分析与制造控制等关键环节中产品、技术、服务的创新应用。

设备互联是指利用传感器、嵌入式终端等设备和信息通信技术,实现生产设备之间、产品与设备之间、物理系统与互联网平台之间的互联。流程集成则是将产品和设备数据、生产过程数据、经营管理数据整合到一个智能控制系统中,实现企业内部所有生产环节、运营环节的无缝连接,确保信息流、资金流、物流在各个层次、环节、部门之间的畅通。通过工业互联网平台进行数据实时分析与制造管控,在此环境下的智能化生产主要涉及对生产工艺优化、生产流程再造、智能化生产排程、生产过程自动控制、设备预测性维护、产品生命周期管理、生产环境管控等诸多环节的系统集成。

典型应用一:炼铁大数据平台应用

(1)项目背景

钢铁工业作为国家战略性支柱行业,连续多年占据着全国 GDP 的 10% 以上。在钢铁全流程的冶炼成本和能耗中,炼铁工序约占 70%。然而,目前炼铁业在大数据的利用及智能化炼铁方面相对空白,数字化和标准化炼铁的普及尚未达到应有的水平,各企业在炼铁成本和能耗方面存在着差异。由于炼铁业存在数据共享壁垒,导致数据交互和技术推广受到了阻碍,也限制了对行业级海量数据的深度分析、挖掘和利用。此外,炼铁业生态圈的发展滞后导致资源共享效率低下,设计、生产、科研、标准、管理、供应等环节之间仍然存在着信息壁垒。

(2)实施方案

炼铁大数据平台通过在企业端部署自主研发的工业传感器物联网,实现对高炉内部的"黑箱"可视化,从而实现企业端的"自感知"。通过数据采集平台将实时数据上传至大数据中心,再利用分布式计算引擎等技术对数据进行综合加工、处理和挖掘。在业务层面,以机理模型集合为核心,结合多维度的大数据信息,形成大数据平台的核心业务,包括物料利用模块、安全预警模块、经济指标模块、工艺机理模块、精细管理模块、智能生产模块、设备监管模块、经营分析模块、资产管理模块、能耗监控模块等。同时,应用传输原理、热力学、动力学、炼铁学、大数据、机器学习等技术,建立高炉专家系统,结合大数据和知识库,实现"自诊断""自决策"和"自适应"。通过推行炼铁物联网建设标准化、炼铁大数据结构和数据仓库标准化、数字化冶炼技术体系标准化,建立行业级炼铁大数据智能互联平台,实现各高炉间的数据对标和生产优化,推动设计院、学会、供应商、科研机构等整个生态圈的信息互联互通、数据深度应用,使产学研用紧密结合,进而提高核心竞争力。

(3) 应用成效

北科亿力通过建立炼铁大数据平台,提升了炼铁的数字化、智能化、科学化、标准化水平。这一平台的应用使得企业能够预判和预防高炉发生异常炉况,提高冶炼过程中热能和化学能的利用效率。已经应用该平台的炼铁厂平均劳动生产率提高了5%,冶炼燃料比降低了10kg/t铁,每吨铁的生产成本降低了15元,直接经济效益单座高炉创新效益每年达到了2400万元。预计如果在整个行业范围内推广,按照我国7亿t/年的铁水产能计算,每吨铁的生产成本将会降低10元,从而带来70亿元/年的直接经济效益。此外,已经应用炼铁厂的CO_2排放量减少了10kg/t铁。如果在全行业范围内推广,预期的CO_2减排量将达到1050万t/年。炼铁大数据应用的推广助力绿色冶金,实现低燃料消耗和节能减排的目标,从而减轻炼铁和炼焦过程中的环境污染。

典型应用二:基于工业互联网平台的产品品质控制

(1) 项目背景

以硅基芯片和玻璃基面板生产为代表的半导体行业是公认的多工艺复杂制造领域,生产过程需要经历200多道工序,且工序之间的连续性较高。即使是单点的产品质量偏差也会在整个工艺路线中传播,并相互影响,最终导致累积误差,增加了对整体制造品质控制的难度。

(2) 实施方案

通过东智工业智能应用平台的IoT及边云协同能力,基于工业互联网平台的品质控制解决方案实现工业现场高频、异构、多元的协议适配和数据采集。随后,将各类生产环境数据和制程设备数据从数据平台中提取,并在适当处理后单独存放。基于工业互联网平台的品质控制解决方案,利用东智工业智能应用平台进行开发和部署,同时构建多因子分析和虚拟量测能力。基于东智工业应用智能平台的工业模型服务,实现快速建模并反馈控制信息,然后传输到控制层。控制层按照相应规范和标准值进行比对,完成控制优化过程。基于东智工业应用智能平台提供的零代码、高交互性的数据分析工具,对生产现场的海量数据进行特征挖掘、模型构建等操作,快速生成定制化的分析报告,能够实现实时数据分析与检测,并且可以对模型机理成因进行逆向追溯,解决一般学习算法不可解释的问题。

(3) 应用成效

基于工业互联网平台的品质控制解决方案已经在武汉华星光电t3和t4厂的一些关键半导体制程环节部署并成功上线应用。据预测,每年可通过品质控制优化增加收益近270万元。在曝光机改良方面,基于自动监控修正系统的应用可以显著提升产品良品率,每年可减少报废损失超过20万元,降低返修成本约2.6万元。另外,在蒸镀机改良方面,通过不间断自动化参数检查和调优,可以有效避免人工失误带来的损失,预计每年可节省87万元。

典型应用三：面向装备制造业的工业资产全生命周期管理系统

（1）项目背景

在装备制造企业中，机床、核心元器件等都是企业重要的核心资产，而在资产管理过程中，工装、夹具、检具、盛具等往往依赖人工进行管理，导致数据利用性较差。此外，设备的点检与维护通常采用人工处理纸质表单的方式，流程冗长、效率低下，难以及时跟踪进度。尤其是对于唯一的核心设备，其预测性保养更是困难重重。因此，迫切需要一种有效的方法，帮助制造企业实现资产管理的预测化、高效化、低成本化。

（2）实施方案

利用忽米自研的占星者5G边缘计算器，赋予设备无线连接和智能分析决策的功能。借助忽米工业互联网平台，覆盖端、边、云层级，实现设备接入、工业协议转换与解析、信息化系统接入数据处理等功能，实现数据连接与分析。利用忽米工业互联网平台的工业模型服务能力，进行资产数据建模分析。通过忽米工业互联网平台的通用PaaS能力，实现可视化应用开发。

（3）应用成效

忽米工业互联网平台资产管理解决方案已经在汽车摩托车行业重庆宗申机车进行了应用。该方案建立了资产全生命周期管理系统，能够及时报修生产线设备，从而减少了约10%的故障停机时间；同时，实现了日常巡检和维保规范化、制度化，降低了大约10%的设备维修费用。方案的应用提高了设备维保效率，延长了装备的使用寿命，从而实现了资产管理成本的降低。

8.1.2 网络协同化

网络协同化模式本质上是一种分散形态的生产组织创新模式，是基于网络协同技术及产业链各环节的资源控制能力，将企业的制造系统和能力开放应用相结合而产生的创新模式。通过将企业内部的IT系统、OT系统与互联网连接起来，网络协同化打破了企业的物理和组织界线限制，实现了管理信息和生产数据在不同工厂之间、企业与供应链上下游企业之间以及跨供应链之间的互通共享，从而将串行工作变为并行工程，实现供应链内和跨供应链之间的企业产品设计、制造、管理和商务等全产业链协同，实现在互信安全协议约束下的资源再整合和再优化，从而提高制造效率和经营效益。协同化制造贯穿产品的设计、制造、销售各个环节，其主要应用模式包括协同设计、云制造、供应链协同。

协同设计（又称众包设计）充分利用社会创新资源，通过开放网络平台，实现研发设计由企业内部集中控制向企业外部分散控制的转变。云制造基于"云计算"理念，在工业设计与制造领域实现资源与需求的最合理、最高效的匹配。云制造整合了制造活动中所需的各类制造服务（制造资源和制造能力），提供制造服务云池供用户在线租用，以及制造服务在线对接交易等服务。供应链协同通过组织层面的协同，明确供应链上各个企业的分工与责任，实现优势互补和资源整合。通过业务流程层面的协同，打破企业的界限，通过流程重构更好地满足客户需求。通过信息层面的协同，实现供应链各成员企业运营数据和市场数据的共享，从而加快对用户需求的响应速度。

典型应用一：基于工业互联网平台的 B2B 渠道拓展

（1）项目背景

海天味业每年推出的新品数量众多，投入市场宣传费用巨大。然而，在消费升级的背景下，客户群体越来越细化，需求日益多样化。在传统渠道的运营模式下，渠道终端的新品展示率不高，公司期望的终端覆盖率也不尽如人意。这导致了公司期望的产品结构调整总是难以到位，从而影响了收入和利润增长率未能达到预期。同时，其他互联网公司的新零售、新通路模式也对传统渠道形成了跨界冲击，这使得海天味业难以打开销售局面，限制了其高速发展的步伐。

（2）实施方案

海天味业通过平台数据管理实现不同销售渠道的在线整合，进而推动销售渠道层级的简化，降低销售成本，提升销售效率。借助平台资源管理、数据分析及模型管理能力，构建面向经营数据的分析优化模型，深入了解市场需求的真实变化，发现分销网络中的弱点和盲点。同时，依托平台的模型管理能力，建立优化的采购补货模型。最后，通过平台资源管理能力支持数据处理和模型运行等功能模块。利用平台资源管理和业务建模优化，实现各部门和终端门店的统一管理，促进各门店在统一平台上灵活配置业务资源。同时，利用平台业务建模优化能力，构建企业内部新流程，并将其下发到各部门，推动企业业务流程的高效变革。

（3）应用成效

用友助力海天味业构建了基于企业、经销商和终端门店三方利益共同体的渠道产业链交易平台——小康买买。海天味业通过该平台全面掌握市场需求和变化情况，使得在产品研发、价格策略、促销费用投放等各方面能够做出更加及时的响应。同时，借助平台实现了渠道层级的简化，分析出目前分销网络中存在的弱点和盲点，确定了合理的配送服务半径，并优化了采购补货模型。这一系列举措实现了企业分销体系能力的提升，最终达成了新品出样率提升 5 倍，终端覆盖度提升 10%，利润增长率超出收入增长率。

典型应用二：面向食品行业的生产协同系统

（1）项目背景

大咖国际食品有限公司是全球最大的茶饮原料生产公司之一。作为一家规模庞大、不断壮大的企业，大咖国际面临着从订单到生产再到发货的高度复杂的协作挑战。在经营层面，"以销带产"的模式要求生产部门能够快速响应复杂多变的市场需求；而在生产层面，依赖于纸质单据的传统管理模式使得生产管理陷入信息孤岛，导致生产过程缺乏透明度，产品质量难以追溯，管理措施难以实施，整体生产协作流程不畅，造成生产运营成本居高不下的问题。

（2）实施方案

借助平台的边缘计算能力，通过边缘网关与 PLC 的连接，实现平台与设备之间的双向信息传递。平台直接将工序、工艺信息导入投料机、果酱机、注塑机等自动化设备，同时设备也反馈工况信息和状态数据，形成基于数据的优化和控制闭环的起点和终点。利用平台的工业数据服务能力，整合 ERP、OA、SRM 等信息技术系统的数据和设备数据，替代传统的纸质工单，实现业务单元之间的高效流转和资源协同。通过对数据进行可视化分析，不断优化生产流程。利用平台的工业模型服务能力，建立生产计划、物流规划、现场设备等数据模型和业务模型，将设备数据和信息系统数据导入进行分析，快速生成最优解决方案，将其分解为工作指令并下发至各业务执行单元。最后，利用平台的通用 PaaS 能力进行应用开发、运维管理、资源管理和云边协同。

（3）应用成效

大咖国际引入了由黑湖科技自主研发的"黑湖智造"生产协同系统，以降低其生产运营成本。仅在短短半年内，该系统实现了全工厂、全环节的生产协同，从而使整体生产运营效率提高了30%，库存周转率提高了50%，在相同产能下，生产成本降低了15%。截至2020年，全厂整体销售收入达到了近20亿元。

8.1.3 个性化定制

个性化定制是指用户为了满足自身独特需求，直接参与生产过程的一种生产模式。工业互联网通过智能化生产与协同化制造，解决了个性化定制与标准化、规模化工业生产之间的矛盾，实现了生产效率的提升和用户需求的满足。个性化定制的生产模式主要包括大规模个性化定制、模块化定制、远程定制。

大规模个性化定制把个性化产品定制生产转化为批量生产，其中会运用自动化控制技术、新材料技术、柔性制造技术等一系列技术，并且依托智能化的信息管理系统和生产执行系统，使得用户需求在设计、制造的资源组织、生产排程等各个环节都能够得到快速高效的响应。模块化定制将复杂的产品设计和生产进行多模块的简化分解，然后根据个性化需求对分解后的各个模块进行定制集成生产。通过统一个性化定制产品中具有相似结构、相近尺寸的部件，形成具有独立功能结构、通用接口的细分模块，进而通过对这些模块的变量组合，能够生产出几十种，甚至上百种的个性化产品。远程定制利用互联网进行远程设计、异地下单和分布式制造。在个性化定制的场景中，工业互联网平台实现企业与用户之间的无缝对接，为用户提供满足其需求的个性化定制方案，从而提升产品的价值，增强用户的黏性。

> **典型应用一：基于工业互联网平台的大规模定制**

（1）项目背景

海尔中德冰箱的用户对冰箱的高端化、个性化和质量方面有着很高的诉求，因此对生产制造过程提出了更高水平的柔性管理要求。然而，传统的管理方式在生产过程的数字化和智能化方面水平较低，导致产线数据不够透明，存在数据孤岛问题。此外，对设备工艺参数和作业状态的管控也面临困难，使得产线的柔性程度不足。同时，前端需求与后端的生产信息之间难以进行有效的交互，从而导致个性化定制生产难以实现。

（2）实施方案

借助卡奥斯 COSMOPlat 海模智云设备智慧物联平台的边缘能力，实现各类设备数据采集集成，解决工厂数字化设备联网率低、设备数据采集困难的问题。采集到的数据将被上传至 IoT 平台，由云平台进行存储、管理和分析，并通过智慧大屏实现在线监控、统计分析、报警等操作。通过海云智造工业网络安全态势感知平台 IaaS 层能力，实现工厂的安全管理，为工业企业提供工业网络安全态势感知、安全防护检测、应急响应三大工业网络安全服务。利用卡奥斯 COSMOPlat 平台 SaaS 层能力，实现产品的快速开发部署，采用容器作为标准交付件，在应用交付和部署方面建立企业应用商店，实现复杂分布式应用的秒级部署。通过卡奥斯 COSMOPlat 平台 PaaS 层能力，实现开发者与工厂需求对接的生态闭环，通过专栏文章、互动问答、群组、在线教育以及开发者平台等，打造开放协助的应用开发模式，形成一大批面向具体需求的开源项目，面向具体需求打造场景解决方案。

（3）应用成效

中德冰箱智能互联工厂实现了设备状态可视化、系统无缝集成、数据全流程可视化及多场景智慧管理，产线效率提升了 40%，生产运营成本降低了 25%，设备维修效率提升了 55%，设备停机时长降低了 30%，有效地减少了资产管理成本。通过全流程业务数据链贯通实现了高端大冰箱的大规模定制，实现了用户全流程无缝化、可视化、透明化的最佳体验，产品不入库率已高达 75%，消费者全流程参与的大规模定制占比达到了 24%，合作客户参与的大规模定制占比达到了 51%，订单交付周期缩短了 50%，提升了用户满意度和产品附加值。中德冰箱智能互联工厂自建设以来，获得了首批国家智能制造标杆企业称号、工业 4.0 引领园区奖、金长城智慧制造工厂称号。其在高端制造、引领技术和数字化智能化方案的创新实践已得到了业内广泛认可，有效地解决了行业现有问题，在家电行业产生了良好的示范效应。

典型应用二：基于需求预测的产能优化

（1）项目背景

浪潮集团作为电子信息产业的制造商，面临着客户需求快速变化、产品交货周期短的挑战。以往采用的多品种、多批量的生产组织方式存在诸多问题，例如多个产品并行生产导致临时插单现象频繁，整个生产过程不连续，非标产品较多，加工工序复杂，生产过程控制非常困难。面对大量订单的迅速涌入，要求快速交货的同时还需要满足不同企业特定设计和需求，传统的 OEM 模式和 ODM 模式已无法满足日益增长的大规模定制化需求。

（2）实施方案

借助平台的设备接入能力，构建标识解析体系，通过物联网和产品赋码、扫码技术，实现工厂产线、产品、业务系统和人等生产过程中的全要素资源的接入和数据互联互通。通过数据的管理、分析，实现产能的柔性调配。同时，利用平台的分布式云、云边协同和微服务体系，实现 ERP、CRM、PLM、SRM、WMS、MES 等业务系统的互联互通。借助平台的数据分析能力，可以进行基于不同业务系统数据的交叉分析，深度挖掘用户需求数据。结合机理模型和模型管理等能力，构建用户需求预测模型，实现对用户需求的及时预测，驱动公司及时响应，扩大企业的市场机会。

（3）应用成效

浪潮集团立足于工业互联网，打造了 JDM 模式下的产业协同，实现了市场预测、研发、生产、采购、交付等全价值链的衔接，促进了浪潮集团 IT 和 OT 的融合，推动了商业模式的创新和转变。新品研发周期从 1.5 年缩短到了 9 个月，从研发到供货最快仅需 3 个月，产品上市时间也缩短了一半。同时，浪潮集团基于微服务技术架构建设了浪潮工业互联网平台，实现了与上下游产业链的数字化协同，向产品即服务的新模式转型，实现了客户大规模定制下的柔性供应链和智能制造，不断推动模式创新，优化产业链生态。

8.1.4 服务化延伸

传统的服务型制造模式是企业通过传统手段，将主要业务从产品制造转向提供融资租赁、交钥匙工程、制造外包等"产品+服务"商业模式，但并未将服务与产品的全生命周期各环节融合起来。在这种模式下，服务往往被视为产品的附加部分，与产品的要素资源相对独立。然而，随着互联网与工业的深度融合，基于多种技术构建多种业态融合的生态服务系统正在不断涌现。这些服务系统利用物联网、大数据等技术，通过整合供应链的资金流、物流和信息流，实现资金链、供应链及高效物流等方面的商业生态营造。与传统的服务型制造模式不同，基于工业互联网的服务型制造为产品提供在线、实时、远程的智能服务，使制造企业的价值创造不仅局限于产品生产阶段，还能延伸到产品售后服务领域，实现真正的服务转型。目前，服务化延伸模式已广泛应用于工程设备、电子通信类消费品等领域。

典型应用：基于工业互联网平台的产品运维

（1）项目背景

典型汽车零部件生产企业普遍存在以下共性问题：一是现场缺乏产品追溯信息，生产过程数据和质量过程数据主要依赖手工收集，导致报工数据与实际生产数据无法准确对应，信息反馈滞后，可能带来一定的产品质量风险，难以进行有效追溯。二是生产单元虽然自动化程度较高，但各自动化设备相对独立运行，当设备发生异常时，无法及时将异常信息传递给设备管理人员，同时设备和质量数据相对分散，难以与生产过程进行有效关联，不利于加工信息的追溯和处理。三是受汽车主机厂要求，企业需要提供完整的产品售后服务支持，但由于在制造环节缺乏必要的数据来源，导致在市场服务端缺乏主动性、目的性和时效性。

（2）实施方案

基于汉云工业互联网平台的 IoT 技术，实现对生产设备的数据采集和互联，结合生产计划的排布，借助平台的大数据技术，实现设备的预测性维修和保养，从而合理进行设备维护，减少维修费用和关键设备停机所导致的营收损失。通过汉云工业互联网平台的 SaaS 层能力，覆盖生产管理、设备管理、售后服务、运维管理等关键流程，以信息化和智能化赋能客户更好的管理方式。利用汉云工业互联网平台的 PaaS 层能力，构建研发工艺、生产管理、产品服务等深层次的应用。借助汉云工业互联网平台提供的工业机理模型，快速构建模型与算法。利用平台提供的低代码、高交互、模块化的数据分析工具，对生产现场的海量数据进行特征挖掘、模型构建和决策指导，快速生成定制化的分析报告，实现实时数据分析与检测。

(3) 应用成效

基于工业互联网平台的智能车间与智慧服务解决方案已在南阳浙减智能车间全面部署并上线应用，预计每年可通过智能车间控制优化和智慧运维与服务增加收益近 400 万元。在智能车间方面，基于品质管理、计划管理和设备管理，实现产品良品率提升，每年可减少报废损失超过 35 万元，返修成本减少 2.54 万元。在市场运维与服务方面，通过不间断主动的服务与预测性维保，节省人力成本 268 万元，增加备件销售额 107 万元。

8.1.5 产融结合

产融结合是金融行业基于工业互联网的创新服务模式，也是构建工业互联网产业生态的新途径。传统的金融服务主要依赖于对用户的报表分析和尽职调查来完成对企业的评估。然而，传统方法难以实现对用户的批量开发和实时评价，且普遍存在资金发放后风险控制手段不足、管理成本高等问题，这严重制约了金融机构对实体经济的支持力度。工业互联网平台服务商的介入不仅可以为行业和区域内的企业提供设备接入与资产管理、智能制造、资源与能力供需对接，以及产业链协同等服务，还能为产融结合提供丰富的场景和工具，支持金融机构业务拓展、风险控制、服务创新和定价决策。目前，产融结合模式主要包括基于工业互联网的"数据+银行""数据+保险""数据+租赁"等模式，同时这些模式的开发还有巨大的创新空间。

"数据+银行"模式主要应用于基于工业互联网的银行贷前用户评估和贷后风险监控。通过设备接入和应用服务，银行可以降低获取用户真实信息的难度，增加对企业经营状况和竞争能力评价的维度。银行基于工业互联网平台生成实时数据，并经过模型计算，可以批量筛选新用户。同时，通过存量用户的设备数据，银行可以实时了解企业的运营状态，并对触发预警阈值的企业进行及时跟踪，从而实现贷款风险和监控成本的双重降低。"数据+保险"模式主要应用于保险公司的精准定价支持。通过工业互联网平台采集的装备状态和客户行为特征，保险公司可以评估投保项目的风险和客户的风险偏好，从而做出基于数据的精准定价决策。"数据+租赁"模式主要应用于租赁公司的设备资产管理。通过将租赁设备接入工业互联网平台，租赁公司可以实现对资产的数字化管理，实时掌握装备的运行状态、维修情况和位移情况。在必要时，租赁公司可以开启远程锁机，有效防范资产风险。

典型应用：基于根云平台的数字化金融服务

(1) 项目背景

中小企业实施数字化金融服务存在多方面的深层次驱动因素。这些因素具有以下共性问题：一是企业在数字化转型过程中面临融资困难和融资成本高的挑战；二是技术水平无法满足企业自身数字化金融服务转型升级的需求；三是金融及服务人才储备存在瓶颈，企业在金融服务、生产、营销、运营、管理等环节都缺乏数字化人才的支持，制约了数字化转型升级的速度。

(2) 实施方案

借助平台边缘能力，结合树根互联的数据采集技术，将设备数据经过可信身份的物联网模组签名后上传至物联网平台，并按时记录到工业区块链账本中，实现设备数据的采集集成，为金融服务提供有效的参考依据，评估设备价值和设备开工等信息。同时，利用平台的区块链应用，构建数据可信的设备状态透明化管理功能。在租赁运营管理中，这项功能可以确保在销售、租赁使用和融资服务等过程中的可信记录，从而增强交易的透明性，减少欺诈，简化流程，提升设备和资本的流转效率。此外，利用平台提供的用户注册、资质审核、交易处理、租金管理、远程控制、租后监控等核心功能微服务组件，打通签约/实名认证系统、银行资金系统和物联监控系统，从而实现高效的在线金融服务，助力业务推广和账户体系管理。

（3）应用成效

通过实现传统融资租赁交易中的多方协同操作，解决了传统模式下各方合作效率低下、流程烦琐脱节、信息传递不透明的问题，实现了基于模式创新的金融服务价值。与传统模式相比，金融交易时间减少为原来的十分之一，交易成本减少为原来的百分之一。此外，基于平台形成的金融衍生服务为企业带来了30%的服务性业务收入增长。

8.2 工业APP应用模式

工业应用是将工业 APP 开发成果，纵向多层级与横向多环节地应用到工业领域。工业 APP 应用架构如图 8-1 所示。由于工业领域本身的复杂性，工业 APP 的应用也随着领域复杂性、企业特性及应用环境的变化而呈现出多种多样的使用形态与应用方式。

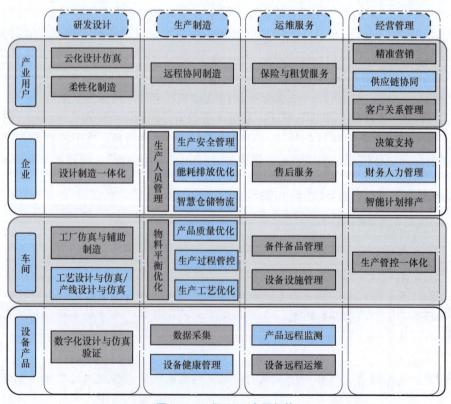

图 8-1　工业 APP 应用架构

8.2.1 面向高附加值产品

在高端装备制造业，如轨道交通、航空航天、能源电力等行业，产品数量虽少，但单台装备的价值极高，并且对安全性及风险方面的考量至关重要。为了确保能够更安全、更有效地完成这些高价值产品的设计、生产与运维活动，企业意识到加强针对这些产品的工业 APP 投入的必要性。这为面向高附加值产品的工业 APP 应用提供了明确的应用需求和市场空间。由于工业 APP 对高附加值产品带来的价值巨大，企业愿意支付相关费用来定制适用的工业 APP，从而形成完整的价值链和典型的应用模式。

典型应用一：石油钻井机械预测性维修 APP

（1）项目背景

石油生产的连续性生产要求对石油装备的非计划停机提出了极高的要求。为了满足这一需求，需要通过各种实时监控、定期的计划性维修及不定期的视情维修，对设备进行有效的维护，以避免由于设备的无计划停机而造成巨大的损失。面对钻井平台等复杂设备，如何设计一个边缘监测方案，将所有数据进行统一收集并进行分析，而不是依赖于大量专家现场逐点查看，这成为设备供应急需解决的首要问题之一。

（2）架构

石油钻井机械的预测性维修 APP 是由寄云科技基于中油瑞飞物联网平台和寄云 NeuSeer 工业互联网平台提供的能力开发的，涵盖了数据采集、数据处理和存储、数据分析、建模及应用开发等多方面功能。石油钻井机械预测性维修 APP 架构如图 8-2 所示。

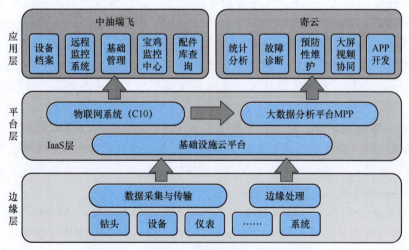

图 8-2　石油钻井机械预测性维修 APP 架构

利用寄云 NeuSeer Edge 工业网关，能够实现对钻机集成控制系统、钻井仪表、电气传动 PLC 控制站及新增的各种状态传感器等控制系统和传感器中的数据进行采集。这些数据通过 OPC UA、ModBus、CAN、Profibus/Profinet 等通信接口传输，包括钻井工艺参数、设备运行参数和运维管理参数等信息，通过 MQTT 协议发送到物联网平台。

在边缘层一体机的作用下，数据经过预处理，然后进行缓存和归档，最后上传至物联网。上传至物联网的数据应当支持数据加密解密、压缩解压缩、断点续传等功能。此外，现场也能实现数据传输、WiFi 路由及远程调试等多个子功能。

寄云科技提供的数据采集方案采用二层交换机结构，有效提升网络的物理安全性。同时，针对各种现场处理日志和记录，提供统一的数据格式和预处理标准，将采集的数据归档并传回物联网平台。

（3）功能实现

石油钻井机械预测性维修 APP 专注于对钻井机械的关键设备进行实时监测，实现设备各类参数的网络化远程在线监测和智能告警。借助设备实时数据，该应用能够进行预测性维修，并提供故障知识库，帮助客户提高故障诊断效率，实现运维经验的沉淀。其具体功能如下。

1）预测性维修：通过采集的传感器历史数据，构建部件的性能预测模型，调整维修计划的维修间隔、维修部件及备品备件的管理策略。结合智能告警和故障管理，该应用能够及时分析出现故障设备所需的维护优先级，并自动反馈到不同时间的维修计划中。

2）智能告警：基于寄云 NeuSeer 智能运维框架，为用户提供设定的固定阈值或基于模型构建的残差阈值，实现智能的告警，并记录告警确认、处理和关闭的记录。结合故障知识库，可以构建复杂的根源告警处理策略，自动化完成根源告警确认，减少人工判断时间，加快故障处理速度。

3）状态监测：利用寄云 NeuSeer 网关采集的实时数据，建立设备的元数据模型，并定义相应的关键指标，实现实时监控和历史数据查询功能。通过设备专用的健康模型，能够快速分析设备的实时数据，及时展示设备运行的指数分析、稳定性分析和趋势分析，以多种形式呈现，使用户免除自行分析大量指标数据以了解设备运行状态的烦琐过程。

4）故障辅助诊断：包括故障知识库的开发、自动推荐和匹配故障类型原因等功能。根据实时运行参数和运行状态，建立各个监测设备的故障报警模型，对采集的运行参数和状态进行实时分析，发现异常情况并及时生成报警信息，通过邮件、短信等方式通知用户。

5）钻机设备健康报告：由后台管理人员和专家对设备参数进行分析和诊断，评估设备的健康状况，将分析诊断结果和发现的故障信息通知钻井现场，指导正确使用和维护设备。后台管理人员还可通过该系统录入和存档钻机档案数据，包括设备概述、各单元设备检查结果、维护保养建议、附件等内容。

6）统计分析：利用运行数据进行生产作业分析、能耗分析、运行情况分析和运行效率分析；利用异常事件数据进行运行状态异常分析、运行数据异常分析和维护状态异常分析；依据维护记录数据，进行故障根源分析、故障次数分析、故障频次分析和故障分布分析；对维护效率、维护费用、利用率、故障率、完好率、平均无故障时间、平均故障修复时间、生命周期成本等关键绩效指标（KPI）进行统计分析。

7）历史数据存储和查询：为采集的数据提供长期的、多维度的时序数据存储和扩展能力，以便应用系统通过开放的 API 接口对数据进行受限的访问。

8）故障管理：针对设备产生的告警，实现完整的告警经确认后转为故障的记录，提供专家对告警的描述信息,并支持记录告警特征的功能。在实时的告警处理过程中,基于告警代码和关键字,自动匹配故障特征。

9)故障知识库开发:在完成故障处理后,通过对确认为故障的告警和故障处理方案进行分析,将其关键特征输入故障知识库中。这样做不仅支持开发新的告警策略,实现自动化根源告警分析和自动故障产生,还能实现部分自动化故障恢复操作,以最大化提高排障效率。

10)振动分析:利用专业的振动信号分析系统,实现对高频信号的远程维护和专家会诊。该系统包含多种功能,如趋势曲线监测、频率图监测、时频分析、频谱分析、包络分析、窗口傅里叶变换、小波分析、特征提取和时域平均等。

11)计划性维修和维修管理:全面支持日常维修维护工作,能快速生成维修维护计划并保存设备维修维护记录。

(4)应用情况

石油钻井机械预测性维修 APP 应用于油气钻井装备行业,已在宝鸡石油机械有限责任公司得到应用。宝鸡石油机械有限责任公司是中石油的全资子公司,主要从事油气勘探设备、油气钻采设备及工具、配件的研发、设计、制造、销售与服务等业务。使用石油钻井机械预测性维修 APP 后,钻机设备厂商的服务效率和服务质量有了明显提升。在降低设备故障率方面,通过实时监控和数据分析,能够及时发现设备异常情况,从而降低了设备的故障率。在降低维修成本方面,基于历史数据构建部件的性能预测模型,极大地提高了维修维护效果,降低了维修成本。在提高响应速度方面,通过远程音视频系统提高了响应速度和准确性。在创新服务模式方面,通过远程运维系统,将设备销售模式转变为以服务为主导的持续盈利模式。

典型应用二:大坝健康管理数字孪生 APP

(1)项目背景

大坝作为拦截水流的建筑物,其主要功能是提升河流水位,形成上游调节水库,是水利工程中至关重要的设施之一。一旦大坝出现安全问题,将可能导致下游流域范围内严重的人员伤亡和不可估量的经济损失,因此对大坝的安全监测和健康管理至关重要。然而,目前大坝运维工作普遍存在一些问题,如缺乏核心数据、缺乏有效的评估手段、无法对未来状况进行准确预测等。

(2)架构

大坝健康管理数字孪生 APP 包括数据资源层、平台技术层、应用服务层及应用展示层这四个主要部分。该 APP 的技术架构如图 8-3 所示。

(3)功能实现

大坝健康管理数字孪生 APP 具备多项功能,包括大坝基础信息管理、监测数据信息管理、预测数据信息管理评估及数据大屏等。

1)大坝基础信息管理:提供信息接入和管理功能,以此为基础,实现对大坝的全方位、细节化、具象化、立体化展示,包括大坝的基本介绍、地理信息、设计数据及安全监测站网监测设备配置等重要信息。

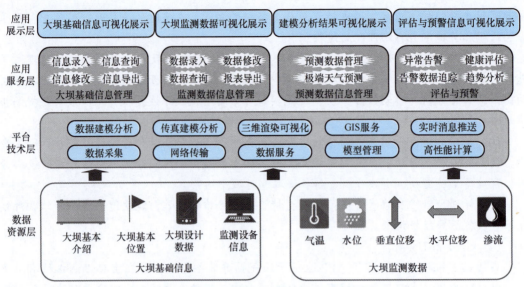

图 8-3 大坝健康管理数字孪生 APP 的技术架构

2）监测数据信息管理：负责对监测站网采集到的大坝监测数据进行有效管理，提供历史数据的查询和可视化功能，以图表形式直观展示数据，并支持以图片形式导出，便于快速生成工程报告。

3）预测数据信息管理评估：大坝健康管理数字孪生 APP 能够进行周期性的运行仿真建模分析，并产生相关结果数据。利用预测数据信息管理功能，对这些数据进行对比和可视化展示，使得预测数据覆盖大坝各个位置，使运维人员能够全面了解大坝的健康状况。同时，该应用运用数据建模分析技术，对历史数据进行深度分析，总结大坝位移变化规律，并得出大坝安全状态的置信区间，为评估和预警提供科学依据。

4）数据大屏：能够集中展示所管理大坝的各类数据，包括大坝三维模型、周边地貌三维模型、监测数据、预测数据及告警信息等，使运维人员随时随地了解大坝整体情况，为大坝的日常运维提供便捷。

（4）应用情况

华光潭水电站工程位于浙江省杭州市临安区西部分水江干流昌化江上游。该工程采用了基于数值仿真技术的大坝健康管理数字孪生 APP。该应用在公司内部私有集群中进行部署，通过接入大坝的基本信息、历史数据及实时监测数据，迅速构建了大坝的数字孪生系统。该系统有效地将监测数据管理、预测数据管理、评估与预警等功能与日常运维工作结合，使企业在运维数字化和管理科学化方面迈出了重要的一步。使用该 APP 后，运维人员不再需要频繁观测以确保大坝的健康稳定，只需在 Web 端登录系统，随时随地查看监测数据、预测数据、健康评估及异常预警信息。这使得运维人员可以在不出门的情况下直观了解大坝当前及未来一段时间内的健康状况。这一举措大幅度减少了运维投入，提升了电站的运营效率和经济效益。

8.2.2 面向高重复度连续工业改善 "1%"

即使只有 1% 的改善，也可能意味着效率的提升和利润的增长，或者是通过降低持续的消耗来实现利润的转化。每达成 1% 的改善和节约，都代表着大量消耗的成本将被转化为企业的利润。例如，如果我国未来 15 年燃气发电机组的能耗降低了 1%，那将节省约 80 亿美元的燃料费用，从而增加同等数额的利润；此外，如果铁路网络的运输行业提高了 1% 的运营效率，又能节省大约 20 亿美元的燃料成本。对于高重复度连续工业来说，即使是 1% 的改善也能带来持续的利润增长，这为企业应用工业 APP 提供了充分的动力，也促使一种典型的应用模式的形成。

典型应用一：全球制造大数据质量预警 APP

（1）项目背景

随着全球制造业的迅速发展，大数据技术的广泛应用成为趋势。制造业各环节产生的海量数据，包括供应商、研发、制造和市场反馈等信息，蕴含着巨大的潜在价值。因此，可以运用大数据分析和数学建模技术，建立基于数据驱动的全球测试大数据质量预警体系。这一体系旨在实现对供应商来料质量、制造过程质量及产品上市后的质量进行预警监控，覆盖了从制造环节延伸至上游的研发和采购环节，以及市场和用户端。采用这种质量预警体系，能够将质量管理的重心从事后拦截转变为事前预测和预防，从而推动整个产业链质量管理的转型升级。

（2）架构

华为基于工业互联网平台 Fusion plant 自主开发的全球制造大数据质量预警 APP 系统架构如图 8-4 所示。

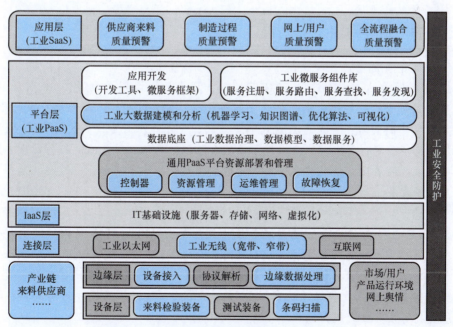

图 8-4 全球制造大数据质量预警 APP 系统架构

（3）功能实现

全球制造大数据质量预警 APP 具备多项关键功能，包括批量问题起数降低、开局坏件率改进和早期返还率改进等。

1）批量问题起数降低：对供应商来料关键测试参数的实时采集，并通过数据监控、分析和预警功能，提前发现潜在的来料质量风险。这样的预警机制有助于在供应链上游对质量问题进行及时干预，从而提高来料入口的质量水平，使质量管控更加前移，构建起供应链源头的高质量基础。

2）开局坏件率改进：集中汇聚全球各加工网点（包括自制、EMS、ODM、海外供应中心等）的制造过程质量数据，通过在关键工序（如IQC、ICT、FT、可靠性、整机测试等）实施质量预警，能够提前识别和挖掘潜在的质量问题，保障全球一致的出厂高质量。

3）早期返还率改进：综合考虑产品的网上运行环境数据、用户舆情数据和网上返还数据，以及产品加工过程中的相关数据。通过深度挖掘和分析，实现对产品潜在风险的预测和预警，识别在研发设计、制程工艺和来料选型等方面的改进机会。这种逆向改进的方法有助于在产品设计的前端阶段就构筑起高质量的基础。

（4）应用情况

全球制造大数据质量预警APP目前主要应用于华为公司自身产品制造。在应用该APP后，2017年全球制造大数据质量预警触发了多起预警，涉及预警物料、装备、设计、工艺等方面的隐性问题。通过自动捕获潜在风险，实现了2%小概率可靠性批次风险的激发，提前拦截了供应商来料的质量问题，从而使批量问题起数降低了9%。此外，开局坏件率改进了15%，早期返还率也提升了24%。这些改进不仅支撑了公司网上返还率、批量质量问题和PONC等质量指标的目标达成，也为公司内部制造质量管理带来了显著的提升。

典型应用二：热能生产智慧管理APP

（1）项目背景

2017年我国的热能需求达到55万蒸吨/h，现有的燃煤锅炉数量为46万台。然而，大多数集中供热中心的智能化水平仍处于起步阶段，主要依赖于人工经验。在此背景下，存在着几个突出的问题：首先是粗放式锅炉控制，导致能源浪费；其次是人工环保控制，导致环保指标不稳定；再次，安全保障方面缺乏系统性的体制；最后，经营管理方面的信息化水平较低。随着国家政策对环保要求的提高以及行业竞争的加剧，这些问题严重制约了行业企业的发展。

（2）架构

SMART Energy智慧能源管理系统和热力锅炉工业APP采用云架构，由多台服务器组成集群计算环境，所有计算资源（CPU、内存、网络）共享，以应对大规模数据处理需求。即使其中一台服务器宕机，也不会影响其他机器的运行，因为系统会自动将其工作状态迁移到其他服务器上，确保系统高性能与高可靠性。数据库采用高可用集群数据库模式，能够支持并发吞吐大规模数据。

热能生产智慧管理APP共分为四层结构，包括采集层、工业大数据层、微应用层、APP和可视化层。

1）采集层：对广泛的工业设备和工业控制系统进行数据对接，也可以与现有的主流信息系统和数据库系统进行数据对接。

2）工业大数据层：提供大数据接收、存储、计算、查询、分析等一系列工业大数据能力，其中包括一套分布式大数据计算框架，可以将工业机理模型直接整合到大数据计算平台中，以便在分布式的大数据环境中应用工业机理模型。

3）微应用层：通过一套插件结构开发工业微服务和工业 APP，使开发者可以通过标准化的插件方式广泛参与微服务和工业 APP 的开发。

4）APP 和可视化层：通过一套全矢量可视化技术，在手机、PC、电视和超高分辨率大屏幕等显示终端上同步展示工业组态、数据报表等可视化展示结果。

（3）功能实现

热能生产智慧管理 APP 基于热能生产过程的全工艺过程数据建立热能生产的数字孪生和数据模型，并基于该模型实现智能司炉、生产监控、管网平衡、设备管理及经营分析。协助司炉工、设备管理者、生产管理者等角色实现基于数据的个性化、最优化司炉操作、设备维保和生产管理，从而实现安全性提升、燃烧效率提升、损耗降低及生产成本降低的目标。

1）安全性提升：实时采集机器设备运行数据与生产环境数据，在线智能诊断生产安全指数，及时发现不安全因素并进行报告，同时预测下一阶段的生产安全性，全面保障生产过程的安全可靠性。

2）燃烧效率提升：全面收集工业生产中每道生产工序的机器执行、时间消耗、人工作业及物料数据，构建"人 - 机 - 料 - 法"四位一体的生产数字模型。大数据系统能够及时发现产能瓶颈，人工智能系统则实时反馈最优生产参数，从而全面提升生产效率。

3）损耗降低：在线监控每道生产工序执行结果，并与工艺参数实时对标，第一时间发现并锁定残次品产生的工位及原因，阻止残次品流入下一道工序，协助品管人员和产线工人快速调整与修正，从而全面保障产品高品质。

4）生产成本降低：全面整合工业生产数据与企业运营数据，构建企业统一数据平台，实时分析企业运营关键指标，全方位感知企业运营状态，广域协同联动，高效运营决策，最终实现企业数字化运营、精细化管理和智慧化决策的目标，从根本上提升企业的市场竞争力。

（4）应用情况

热能生产智慧管理 APP 配合工业互联网平台，广泛应用于工业锅炉热力站行业，旨在提升热力站的安全性，降低运营成本，并确保尾气排放符合环保要求。该智能管理系统已在陕西煤业等客户处得到应用。部署该 APP 后，可辅助热能生产迈向智能化时代，实现了安全事故减少 80%、热能生产效率提高 30%、生产成本降低 10% 的显著效果。

8.2.3 依托工业软件平台和领域APP的知识驱动

工业软件平台 + 领域模型是一种典型的知识驱动应用模式，是在工业 4.0 背景下涌现的一种新型制造业模式。该模式将领域内的工业技术、知识及最佳实践经过工业 APP 的封装后，融入工业软件平台，以实现特定领域和工业场景的应用。这种知识驱动型应用所带来的企业核心知识积累的价值、专家知识提升产品质量的价值及高效率与质量稳定性带来的利润增长，能够激发广大企业对这类工业APP的投入，从而形成一种典型的应用模式。

典型应用一：包装智能设计APP

（1）项目背景

在包装设计领域，缺乏统一的APP工具，导致工程师在使用三维设计软件时效率不高。常见的、重复性的操作与设置过于烦琐，一些基本资源得不到广泛应用，致使包装设计周期延长。此外，包装3D数据资源的积累严重不足，缺乏完善的工具用于快速、准确地查询3D物料库及可重复使用的3D物料资源库，使得设计人员的工作量加大，也限制了成熟物料的推广和使用。虽然包装设计专家具有丰富的实际经验，但这些经验并未得到有效传承，导致设计质量无法稳步提升。随着消费者对包装质量的要求日益提高，以及包装原材料成本的不断上涨，传统设计模式已无法满足对包装设计质量和成本控制的精确要求。

（2）架构

包装智能设计工业APP主要包含如图8-5所示的查询、分析、设计、查验、管理五大模块，对应了产品设计的全流程，可以服务于整个产品的研发过程。

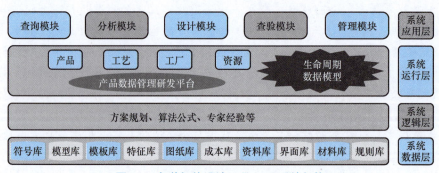

图8-5　包装智能设计工业APP系统架构

（3）功能实现

包装智能设计APP集成了方案选型、物料选型、干涉检查、成本核算、清单统计、报告生成、方案归档等功能，实现设计效率的提升，设计质量的持续提高，成本的大幅度降低。

1）设计效率提升：相对于复杂的包装设置工作，通常需要一周时间，但使用该APP后，仅需一天左右即可完成。

2）设计质量持续提高：新员工能够通过设计导航指引快速上手；设计规则和专家经验融入设计平台，使得正确的做法和经验得以借鉴；通过模板和UDF等方式规范三维模型及特征的创建，实现标准化建模，同时快速响应新标准；避免简单问题的重复出现；数据规范统一，结构尺寸系列化，设计过程中检查数据合理性；智能查检包材设计错误，并提供修改建议；设计包材后，后台包材数据库也自动刷新，避免了重复创建包材部件。

3）成本大幅度降低：设计人员工作时间大幅度减少，从而降低了成本；实现泡沫智能裁剪，大幅度减少了多余腔体的泡沫材料，进而降低了原材料和加工成本。

（4）应用情况

包装智能设计 APP 已应用于高科技电子领域的天马公司，以及复杂装备领域的亚威股份、星马汽车等企业，在家电、通信设备、物流、复杂装备、汽车零件、航空、航天、轨道交通等行业，市场规模超过 20 亿元。

典型应用二：汽车白车身焊装夹具快速设计 APP

（1）项目背景

在工装设计过程中，工装设计员需要花费大量时间在 CATIA 软件中完成夹具各个组件模型的导入、装配、约束等操作。此外，设计中使用的非规格化零件在制造过程中成本较高，企业的设计标准缺乏统一性，导致设计结果难以有效管理。

（2）架构

基于 SYSWARE 和 CATIA 的工装快速设计 APP，主要包括 APP 平台框架和 7 个具体的工装设计 APP 单元，如图 8-6 所示。在每个 APP 单元模块中，都将生成的参数数据接口和驱动模型装配命令进行封装。用户可以根据需要输入不同的单元参数，系统会根据用户输入的参数，快速生成已经装配完成的整个 CATIA 装配模型的单元体。

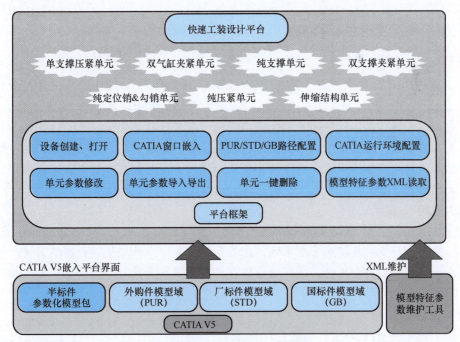

图 8-6　快速工装设计 APP 架构

（3）功能实现

汽车白车身焊装夹具快速设计 APP 主要旨在提高设计工作效率、节约制造成本、统一夹具设计规范等。

1）提高设计工作效率：原本在 CATIA 中需要花费大量时间完成夹具各个组件模型的

调入、装配、约束等操作,但在这个程序的帮助下,这一过程的时间被极大地节约,节约幅度达到90%以上。

2)节约制造成本:程序调用的模型大多符合企业规定的半标准件、标准件,其中含有的非规格化零件极少,这有利于批量生产和制造,从而降低夹具制造成本。

3)统一夹具设计规范:每个单元的程序中都纳入了企业对设备、单元的文件路径、文件夹、模型名称、单元编号和描述、单元结构及顺序等相关命名规则和结构规则,这有助于企业统一夹具设计标准和管理设计结果。

(4)应用情况

汽车白车身焊装夹具快速设计APP主要用于汽车白车身焊装夹具设计领域,目前主要客户是广州明珞汽车装备股份有限公司。

8.2.4 特定领域深耕

特定领域深耕应用模式主要是针对掌握某一特定领域核心关键工业技术的企业而言的一种有效应用模式。该模式通过将企业在该特定领域所掌握的核心工业技术进行封装,形成解决领域问题的应用利器。通常情况下,这种特定领域必须具备足够数量的企业,以形成充足的市场空间;同时,这些企业还需面临着相似或相同的共性问题。在该特定领域中,工业APP可以被广泛应用于类似企业中,从而促成一种应用模式的形成。

典型应用:齿轮生产管控APP

(1)项目背景

目前国内工业信息化系统,即ERP以及其他独立的职能部门信息化管理软件(如WMS、CRM、OA等),普及率不足30%,而以生产过程为管理目标的MES应用率更低。在工厂内部,各种信息化软件的使用使得工厂的信息呈现碎片化的状态,这导致工厂无法全面感知客户资源、物料资源、人力资源、设备资源、仓储资源、工艺资源、制造过程等方面的信息。因此,工厂难以实现自动化决策和执行,这也成为当前企业无法向智能化发展的一大障碍。

(2)架构

数字孪生工厂大脑集成系统(FB)(工业互联网数据集成平台)采用了PostgreSQL数据库,这是一种关系数据库管理系统,在关系数据库中,数据被存储在不同的表中,而不是集中放置在一个大仓库内,这种做法旨在提高存储速度并增加灵活性,其系统架构如图8-7所示。

(3)功能实现

齿轮生产管控APP的主要功能包括降低企业的综合运行成本、减少能源消耗、降低产品不合格率、提高工厂管理效率、加快主机厂订单响应速度、降低实施成本等。

1)降低企业的综合运行成本:FB工厂大脑建立在统一的工业互联网数据集成平台上,实现企业数据的统一管理。企业可以随时调用所有物料、半成品、成品、工装和模具数据,并根据订单自动查询和推送这些数据。生产过程中物品的流转也可以快速盘点,从而填补了企业在管理、制造过程和仓储物流方面的管理漏洞,极大地降低了企业的综合运行成本。

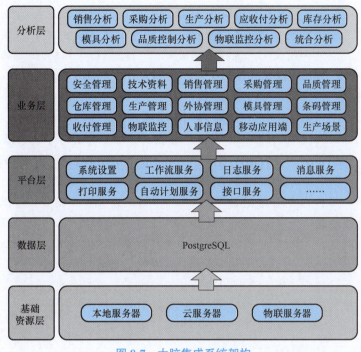

图 8-7 大脑集成系统架构

2)减少能源消耗：通过设备物联模块和对"哑"设备的改造，实现工厂设备与企业的工业互联网数据平台的连接。这样一来，企业可以掌握设备的运行和健康状态，并获取设备利用率等数据。这不仅能够提高工厂的生产效率，还可以减少停机和维护时间的浪费，节约全厂的能耗。

3)降低产品不合格率：通过将生产、管理和仓储物流系统无缝连接起来，实现从客户、订单、计划、排产、制造、热处理、表面处理、包装、入库到出库的纵向数据自由流动。利用条码系统和手持扫描设备对产品和质量检测进行追踪，构建生产管理过程的数字孪生场景数据链，并建立反馈闭环。这使得工厂大脑 FB-CL 系统能够自动学习并积累齿轮产品的生产特性，输出齿轮生产的解决方案。通过明确标识可能出现异常的生产节点，提前警示生产和检测人员及时进行检测，预防质量问题的发生，从而减少产品生产的返工和报废，降低企业的质量成本。

4)提高工厂管理效率：FB 能够自动解析订单，从而提高订单处理效率。工厂大脑集成系统可以实时获取人、机、料、法、环等全部数据，并根据订单和生产大数据预测每月的生产规模，制订相应的月生产计划，使采购部门能够提前准备好原材料、辅料、模具、工装等生产所需物资。根据设备状况、订单情况、交货期等因素，制订每周的生产计划，使车间工段能够清晰了解生产情况。根据每天的订单和交货期进行排产，以应对主机厂的插单、急单和小单情况。当生产计划发生变更时，工厂大脑系统能够自动进行排产计划，并在经过审查后，在工业互联网数据集成平台上一键下达所有的工单、工令、产品数据和作业指导书，从而实现全厂各部门、车间和工段的同时变更。

5)加快主机厂订单响应速度：工厂大脑集成系统能够提高生产、管理和物流效率，能够及时排产以响应主机厂的订单需求。

6）降低实施成本：将经过试点工厂验证成功的细分行业工厂大脑系统封装成工业APP，通过工业互联网复制给中小企业使用。这些行业生产管理APP封装了完整的细分行业管理、工艺、制造和包装生产流程及制造知识。这样做能够极大地缩短定制开发的时间，降低实施难度，可以提供工业互联网远程实施服务。

（4）应用情况

FB-CL齿轮生产管控APP的核心客户是山东润通齿轮集团有限公司。通过FB-CL齿轮生产管控APP的应用，能够准确标识可能存在的产品生产异常节点，及时提醒生产和检测人员进行检测，预防质量问题的发生，从而减少产品返工和报废，降低企业质量成本10%（包括返工、修补、报废等），实现了管理层对信息的实时在线监控，并及时提供各种管理报告和分析数据，为企业决策提供更准确、及时的财务管理报告，降低企业财务成本10%。所有物料、半成品和成品都可以根据订单自动查询和推送，生产过程中的物品也能够快速盘点，有效填补了企业的管理、制造和仓储物流等方面的漏洞，降低了企业的综合运营成本10%。此外，实现了工厂设备与工业互联网数据集成平台的连接，可以监控设备的运行状态和健康状况，了解设备利用率等数据，提高了工厂的生产效率，减少了停机时间和维护时间，节约了能源消耗，使全厂能耗降低10%~15%。

8.3 工业互联网展望

全球工业互联网的发展已经跨越了萌芽期，正在步入一个竞争更加复杂、发展路径更为多元的成长阶段。随着产业应用规模逐渐扩大，开发者的数量也在不断增加，基于工业互联网的制造业生态系统正在逐步形成。在工业互联网的探索和实践中，各国都在积极把握新一轮工业革命的历史机遇，加速推进工业互联网的核心标准、技术和平台建设，构筑数字驱动的工业新生态。随着国际竞争的日益激烈，工业互联网发展的态势越发明显。我国在这一领域拥有巨大的市场优势、坚实的网络基础、活跃的互联网创新生态和完善的工业体系。工业互联网逐步从概念推广阶段进入到实践深度阶段，在石油石化、钢铁冶金、家电服装等行业得到了广泛应用。然而，我国在工业互联网领域也面临着产业基础相对薄弱、核心技术能力待加强等发展挑战。因此，我国的工业互联网建设任重而道远，挑战与机遇并存。

自2015年起，国内企业开始积极探索工业互联网平台布局，致力于数字化、网络化基础的改造和升级，并逐步打造完整的工业互联网平台产品。自2017年国务院印发《关于深化"互联网+先进制造业"发展工业互联网的指导意见》以来，我国工业互联网平台经过多年的建设和能力整合，已经具备了服务制造企业的基础能力。领先的平台企业不断积累实力，务实地构建工程化解决方案，平台的基础架构和服务能力也日益完善。在边缘层，数据接入已经不再是难以攻克的难题，各种数据接入技术，如协议解析、外置传感器等不断成熟。在PaaS层，微服务技术的引入和大数据系统的构建已逐渐成为平台企业的标配，少数企业还在不断提升人工智能和低代码开发服务水平。在应用层，许多企业基本完成了传统工业软件向云端的迁移和整合，平台云原生工业APP也逐渐涌现。

1. 我国工业互联网发展的优势

（1）技术与设施

数据采集技术：我国正在逐步形成多样化的技术产品和解决方案。一方面，诸如航天云网、树根互联、和利时等工业互联网平台，通过设备的智能化改造、协议转换产品的开发、边缘计算的推广，构建了从设备到用户的端到端数据流解决方案。另一方面，国内涌现出一批提供协议兼容和转换解决方案的中小企业，如明匠智能、汇川技术、华龙迅达等，积极研发能够实现多种协议兼容和转换的智能网关、智能控制器等产品，推动设备的数字化和网络化改造，实现对主流现场总线、工业以太网、无线协议设备数据的采集。

管理服务平台技术：基于通用平台架构，国内企业积极构建着垂直行业的管理服务平台。我国的云计算产业与发达国家处于同一起跑线，拥有诸如阿里巴巴、华为、腾讯等成熟的云计算服务厂商。在成熟开放的通用 PaaS 平台基础上，我国一批领先的工业控制技术（OT）、信息技术（IT）、通信技术（CT）企业开始探索构建面向行业的垂直领域管理服务平台。以航天云网为代表的协同制造工业互联网平台，通过将设计、制造、服务等资源和知识封装固化为各类软件和服务，创建信息互通、资源共享、能力协同、开放合作的产业生态。以树根互联为代表的产品全生命周期管理服务工业互联网平台，则通过采用"微服务＋开放接口"的 PaaS 平台架构，为复杂产品全生命周期管理提供物联监控设备共享、资产管理、智能维护、金融保险等服务。以海尔为代表的用户定制化生产工业互联网平台，通过打通需求、设计、生产、配送、服务等各环节的数据流，构建需求实时响应、用户深度参与、全程实时可视、资源无缝对接的制造云化解决方案。

工业 APP 开发：我国已形成以传统软件产品云化迁移为主导的发展格局。云化迁移已成为软件产业发展的基本趋势，工业互联网平台的 SaaS 应用主要来源于两个方面。一方面，传统的研发设计工具、经营管理软件、制造执行系统正在加速向云端迁移，用友、金蝶、宝信、数码大方等企业积极推动基于云架构的软件产品开发部署。其中，用友已实现财务、OA、CRM 等应用软件的云端迁移，数码大方则构建了基于云平台的工业设计模型、数字化模具、产品和装备维护知识库等软件和应用服务，成为当前工业 APP 的主要来源之一。另一方面，新型工业 APP 的开发和应用也逐渐兴起，一些平台类企业和初创企业针对工程机械、风电船舶、高铁等复杂智能产品，开发了基于云平台的新型工业 APP，并实现了商业化应用。

网络基础设施：网络基础设施是支撑经济社会信息化的关键基础设施，在实施国家创新驱动战略、维护国家网络与信息安全方面发挥着重要作用。近年来，我国固定宽带网络全面向光纤网络接入升级，以 5G 和千兆光网为代表的"双千兆"网络覆盖持续完善，网络互联互通和国际出入口通信能力不断提升，互联网应用基础设施能力大幅增强。我国已建成全球规模最大的宽带网络基础设施，互联网用户普及水平与发达国家的差距逐步缩小，固定和移动宽带平均资费水平持续下降，高速宽带接入占比不断扩大，产业地位不断提升。在业务应用创新活跃的同时，网络安全保障能力也在持续提高，为工业互联网的实施开展提供了有力的支撑和坚实的基础。

（2）产业与市场

工业体系：我国经济快速发展的一个重要经验为园区多、发展快，各地各种形式的园区都在全球范围内积极进行招商引资，吸引了全球几乎所有优秀企业前来投资、生产和经营。由此形成了多层次的产业集群,产业体系完整,产业链长,分工协作发达,区域产业整体竞争力不断提升。我国产业发展的回旋空间较大,相关调查结果显示,我国工业目前在竞争中的优势更多地体现在拥有完整的供应链上。例如,我国是世界上唯一拥有联合国产业分类中全部工业门类的国家,形成了"门类齐全、独立完整"的工业体系。这个庞大、完整的工业体系依托于众多工业企业的集聚效应而具备了高度的灵活性。显然,我国工业企业在某种程度上已具备在未来网络化工业时代大放异彩的潜质,为未来实现"工业 4.0"奠定了有效的基础。

互联网产业基础:我国互联网产业规模巨大。2016 年,以互联网为主要组成部分和拉动力量的我国数字经济总量达到 22.6 万亿元,总规模超过了日本和英国之和,仅次于美国,位列全球第二位。同时,我国云计算数据中心的自主创新能力快速提升,云计算和大数据应用不断向传统行业企业扩展,云计算和大数据产业已经具备了支撑"互联网+"的良好基础。同时,我国物联网技术研发取得了局部突破,产业体系初步形成且保持高速增长,我国物联网应用正进入实质推广阶段。我国软件和信息技术服务业整体呈现平稳、较快增长态势,本土软件业在系统集成、嵌入式软件等重点领域具备一定的本土优势,并且软件业结构和布局不断优化,加速向网络化、平台化转型,为工业互联网提供了新技术、新平台和新模式的支持。

应用创新:国内互联网业务创新优势显著,互联网创新与业务融合迅速增长,互联网已广泛渗透到传统工业、服务业等各个领域,推动了产销对接优化和产能利用的提升。新模式如柔性化生产、智能化制造等应运而生,新服务如互联网金融、线上线下互动商务(O2O)、大数据应用等不断涌现,加速了现代产业体系的演进和重构。同时,我国互联网企业致力于"平台+生态"竞争,以优势平台型产品(如社交通信、电商金融、信息搜索等)为基础,构建自有业务生态。领先互联网企业依托资金、技术和渠道等优势不断扩展创新业务生态,应用服务平台化特点日益凸显。

需求市场:我国不仅是重要的产品生产国,还是全球最大的消费市场之一。这种双重角色将推动国内市场与工业生产之间更为强劲的互动,促进社会经济的发展,也有助于应对世界经济波动的冲击。

(3)人才与政策

中高端人才:未来工厂并不等于"无人工厂",而是智能化生产将赋予人们更具挑战性的角色,例如创新、规划、监督和协调机器运作等。未来工厂对知识型员工的需求将大幅上升,这将成为工业智能化发展的可持续支撑,而我国在拥有此类中高端人才方面具有明显优势。

组织能力:政策文件强大的组织能力是我国工业发展中不可忽视的独特优势。《工业转型升级规划(2011—2015 年)》《智能制造科技发展"十二五"专项规划》《关于深化"互联网+先进制造业"发展工业互联网的指导意见》《工业互联网发展行动计划(2018—2020 年)》《工业领域数据安全能力提升实施方案(2024—2026 年)》等政策文件均表明我国已进行工业发展的顶层设计。

2. 工业互联网带来的机遇

随着核心技术和标准的不断发展和成熟,工业互联网必将促进工业生产制造的新模式,重新塑造产品规划、设计、制造、销售环节,为工厂、企业乃至整个产业链带来新的发展机遇。

(1) 智能化和个性化产品

随着移动计算技术和传感器技术的不断进步，近年来涌现出的智能家电、智能服饰、智能汽车等产品，使物理世界和数字世界的融合更加紧密。与传统产品相比，智能产品具备更多的特征，如情景感知、个性化、自适应性、主动性、位置感知和网络能力等。它们能够通过感知情景变化、用户行为及自身状态，持续改进产品服务。此外，个性化趋势日益突出，柔性化生产实现了用户交互、产品创意生成、个性化订单下达、产品模块部件匹配和自动化生产等环节的无缝连接，为个性化制造提供了有效途径。

(2) 虚拟化和服务化生产

随着信息技术的不断发展，工业生产正从传统的实体工厂向数字化工厂的转变迈进。工厂形态正经历远程工厂、"熄灯工厂"、虚拟工厂等多个阶段，并朝着物理空间与数字世界高度协同的方向不断发展。

远程工厂是指应用了远程生产技术的工厂，能够为客户提供在艰难业务环境中进行操作所需的专业知识和技术能力。"熄灯工厂"采用了熄灯生产模式，最大限度地减少空间和气候控制要求，只需考虑机器人工人，从而大幅度提高生产率。虚拟工厂通过工业互联网技术构建，聚集不同的供应商和联盟合作伙伴，形成虚拟网络工厂。未来的虚拟工厂不仅是信息流的融合，更依赖数字孪生、虚拟现实、现实增强等技术，将不同的实体工厂在虚拟的数字空间进行整合，形成一个完整的工厂。虚拟工厂的出现促进了生产理念的转变，也推动了无厂房工厂的发展。

在可以预见的未来，全球将形成一个巨大的工厂，每个企业的工厂和设备将以"软件定义"的模式呈现。企业管理者和工人只需在工业互联网平台上操作，即可实现对虚拟工厂中生产资料、生产设备、生产流程的管理。企业价值体系也将由以制造为中心转变为以服务为中心，即使产品已交付使用，企业仍能远程感知产品的运行数据，进行实时运行状况分析，为用户提供维修、预警、保养等附加工业服务，并从中产生新的盈利点。

(3) 供应网络

随着移动通信技术的发展，原有供应链系统中的客户关系管理功能已经迁移到手机上，供应链正式迈入移动时代。然而，在经济全球化的复杂多变市场环境下，要实现高效的供应链管理并不容易。一个重要原因是市场上每时每刻都涌现大量信息，其中蕴含着丰富的机遇，也预示着不小的风险。然而，供应链中的企业往往无法及时、准确地掌握这些有用信息，导致在决策时陷入困境，难以做出正确的选择。

工业互联网的发展正是解决传统供应链不足的关键。随着信息技术的不断发展和产业不确定性的增加，如今企业间的关系已不再是简单的上下游关系，而是呈现出日益明显的网络化趋势。许多企业不仅与其他企业存在上下游关系，还伴随着一定的竞争关系。因此，传统的供应链逐渐演变为更为复杂的供应网络。供应链从线性的单链结构转变为非线性的网络结构，即供应网络（Supply Network）。供应网络的概念更加注重围绕产品供需中的生态关系，包括企业、供应商和用户之间的一切供应关系。

(4) 产业网络

传统的产业生态通常通过产业链来描述。产业链是产业经济学中的一个概念，指的是各个产业部门之间基于一定的技术经济关联，按照特定的逻辑关系和时空布局关系形成的链条式关联形态。产业链涵盖了价值链、企业链、供应链和空间链等四个维度。

随着工业互联网的发展,产业链逐渐演变为产业网络。产业网络能够有效降低企业物流、人才储备和创新升级的成本,显著降低企业获取资金和技术的难度。企业的成本更多地集中在人才、技术创新和能源物流等基础设施上。产业链的层次性逐渐减弱,与人才、资金和基础设施等因素更为密切相关,呈现出扁平化的趋势。产业网络的空间分布更加松散,与人才、资金和基础设施等因素相结合,以减少传统的大城市问题,降低成本。

(5)产业链互动

产业链互动是指在特定区域内,不同产业链之间通过政府和市场的调节,形成相互促进和共同发展的现象。产业链之间的互动主要包括产业支撑互动、产业带动互动、产业耦合互动、产业融合互动四种模式。随着工业互联网的发展,这四种互动模式将得到进一步加强,从而使产业链之间的界限逐渐模糊,产业网络得到加强。

(6)工业平行空间

从远期发展来看,工业互联网将在数字孪生的基础上,实现"人、机、物"各种实体与其数字孪生体之间的高度协同与有机结合,进而实现工业全场景、全周期的虚实共生与高效协作,形成工业平行空间。未来,企业将在工业平行空间中开展研发、生产制造、产品销售、经营管理等环节。对于消费者而言,购买的物理产品将具备连接工业平行空间的数字孪生体,能够及时反馈各类消费需求,以获得更符合自身需求的消费体验。届时,工业互联网发展所带来的红利将通过工业平行空间惠及整个人类社会。

习题

1. 归纳描述工业互联网平台的应用模式。
2. 归纳描述工业APP的应用模式。
3. 根据章节中的典型应用,试分析工业互联网平台能够取得成效的原因。
4. 根据章节中的典型应用,试分析工业APP能够取得成效的原因。
5. 简要描述工业互联网带来的机遇。

科学家科学史
"两弹一星"功勋
科学家:雷震海天

参考文献

[1] 中国工业互联网研究院.工业互联网基础[M].北京：人民邮电出版社，2023.

[2] 魏毅寅，柴旭东.工业互联网技术与实践[M].2版.北京：电子工业出版社，2021.

[3] "中国学科及前沿领域发展战略研究（2021—2035）"项目组.中国工业互联网2035发展战略[M].北京：科学出版社，2023.

[4] 汤丽君，雷群，曹连伟.我国制造业应用工业互联网的现状与展望[J].机电工程技术，2021，50（8）：23-25，134.

[5] 祝毓.国外工业互联网主要进展[J].竞争情报，2018，14（6）：59-65.

[6] 曾衍瀚，顾钊铨，曹忠，等.从零开始掌握工业互联网：理论篇[M].北京：人民邮电出版社，2022.

[7] 王建伟，中国信息通信研究院，工业互联网产业联盟.工业互联网平台：深化"互联网+先进制造业"之路[M].北京：人民邮电出版社，2018.

[8] 赵一洋，王彦.工业互联网的政策解读和发展状况[J].互联网经济，2018，44（11）：35-40.

[9] 曹永琴.基于工业互联网融合模式的制造业深度融合研究[J].上海经济，2022（2）：12-26.

[10] 余晓晖.大力推进工业互联网建设赋能制造业转型升级[J].自动化博览，2019（4）：22-25.

[11] 眭碧霞，周海飞，胡春芬.工业互联网导论[M].北京：高等教育出版社，2021.

[12] 孔宪光.工业互联网技术及应用[M].武汉：华中科技大学出版社，2022.

[13] 刘韵洁.工业互联网导论[M].北京：中国科学技术出版社，2021.

[14] 工业互联网产业联盟.工业互联网体系架构：版本1.0[Z].2016.

[15] 工业互联网产业联盟.工业互联网体系架构：版本2.0[Z].2020.

[16] 肖鹏，李方敏.工业互联网赋能的企业数字化转型[M].北京：电子工业出版社，2023.

[17] 工业和信息化部，国家标准化管理委员会.工业和信息化部 国家标准化管理委员会关于印发《工业互联网综合标准化体系建设指南》的通知[J].国家国防科技工业局文告，2019（1）：1-30.

[18] 工业互联网产业联盟.工业互联网标准体系：版本3.0[Z].2021.

[19] 杜文莉，王峰，赵亮，等.工业互联网关键技术[M].北京：化学工业出版社，2023.

[20] 工业互联网产业联盟.工业互联网标识解析标准体系：2022版[Z].2022.

[21] 中国信息通信研究院西部分院（重庆信息通信研究院），张炎，潘科，等.工业互联网标识解析：建设与应用[M].北京：机械工业出版社，2022.

[22] 谢滨，田娟，刘阳.工业互联网标识解析标准体系研究[J].标准科学，2022（S2）：120-125.

[23] 工业互联网产业联盟.工业互联网标识应用白皮书：2021[Z].2021.

[24] 经济与管理编辑部，刘刚，林浩，等.发展工业互联网建设数字开发区：2021（第五届）京津冀开发区协同创新发展论坛专家发言摘编[J].经济与管理，2021，35（5）：35-43.

[25] 工业互联网产业联盟.工业智能白皮书：2019讨论稿[Z].2019.

[26] 段春晖.基于射频识别系统的室内定位和感知关键技术研究[D].北京：清华大学，2018.

[27] 余晓晖，张恒升，彭炎，等.工业互联网网络连接架构和发展趋势[J].中国工程科学，2018，20

(4)：79-84.

[28] 刘春燕,司晓梅.大数据导论[M].武汉：华中科技大学出版社,2022.
[29] 工业互联网产业联盟.中国工业大数据技术与应用白皮书[Z].2017.
[30] 工业互联网产业联盟.工业大数据分析指南[Z].2019.
[31] 王建民.工业大数据技术综述[J].大数据,2017,3(6)：3-14.
[32] 李少波.制造大数据技术与应用[M].武汉：华中科技大学出版社,2018.
[33] 陈君华,陈小龙,邱发林.云计算基础与实践教程[M].昆明：云南大学出版社,2017.
[34] 李慧玲.云计算技术应用研究[M].成都：电子科技大学出版社,2017.
[35] 徐宝云,王文瑞.计算机建模与仿真技术[M].北京：北京理工大学出版社,2009.
[36] 刘晋霞,胡仁喜,康士廷,等.ADAMS 2012虚拟样机从入门到精通[M].北京：机械工业出版社,2013.
[37] 汪烈军,杨焱青.工业互联网安全[M].北京：机械工业出版社,2023.
[38] 工业互联网产业联盟.工业互联网安全框架[Z].2018.
[39] 王智民.工业互联网安全[M].北京：清华大学出版社,2020.
[40] 国家工业信息安全发展研究中心,工业信息安全产业发展联盟.工业互联网平台安全白皮书：2020[Z].2020.
[41] 工业互联网产业联盟.工业互联网平台白皮书：2017[Z].2017.
[42] 工业互联网产业联盟.工业互联网平台白皮书：2019[Z].2019.
[43] GE.GE Predix：工业互联网[Z].2016.
[44] 工业互联网产业联盟.工业互联网平台白皮书：2021 平台价值篇[Z].2021.
[45] 戴文斌,宋华振,彭瑜.边缘计算使能工业互联网[M].北京：机械工业出版社,2023.
[46] 郭松涛,余红宴.智能边缘计算[M].北京：清华大学出版社,2023.
[47] 卜向红,杨爱喜,古家军.边缘计算：5G时代的商业变革与重构[M].北京：人民邮电出版社,2019.
[48] 边缘计算产业联盟,工业互联网产业联盟.边缘计算参考架构2.0[Z].2017.
[49] 史皓天,段嘉,刘沁源.一本书读懂边缘计算[M].2版.北京：机械工业出版社,2023.
[50] 赵志为,闵革勇.边缘计算原理、技术与实践[M].北京：机械工业出版社,2021.
[51] 中国信息通信研究院,工业互联网产业联盟.离散制造业边缘计算解决方案白皮书[Z].2020.
[52] 中国信息通信研究院,工业互联网产业联盟.流程行业边缘计算解决方案白皮书[Z].2022.
[53] 工业互联网产业联盟.工业大数据技术架构白皮书：1.0[Z].2023.
[54] 工业互联网产业联盟.工业边缘数据管理与分析技术白皮书[Z].2023.
[55] 刘帅,乔颖,罗雄飞,等.时序数据库关键技术综述[J].计算机研究与发展,2024,61(3)：614-638.
[56] 丁小欧,王宏志,于晟健.工业时序大数据质量管理[J].大数据,2019,5(6)：1-11.
[57] 甘克勤,于钢.标准大数据实践(4)：可视化展现[J].标准科学,2016(4)：21-23,39.
[58] 余思聪,黄颖,刘阳,等.工业互联网信息模型发展现状及趋势研究[J].信息通信技术与政策,2020(6)：36-41.
[59] 蔡睿,葛军,孙哲,等.AI预训练大模型发展综述[EB/OL].(2024-05-11)[2024-07-01].http://kns.cnki.net/kcms/detail/21.1106.tp.20240510.1900.010.html.
[60] 张乾君.AI大模型发展综述[J].通信技术,2023,56(3)：255-262.
[61] 刘大同,郭凯,王本宽,等.数字孪生技术综述与展望[J].仪器仪表学报,2018,39(11)：1-10.
[62] 工业互联网产业联盟.工业数字孪生白皮书：2021[Z].2021.
[63] 刘阳,赵旭.工业数字孪生技术体系及关键技术研究[J].信息通信技术与政策,2021,47(1)：8-13.
[64] 中国工业技术软件化产业联盟,工业互联网产业联盟.工业APP白皮书：2020 征求意见稿[Z].

2020.
[65] 何强, 李义章. 工业APP开启数字工业时代 [M]. 北京: 机械工业出版社, 2019.
[66] 魏仁胜, 曹玉龙, 孟淑丽. 基于低代码工具的工业APP开发及应用 [M]. 北京: 机械工业出版社, 2023.
[67] 陈良, 吴卓坪, 李靖. 工业App开发与应用 [M]. 北京: 高等教育出版社, 2024.
[68] 郑天民. 微服务设计原理与架构 [M]. 北京: 人民邮电出版社, 2018.
[69] 黑马程序员. HTML5混合APP开发 [M]. 北京: 清华大学出版社, 2018.
[70] 工业互联网产业联盟. 2019年工业互联网案例汇编: 工业APP应用案例 [Z]. 2019.
[71] 中国工业技术软件化产业联盟. 工业互联网APP优秀解决方案精选集: 2022版 [M]. 北京: 人民邮电出版社, 2023.
[72] 张越, 刘萱, 温雅婷, 等. 制造业数字化转型模式与创新生态发展机制研究 [J]. 创新科技, 2020, 20 (7): 17-24.